슬로베니아 홀리데이

슬로베니아 홀리데이

2019년 11월 10일 초판 1쇄 펴냄

지은이 유상현
발행인 김산환
책임편집 양승주
디자인 윤지영
마케팅 정용범
지도 글터
펴낸 곳 꿈의지도
인쇄 두성 P&L
종이 월드페이퍼

주소 경기도 파주시 경의로 1100, 604호
전화 070-7535-9416
팩스 031-947-1530
홈페이지 www.dreammap.co.kr
출판등록 2009년 10월 12일 제82호

979-11-89469-64-1-14980
979-11-86581-33-9-14980(세트)

지은이와 꿈의지도 허락 없이는 어떠한 형태로도 이 책의 전부, 또는 일부를 이용할 수 없습니다.
※ 잘못된 책은 구입한 곳에서 바꿀 수 있습니다.

SLOVENIA
슬로베니아 홀리데이

글 · 사진 유상현

꿈의지도

CONTENTS

- 010 〈슬로베니아 홀리데이〉 100배 활용법
- 012 프롤로그
- 014 슬로베니아 주변 지도
- 015 슬로베니아 전도

SLOVENIA BY STEP
여행 준비 & 하이라이트

STEP 01
PREVIEW
슬로베니아를 꿈꾸다
016

- 018 01 슬로베니아 MUST SEE
- 024 02 슬로베니아 MUST DO
- 028 03 슬로베니아 MUST EAT

STEP 02
PLANNING
슬로베니아를 그리다
030

- 032 01 사랑을 속삭이는 슬로베니아 소개서
- 040 02 슬로베니아 지역별 이해
- 043 03 슬로베니아 여행 체크리스트
- 048 04 슬로베니아 추천 여행코스
- 052 05 슬로베니아 드나들기
- 056 06 슬로베니아 교통 완전정복

STEP 03
ENJOYING
슬로베니아를 즐기다
068

- 070 01 힐링을 선물하는 슬로베니아의 대자연
- 073 02 슬로베니아의 유네스코 세계유산
- 074 03 슬로베니아의 그림 같은 고성
- 078 04 미처 몰랐던 슬로베니아의 보석 같은 소도시
- 081 05 슬로베니아의 사계절 축제 캘린더
- 083 06 슬로베니아 음식 열전
- 088 07 슬로베니아 쇼핑 아이템
- 091 08 슬로베니아 숙박 가이드

SLOVENIA BY AREA
슬로베니아 지역별 가이드

01
류블랴나 & 센트럴
096

098	류블랴나 & 센트럴 한눈에 보기
100	류블랴나 & 센트럴 키워드

102 01 류블랴나
- 103 찾아가기
- 104 당일 추천 코스
- 106 지도
- 108 SEE
- 126 EAT
- 134 SLEEP
- 139 BUY

142 02 크란
- 143 찾아가기
- 144 당일 추천 코스
- 145 지도
- 146 SEE
- 151 EAT
- 152 SLEEP
- 152 BUY

153 03 이드리야
- 154 찾아가기
- 155 당일 추천 코스
- 156 지도
- 157 SEE
- 160 EAT
- 160 BUY

161 04 노보 메스토
- 162 찾아가기
- 163 당일 추천 코스
- 164 지도
- 165 SEE
- 169 EAT

02
율리안 알프스
170

172	율리안 알프스 한눈에 보기
174	율리안 알프스 키워드

176 01 블레드
- 177 찾아가기
- 178 당일 추천 코스
- 179 지도
- 181 SEE
- 186 EAT
- 188 SLEEP
- 191 BUY

192 02 보힌
- 193 찾아가기
- 194 당일 추천 코스
- 195 지도
- 196 SEE
- 200 EAT
- 201 SLEEP

202 03 트리글라우 국립공원
- 203 찾아가기
- 203 당일 추천 코스
- 204 SEE

210 04 톨민 계곡
- 211 찾아가기
- 211 지도
- 212 SEE

214 05 코바리드
- 215 찾아가기
- 216 당일 추천 코스
- 217 지도
- 218 SEE
- 221 EAT

03
아드리아 & 카르스트
222

224	아드리아 & 카르스트 한눈에 보기
226	아드리아 & 카르스트 키워드

228 01 포스토이나 동굴
229 찾아가기
230 지도
231 SEE
237 EAT

238 02 슈코찬 동굴
239 찾아가기
240 SEE

234 03 코페르
244 찾아가기
245 당일 추천 코스
246 지도
247 SEE
252 EAT
255 SLEEP
256 BUY

259 04 이졸라
260 찾아가기
261 당일 추천 코스
262 지도
263 SEE
266 EAT
267 SLEEP

268 05 피란
269 찾아가기
270 지도
272 당일 추천 코스
273 SEE
277 EAT
280 SLEEP
282 BUY

04
스티리아
284

286 스티리아 한눈에 보기
288 스티리아 키워드

289 01 마리보르
290 찾아가기
291 당일 추천 코스
292 지도
293 SEE
298 EAT
300 SLEEP
302 BUY

303 02 프투이
304 찾아가기
305 당일 추천 코스
306 지도
307 SEE
310 EAT
311 SLEEP
311 BUY

312 03 첼레
313 찾아가기
314 당일 추천 코스
315 지도
316 SEE
322 EAT

324 여행 준비 컨설팅
336 이건 알아두자! 슬로베니아 기본 상식
337 INDEX

© www.slovenia.info / Nina Kurnik

슬로베니아어 표기원칙
슬로베니아어의 외래어표기법이 따로 존재하지는 않으나 세르보크로아트어와 거의 유사하기 때문에 이 책에서는 세르보크로아트어의 외래어표기법에 준하여 고유명사의 발음을 표기하였다. 자세한 내용은 044p에 정리되어 있다. 물론 표기법은 어디까지나 발음을 한글로 적기 위한 것일 뿐 실제 현지인의 발음과는 차이가 존재할 수밖에 없다는 점은 양해 부탁드린다.

일러두기
이 책에 실린 모든 정보는 2018년 5월부터 2019년 9월까지 수집하였으며, 이후 변동될 수 있다. 특히 교통편의 운행 정보와 요금, 관광지의 운영 시간 및 입장료, 식당의 메뉴 가격 등은 현지 사정에 따라 수시로 변동될 수 있으니 여행 전 홈페이지를 통해 검색하거나 현지에서 다시 한 번 확인하시기를 바라며, 독자 여러분의 많은 양해를 구한다.

오류 신고 : 홀리데이 편집부(070-7733-9597)

〈슬로베니아 홀리데이〉 100배 활용법

슬로베니아 여행 가이드로 〈슬로베니아 홀리데이〉를 선택하셨군요. '굿 초이스'입니다.
슬로베니아에서 뭘 보고, 뭘 먹고, 뭘 하고, 어디서 자야 할지 더 이상 고민하지 마세요.
친절하고 꼼꼼한 베테랑 〈슬로베니아 홀리데이〉와 함께라면 당신의 여행이 완벽해집니다.

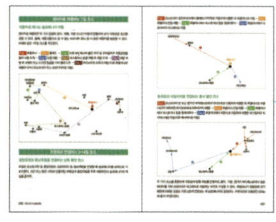

1) 슬로베니아를 꿈꾸다
❶ STEP 01 » PREVIEW를 펼쳐 여행을 위한 워밍업을 시작해보세요. 사랑스러운 성과 호수, 대자연과 소도시가 공존하는 슬로베니아에서 꼭 봐야 할 것, 해야 할 것, 먹어야 할 것들을 알려줍니다. 놓쳐서는 안 될 핵심 요소들을 사진으로 먼저 만나 보세요.

2) 여행 스타일 정하기
❷ STEP 02 » PLANNING을 보면서 나의 여행 스타일을 정해 보세요. 우선 역사, 지역, 기본정보로 슬로베니아와 가까워져 보세요. 그 다음은 일정과 취향에 따라 핵심 여행 코스부터 주변의 유럽 나라와 연결하는 코스까지 여행 스타일을 결정하세요.

3) 슬로베니아를 즐기다
❸ STEP 03 » ENJOYING을 보면서 보고 싶고, 먹고 싶고, 사고 싶은 것에 펜과 포스트잇을 들고 표시해 보세요. 알프스 대자연, 그림 같은 고성들, 보석 같은 소도시, 사계절 축제, 유럽과 발칸반도의 음식, 꼭 사야 할 기념품, 성공적 여행을 위한 숙박 가이드 등을 체크하면 됩니다.

4) 여행지별 일정 짜기
여행의 콘셉트와 목적지를 정했다면 이제 여행지별로 동선을 짜 봅니다.
❹ 슬로베니아 지역편의 도시별 추천 코스에서 그 도시의 관광지를 둘러보는 효율적인 동선을 제시해 줍니다. 슬로베니아 구석구석까지 안내하는 추천하는 루트만 따라가도 이동경로를 짜는 것이 수월해집니다.

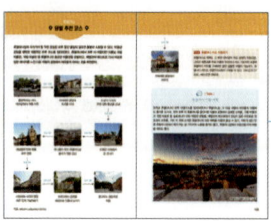

5) 한눈에 보기 및 키워드

슬로베니아 전역을 류블랴나 & 센트럴, 율리안 알프스, 아드리아 & 카르스트, 스티리아 이렇게 4개의 큰 지역으로 나눠서 여행자가 꼭 알아야 할 것들을 담았습니다.

⑤ 슬로베니아 지역편 한눈에 보기에서는 큰 지역에 들어갈 때마다 지도와 함께 각 소도시별로 핵심 여행 정보를 알려줍니다. ⑥ 슬로베니아 지역편 » 찾아가기 코너에서는 교통편과 여행지에서 이동할 수 있는 가장 효율적인 방법과 여행 팁, 관광안내소 위치를 꼼꼼히 알려줍니다.

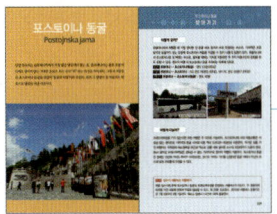

6) D-day 미션 클리어

여행 일정까지 완성했다면 책 마지막의 여행 정보 컨설팅을 보면서 혹시 빠뜨린 것은 없는지 확인해 보세요. 여행 90일 전부터 출발 당일까지 날짜별로 챙겨야 할 것들을 담아 놓았습니다.

7) 홀리데이와 최고의 여행 즐기기

이제 모든 여행 준비가 끝났으니 〈슬로베니아 홀리데이〉가 필요 없어진 걸까요? 여행에서 돌아올 때까지 내려놓아서는 안 돼요. 여행 일정이 틀어지거나 계획하지 않은 모험을 즐기고 싶다면 언제라도 〈슬로베니아 홀리데이〉를 펼쳐야 하니까요. 〈슬로베니아 홀리데이〉는 당신의 여행을 끝까지 책임집니다.

노란색 테두리 대형 휴대지도(앞면)

슬로베니아 주요 도로의 번호가 표시되어 있습니다. 렌터카로 여행할 때 지도에 일정을 그려보고 어떤 도로를 탈지 계획하세요.

남색 테두리 대형 휴대지도(뒷면)

슬로베니아 주요 관광 도시(류블랴나, 블레드, 피란)의 지도를 수록했습니다. 류블랴나 지도 C 구역에 찾고하는 스폿이 있는 경우.
예) 지도 ● 휴대지도 류블랴나-C

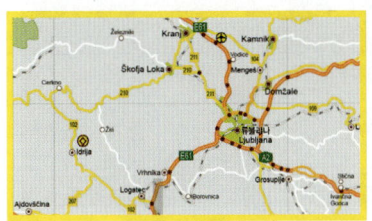
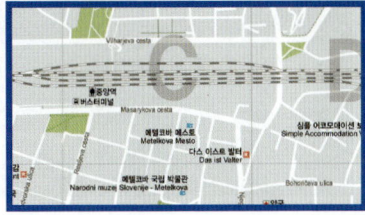

프롤로그

슬로베니아. 아직 우리에게 낯선 나라일지 모른다. 슬로바키아와 혼동하지 않으면 다행이다. 이건 우리나라에서만 그런 게 아니라 실제로 영어권 국가에서도 종종 슬로베니아와 슬로바키아를 혼동하곤 한다.

낯선 나라 슬로베니아가 한국인 여행자에게 입소문이 나기 시작한 게 몇 해 되지 않았다. 어쩌면 슬로베니아의 입장에서는 '우주의 기운'을 받았는지도 모른다. 마침 미디어의 힘으로 크로아티아 여행이 빵 떴다. 크로아티아 여행을 위해서 슬로베니아는 지나갈 수밖에 없는 곳이다. 그런데 마침 몇 편의 드라마와 예능프로그램에 슬로베니아가 나오면서 그 아름다운 매력이 한국인 여행자의 취향을 제대로 저격하고 말았다. 그렇게 낯선 나라 슬로베니아는 시나브로 친숙한 나라가 되고 있다.

갑자기 한국인이 많이 찾아오니 슬로베니아도 놀랐나 보다. 그동안 저자가 다녀본 유럽 국가 중 한국어 안내가 이렇게 많이 보인 곳이 처음이다. 하지만 아직 슬로베니아에서 한국인의 발자국이 닿는 곳은 매우 제한적이다. 몇몇 장소에서는 '여기가 한국인가' 싶을 정도로 한국인의 모습이 많이 보이지만, 어떤 곳에서는 머리색 검은 여행자를 아예 구경하기도 어려웠다.

그래서 또 열심히 슬로베니아 곳곳을 여행했다. 그 속에서 우리가 몰랐던 매력을 찾고, 낯선 나라를 낯설지 않게 여행하도록 많은 정보를 모았다. 〈슬로베니아 홀리데이〉는 그 첫 번째 결과물이다. '첫 번째'라는 수식어를 붙인 이유는, 아직 꺼내지 않고 숙성 중인 정보가 더 있기 때문이다. 〈슬로베니아 홀리데이〉를 통해 한국인 여행자들이 슬로베니아와 더 친해지면, 그때쯤이면 맛있게 잘 숙성될 또 다른 정보를 개정판 등을 통하여 업그레이드 하려고 한다.

자랑은 아니지만 저자는 운전을 잘 못한다. 서울에서도 운전대를 잡지 못한다. 그런데 슬로베니아에서는 운전을 해야 했다. 이리 보고 저리 봐도 슬로베니아 여행에서 렌터카 정보를 뺄 수 없었기 때문이다. 머리털 나고 처음으로 해외에서 운전대를 잡았다. 완성도 있는 책을 만들기 위한 저자의 안쓰러운 몸부림이다.

기차와 버스로 여행하는 동안은 괜찮았지만 자동차를 운전하며 여행하는 동안에는, 특히 우박 수준의 폭우가 쏟아지던 날에는 완전히 넋이 나가 있었던 것 같다. 그래도 정신줄을 완전히 놓지 않은 건 전적으로 든든한 최지연 '어시느님'의 공이다. 그리고 그렇게 어리버리 운전하며 차 한 번 긁지 않고 무사히 돌아온 건 저 위에 계신 츤데레 그 분의 덕이렸다.

넋을 잃고 취재하는 아비, 그 아비의 멱살을 끌고 취재를 마칠 때까지 함께 한 어미. 아비와 어미가 바쁜 와중에도 큰 탈 없이 잘 커준 따님도 수고 많았다. 늘 물심양면으로 생계부터 육아까지 도와주시는 네 분의 부모님께도 감사드린다. 책의 때깔을 몇 갑절 높여준 올림푸스한국 관계자 모두를 대표하여 양영지 차장님께 감사를, 벌써 다섯 번째 인연을 허락해주신 김산환 대표님과 꼼꼼히 편집하느라 고생하신 양승주 과장님 및 꿈의지도 모든 분들의 노고에 감사를 전한다.

여행작가 유 상 현

| 슬로베니아 주변 지도 |

오스트리아
Austria

헝가리
Hungary

이탈리아
Italia

슬로베니아
Slovenia

류블랴나
Ljubljana

크로아티아
Croatia

아드리아해

© www.slovenia.info / Jošt Gantar

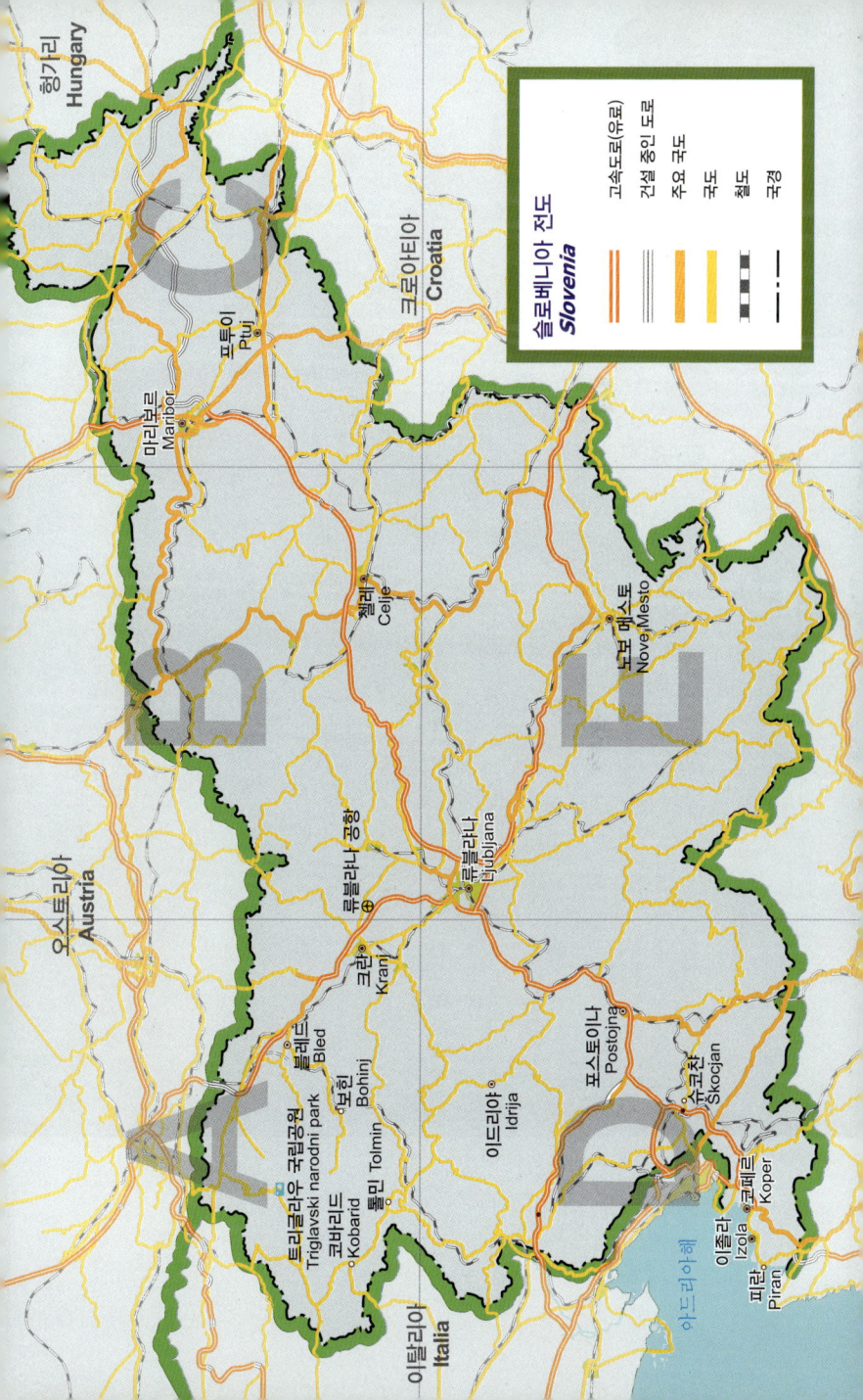

Step 01
Preview
....
슬로베니아를
꿈꾸다

01 슬로베니아 MUST SEE
02 슬로베니아 MUST DO
03 슬로베니아 MUST EAT

PREVIEW 01

슬로베니아 MUST SEE

슬로베니아에서 꼭 보아야 할
사람과 자연이 만든 하이라이트 스폿 10곳!

1

블레드 호수 Blejsko jezero

알프스의 눈동자, 슬로베니아 최고의 관광지다. 알프스에 둘러싸인 고요한 호수. 그 위에 눈동자 같은 귀여운 섬 하나. 노 젓는 보트도 타면서 유유자적 알프스의 분위기에 취한다(182p).

2

보힌 호수 Bohinjsko jezero

신이 숨겨놓은 조용하고 깨끗한 선물. 오랜 세월 동안 전해지는 슬픈 전설이 깃든 거대한 호수다. 알프스 산자락의 깨끗한 자연 속에서 낚시도 하고 배도 타며 여유를 즐긴다(196p).

프레셰렌 광장 Prešernov trg

류블랴나의 상징이다. 다섯 개의 길이 모이는 활기찬 광장에서 슬로베니아의 민족시인 프레셰렌을 만나고 나면 류블랴나를 사랑할 수밖에 없다(108p).

3

중앙 광장 Glavni trg

중세의 멋이 가득한 건축물과 기념비, 슬로베니아 제2의 도시 마리보르에서 마치 소도시를 여행하는 재미를 만난다(294p). 마리보르의 역사와 멋스러움을 한눈에 만끽할 수 있다.

피란의 바다 Jadrán

파란 아드리아해에 빠져들어 보자. 국토의 대부분이 내륙인 슬로베니아에서 바다를 볼 수 있는 몇 안 되는 곳. 바다를 보며 기분 좋게 산책하다가 아드리아해의 파도 소리를 들으며 진한 커피 한잔을 마셔도 좋겠다(276p).

포스토이나 동굴 Postojnska jama

땅 속에 별천지가 있다. 기차 타고 동굴에 들어가면 거대한 석회동굴이 나타난다. 그야말로 별천지다. 한국어 오디오 가이드와 함께 '동굴의 여왕'을 탐험하자(231p).

트리글라우 국립공원 Triglavski narodni park

알프스의 선물이다. 세 개의 머리를 들고 위엄 있게 내려다보는 트리글라우산과 주변의 계곡은 영험하고 신비로운 풍경을 선물해준다(202p).

8

첼레성 Stari grad Celje

슬로베니아 역사에 매우 중요한 존재감을 가진 곳이다. 반쯤 무너진 절벽 위 고성에 올라 탁 트인 전망을 바라보면 색다른 낭만이 느껴진다(316p).

9

프투이성 Grad Ptuj

프투이는 슬로베니아에서 가장 오래된 도시다. 빨간 지붕이 다닥다닥 붙어 있는 전형적인 동유럽 감성의 마을 위로 거대한 성채가 솟아 있다. 프투이성에서 내려다보는 풍경은 조화롭고 완벽하다 (308p).

류블랴나성
Ljubljanski grad

수도를 지키는 산성이다. 굽이쳐 흐르는 강 위로 산 위에 고성이 우뚝 서 있다. 성 위에서 360도 모든 방향으로 류블랴나를 두 눈에 담을 수 있다(110p).

10

1 드래곤 다리(115p) 등 류블랴나의 낭만적인 다리 건너기

2 블레드 호수에서 플레트나(184p) 보트 타기

PREVIEW **02**

슬로베니아
MUST DO

슬로베니아의 10개 도시에서 선정한 10가지 미션! 이 정도는 정복해야 슬로베니아를 여행했다고 이야기할 수 있다.

4 보겔산(199p) 전망대에서 슬로베니아 최고봉 트리글라우 바라보기

3 포스토이나 동굴(231p)에서 '아이스크림' 발견하기

5 브르시치 패스(206p) 드라이브하기

6 석양에 물든 코페르 항구(251p) 산책하기

8 마리보르의 스타라 트르타(296p)에서 역사적인 포도나무 보기

9 톨민 계곡(212p)에서 트레킹하기

7 맑고 깨끗한 이졸라 해변(265p)에서 수영하기

10 '무기여 잘 있거라'의 무대 코바리드(219p) 방문하기

> PREVIEW 03

슬로베니아 MUST EAT

**동유럽과 발칸반도의 음식 문화를 두루 섭렵한
슬로베니아의 개성 만점 음식 열전!**

클로바사
큼직하고 토실토실한
슬로베니아 스타일의 소시지

체바피(체밥치치)
발칸에서 건너온
소시지와 떡갈비의 중간 단계

이탈리아 요리
이탈리아와 역사를 함께 해온 덕분에
이탈리아 요리도 본토 수준

생선 요리
강과 호수, 바다에서 선물한
온갖 생선 및 해산물 요리

슈트루클리
반찬 같기도 하고 후식 같기도 한
슬로베니아 대표 향토요리

프르슈트
술안주로 제격인
슬로베니아 스타일 베이컨

기바니차
특이한 디저트
케이크처럼 만든 파이

블레드 크림 케이크
호텔 베이커리의 케이크가
한 나라의 대표 메뉴로 발전한 사례

Step 02
Planning

슬로베니아를 **그리다**

01 사랑을 속삭이는 슬로베니아 소개서
02 슬로베니아 **지역별 이해**
03 슬로베니아 여행 **체크리스트**
04 슬로베니아 **추천 여행코스**
05 슬로베니아 **드나들기**
06 슬로베니아 **교통 완전정복**

PLANNING 01
사랑을 속삭이는 **슬로베니아 소개서**

슬로베니아SLOVENIA는 나라 이름에 LOVE가 들어간다고 하여 '러브 마케팅'에 많은 공을 들이고 있다. 실제로 슬로베니아는 낭만이 흘러넘치는 순수한 모습을 가지고 있다. 과연 슬로베니아는 어떤 나라인지, 어떤 매력을 가지고 있는지, 지금부터 함께 알아보자.

CHAPTER 1
슬로베니아 기본 정보
유럽에서 가장 아름답고 치안 좋은 나라 중 한 곳

나라 이름

슬로베니아는 '슬라브인의 땅'이라는 뜻. 현지어로는 슬로베니야Slovenija, 정식 국호는 슬로베니아 공화국Republika Slovenija이다.

수도

류블랴나. 그림은 류블랴나 도시를 상징하는 깃발.

시차

중앙유럽 표준시를 사용하여 프랑스·독일·이탈리아·오스트리아 등 유럽 내륙 주요국가와 표준시간대가 동일하다. 한국과는 7시간 차이나며, 서머타임 적용 시 8시간 차이난다.

언어

슬로베니아어. 말풍선 안의 말은 "안녕"이란 뜻.

인구

약 210만 명. 1인당 GDP가 약 $23,000에 달하여 경제적으로 나름 풍요롭다.

전압

전압 230V 50Hz. 콘센트는 한국과 같은 소위 '돼지코' 모양으로 변압기나 어댑터가 필요 없다.

국토

면적이 약 2만km². 남한 면적의 1/5 정도 되는 작은 나라. 국토는 좁지만 인구가 적어 여유롭고 깨끗하다. 부유하고 살기 좋은 나라이며, 유럽에서 가장 치안이 좋은 나라 중 하나다.

날씨

수도 류블랴나 등 내륙 지역, 인기 관광지인 블레드 등 알프스 지역, 피란 등 아드리아해 지역은 기후에 차이가 있다. 081p에 자세히 정리해두었다.

CHAPTER 2

슬로베니아의 세 가지 매력

천천히 힐링하고, 낭만적으로 사랑하고, 비밀스럽게 여행하라!

슬로베니아는 슬로우 SLOW

깨끗하게 보존된 청정 자연이 산, 강, 폭포, 동굴, 바다 등 종류를 가리지 않고 전국에서 매력을 발산한다. 알프스도 슬로베니아에 줄기를 뻗치고, 지중해와 연결되는 아드리아해도 슬로베니아에 물길을 잇는다. 그래서 슬로베니아 여행은 느릿느릿 천천히 여유를 즐기며 자연의 에너지를 만끽해야 제맛이다. 산이면 산, 바다면 바다, 이런 모든 자연의 매력을 다 가지고 있으면서 물가도 비싸지 않아 '그린 데스티네이션Green destination'으로 유럽에서 첫 손에 꼽힌다. 지속 가능한 관광을 추구하는 그린 데스티네이션(비영리 법인)의 활동에 대해서는 홈페이지(greendestinations.org)를 참고하길 바란다.

천천히 여행하고픈 깨끗한 블레드 호수

슬로베니아는 러브 LOVE

사랑의 약속이 담긴 류블랴나의 다리

단순히 나라 이름에 LOVE가 들어간다는 이유만으로 '러브'를 강조하면 촌스럽다는 소리를 들었을 것이다. 슬로베니아는 실제로 유럽에서 알아주는 웨딩 촬영 명소이기도 하다. 절로 사랑을 속삭이게 되는 깨끗하고 낭만적인 자연, 대도시도 마치 소도시처럼 아기자기함을 간직하고 있기 때문이다. 심지어 이 나라는 전설이나 위인의 일대기에도 사랑이 서려 있다. 프레셰렌의 이루지 못한 사랑, 블레드섬의 종에 얽힌 사랑 등 흥미로운 이야기가 담겨 있다.

슬로베니아는 마니아 MANIA

최근 들어 드라마와 예능에 소개되면서 슬로베니아가 '확' 떴지만 여전히 슬로베니아의 지극히 일부분만 우리에게 알려져 있다. 아직 슬로베니아는 '발견된' 곳보다 '발견할' 곳이 더 많은 나라다. 곳곳에 위치한 낭만적인 고성, 지리적 조건에 의해 탄생한 수많은 폭포와 동굴, 여러 문화에 영향을 받은 독특한 미식 등 슬로베니아의 감춰진 모습이 많다. 물론 이 책에는 슬로베니아의 숨겨진 보석 같은 정보가 가득하다.

가보면 깜짝 놀랄 만큼 아름다운 톨민 계곡

CHAPTER 3

슬로베니아의 역사

그 나라를 알기 위해서는 역사에 대한 이해가 필수다. 슬로베니아가 하나의 독립된 나라를 이룬 것은 불과 100년 전의 일이다. 그 전까지는 주변 강대국의 이해관계에 따라 이리저리 쪼개졌기에 얼핏 복잡해보이기도 한다. 하지만 간단히 요약하자면 오스트리아의 지배를 받는 슬라브인의 나라들이 합쳐져서 슬로베니아가 된 셈이다.

크라인 공국의 중심도시 크란

1 슬라브인의 국가 수립

신성로마제국의 부속국가인 바이에른 공국의 남쪽 지역을 분할하여 976년 케른텐 공국 Herzogtum Kärnten이 수립되었다. 그리고 다시 케른텐 공국에서 슬라브인이 주로 차지하였던 남쪽을 분할하여 1040년 크라인 공국 Herzogtum Krain을 수립하였고, 케른텐 공국의 나머지 영토 중 동쪽을 분할하여 1180년 슈타이어마르크 공국Herzogtum Steiermark을 수립하였다. 크라인 공국과 슈타이어마르크 공국은 모두 오스트리아(당시 신성로마제국의 주요 부속국가)의 지배를 받았다. 크라인과 슈타이어마르크는 슬로베니아어로 각각 크란스카 Kranjska, 슈타이에르스카Štajerska라고 한다. 류블랴나와 크란이 크라인의, 마리보르가 슈타이어마르크의 중심도시였다.

2 첼레 백작의 시대

오스트리아의 지배를 받지 않고 독자적인 권력을 가지며 첼레 부근을 통치한 백작이 있었다. 1341년부터 1456년까지 존치한 첼레 백작의 영토를 오늘날 슬로베니아의 기원으로 여긴다. 그러나 첼레 백작의 후사가 끊어진 뒤 오스트리아에 속하게 되었고, 오스트리아는 첼레 지역도 슈타이어마르크 공국에 복속시켜 관리하였다.

첼레 백작이 만든 첼레성

3 오스트리아-헝가리 이중제국의 지배

신성로마제국이 붕괴되고 오스트리아-헝가리 이중제국이 출범한 이후 크라인 공국과 슈타이어마르크 공국은 모두 예전과 같이 오스트리아의 지배를 받았다. 또한 헝가리의 속국이나 마찬가지인 크로아티아 역시 결과적으로 오스트리아-헝가리 이중제국의 지배하에 있었다.

제1차 세계대전의 격전지 코바리드의 기념비

4 유고슬라비아 왕국 수립

제1차 세계대전이 끝난 뒤 1918년 슬라브인의 국가가 오스트리아로부터 독립한다. 전쟁의 원인이 된 범슬라브 민족주의의 심장 세르비아를 중심으로 슬로베니아, 크로아티아가 합쳐 유고슬라비아 왕국을 수립하였다. 이때부터 슬로베니아의 개념이 정립되었다. 슈타이어마르크 공국은 둘로 쪼개져 북부는 오스트리아에 속하고 남부가 슬로베니아에 속하였으며, 여기에 크라인 공국과 이스트라 반도 부근의 땅(원래 베네치아 공화국에 속하였다가 베네치아 공화국 멸망 후 오스트리아가 지배)까지 합쳐져 슬로베니아가 되었다.

5 유고슬라비아 연방 건국

1943년 슬라브인의 지도자이자 사회주의자인 티토Josip Broz Tito가 유고슬라비아 연방을 선포하고 나치 독일과 이탈리아에 저항했으며, 제2차 세계대전 종전 후 1945년 소련의 지원 하에 세르비아·마케도니아·몬테네그로·크로아티아·슬로베니아·보스니아헤르체코비나 6개국이 모여 유고슬라비아 연방공화국을 건국하였다. 티토는 사회주의 국가 중에서 드물게 소련의 간섭을 거부하고 독자 노선을 걸었던 것으로 유명하다. 슬로베니아는 유고슬라비아 연방 내에서 가장 부유한 구성국이었다.

블레드에 남아있는 티토의 별장

6 독립과 슬로베니아 공화국 건국

소련이 붕괴하고 사회주의가 무너지면서 유고슬라비아 연방 내에서도 독립과 민주화의 요구가 불거진다. 가장 먼저 독립을 선언한 곳이 슬로베니아였고, 슬로베니아군과 유고연방군 사이에 전쟁(유고 내전)이 벌어지지만 10일 만에 종료되고 1991년 슬로베니아는 독립한다. 이후 각지에서 독립을 선언하고 유고 내전이 커지는데, 큰 저항 없이 일찍 독립을 승인받은 슬로베니아의 피해가 가장 적었다. 상대적으로 유고 내전의 격전지였던 크로아티아는 독립 과정에서 큰 피해를 입었다. 슬로베니아는 독립 후 1992년 UN에, 2004년 EU에 가입하였으며, 2007년부터 유로화를 사용한다.

CHAPTER 4
슬로베니아와 발칸반도의 상관관계

옛 유고슬라비아 연방에 속했던 6개국을 이야기할 때 흔히 발칸반도Balkans라는 명칭이 언급된다. 가령, 슬로베니아와 크로아티아를 여행할 때 '발칸 여행'이라고 이야기하는 것처럼 말이다. 발칸반도는 무엇이고 그 경계는 어디일까?

발칸반도란?

발칸반도는 불가리아에 있는 발칸 산맥에서 유래한 명칭이다. 발칸 산맥의 이남, 좀 더 정확히 이야기하여 아드리아해, 이오니아해, 에게해, 흑해에 둘러싸인 지역을 뜻한다. 그런데 발칸 산맥과 아드리아해의 연결선을 나누는 기준에 따라 발칸반도의 경계가 달라진다. 일반적으로 그리스, 알바니아, 북마케도니아, 보스니아 헤르체코비나, 세르비아, 몬테네그로 6개국의 영토 전체, 터키의 유럽 지역, 불가리아와 크로아티아 대부분이 발칸반도에 속한다고 이야기한다.

1. 2. 3. 발칸반도의 이웃국가 크로아티아

슬로베니아의 절반은 발칸반도

슬로베니아는 애매한 경계에 놓여있다. 지리적인 구분은 대개 산이나 강을 기준선으로 하기 마련. 슬로베니아의 소차강과 사바강을 발칸반도의 북쪽 경계선으로 할 경우 슬로베니아의 절반 정도가 발칸반도에 포함된다. 그러나 포함되지 않는 영토가 많기 때문에 지리적으로 구분할 때에는 슬로베니아를 발칸국가로 분류하지 않고, 그 대신 발칸반도에 포함되는 유고슬라비아 연방 구성국과 정치적으로 공통점이 있기에 정치적으로 구분할 때에는 슬로베니아도 발칸국가로 분류한다.

계속되는 전쟁으로 인한 복잡한 문화

유럽과 그리스, 터키가 만나는 지역으로 늘 전쟁의 한가운데에 있었고 완전히 다른 언어와 문화 및 종교를 가진 세력 간에 국경이 계속 변하였기에 문화가 굉장히 복잡하다. 제1차 세계대전이 발발한 장소이기도 하고, 유고슬라비아 내전이 발생하였고, 최근에는 코소보 전쟁으로 늘 시끄러운 지역이다. 그래서 '발칸'이라는 말에 부정적인 이미지가 많다 보니 이 지역 국가들은 발칸반도라는 명칭 대신 동남유럽이라 불러주기를 희망한다.

다행히 슬로베니아는 발칸반도의 변방이나 마찬가지였기에 이러한 분쟁에서 비껴나 평화와 안정을 유지하는 중이다. 크로아티아와 영해 분쟁을 겪고 있지만 심각한 문제는 아니다.

PLANNING 02

역사적으로 나눈
슬로베니아 지역별 이해

슬로베니아는 우리가 흔히 주州 또는 도道라고 부르는 행정구역이 없다. 모든 지방 도시는 독립적인 지자체를 형성하며, 그중 수도 류블랴나를 포함해 인구가 많은 11개의 시만 특별시로 지정한다. 따라서 슬로베니아의 지역별 특성을 이해하려면 행정구역별 구분보다는 역사적으로 크라인 공국과 슈타이어마르크 공국이었던 지역, 그리고 베네치아 공화국에 속했던 지역, 마지막으로 지리적으로 완전히 구분되는 특성을 가진 율리안 알프스 지역을 기준으로 나누어 생각해볼 수 있다.

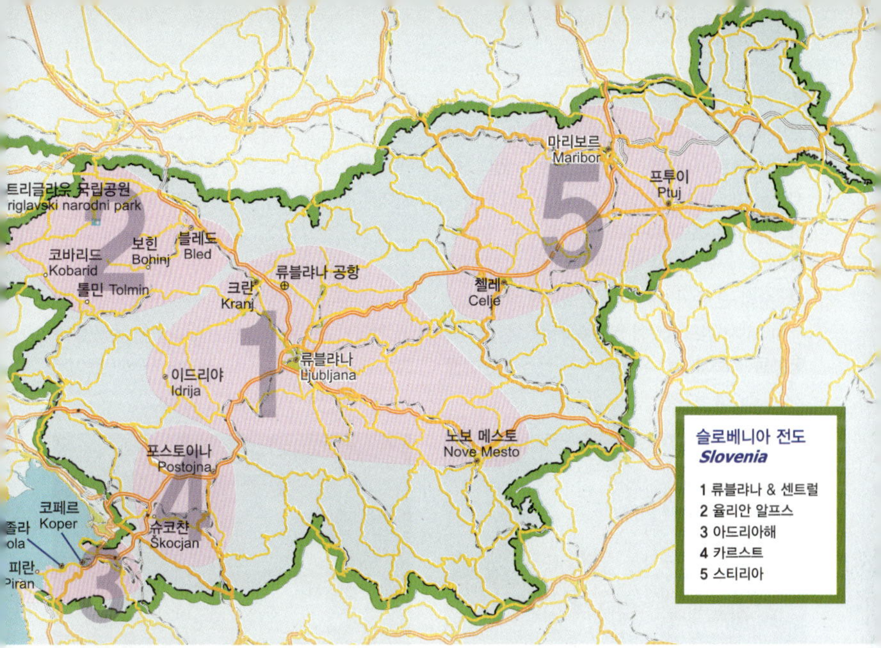

1. 류블랴나 & 센트럴

크라인 공국의 중심지인 류블랴나와 크란 부근. 실질적으로 오스트리아의 지배를 받기는 했으나 독자적인 문화가 존재하였다. 오늘날 슬로베니아의 문화는 크라인 공국에서 시작되었다 해도 과언이 아니며, 클로바사 등 대표 먹거리도 주로 이 지역에서 유래하였다. 명실공히 슬로베니아의 '센트럴'이라 부를 수 있는 지역이다. 이 책에 소개된 도시 중 류블랴나, 크란, 이드리야, 노보 메스토가 센트럴 지역에 포함된다. **096p**

2. 율리안 알프스

엄밀히 말하여 율리안 알프스도 크라인 공국에 속하였지만 알프스라는 지리적인 특성으로 인하여 문화의 차이가 크다. 오늘날에도 이 지역은 높은 산과 커다란 호수가 트리글라우 국립공원이라는 이름으로 깨끗하게 보존되어 있으며 슬로베니아의 대표적인 휴양지이자 세계적인 관광지로 꼽힌다. 이 책에 소개된 도시 중 블레드, 보힌, 톨민 계곡이 여기에 속하고, 코바리드 역시 넓은 의미로 율리안 알프스에 속한다. **170p**

3. 아드리아해

슬로베니아에서 바다로 진출하는 주요 항구도시로 코페르, 이졸라, 피란을 꼽을 수 있다. 이 지역은 이스트라 반도에 속하며, 여기서 만나는 바다가 바로 아드리아해다. 이스트라 반도는 이탈리아, 슬로베니아, 크로아티아에 걸쳐 있으며, 수백 년 동안 베네치아 공화국에 속해 있었다. 따라서 아드리아해 연안 도시는 이탈리아의 영향을 강하게 받아 완전히 다른 풍경과 문화를 가지고 있다. **222p**

4. 카르스트

율리안 알프스의 남쪽, 류블랴나 등 센트럴 지역과 이스트라 반도의 중간에 해당되는 크라스 지역은 석회 지대의 땅 밑으로 거대한 동굴이 형성된 독특한 지리적 특성을 갖는데, 이러한 특성을 가리켜 크라스의 독일어 명칭인 카르스트라고 부른다. 이 책에서는 카르스트 지형이 만든 거대한 포스토이나 동굴과 슈코찬 동굴을 소개하였으며, 편의상 아드리아해 지역과 묶어서 하나의 챕터로 구성하였다. **222p**

5. 스티리아

크라인 공국과 함께 오늘날 슬로베니아 영토의 옛 구성국이었던 나라가 슈타이어마르크 공국이다. 슈타이어마르크의 영어식 명칭이 스티리아. 제1차 세계대전 이후 슈타이어마르크 공국이 둘로 쪼개져 북부는 오스트리아에 속하였고 남부는 슬로베니아에 속하였다. 그래서 스티리아 지역은 오스트리아의 문화에 많은 영향을 받았다. 또한 지리적으로 오스만(터키)의 침략의 최전선이나 마찬가지였기에 군사적 목적의 성과 요새가 곳곳에서 발견되어 그 분위기가 매우 고풍스럽다. 이 책에 소개된 도시 중 마리보르가 중심도시, 그리고 프투이와 첼레도 스티리아 지역에 포함된다. **284p**

PLANNING 03
알아두면 좋은 슬로베니아 여행 체크리스트

슬로베니아의 언어는? 화폐는? 치안은? 낯선 나라는 설렘만큼 두려움도 앞서기 마련. 그런데 슬로베니아는 EU 가입국이며 유로존 국가이기도 하다. 즉, 그냥 '유럽'이다. 전혀 두려울 것 없지만 그래도 일말의 걱정을 가지고 있다면 5가지 문답으로 해결해드리고자 한다.

Q1. 환전은 어떻게 할까?

은행 ATM기

슬로베니아는 유로Euro(현지 발음은 '에우로') 화폐를 사용한다. 유로존 국가이다 보니 시내에 환전소가 많이 보이지 않으며, 환전 업무는 주로 은행에서 담당한다. 여행자는 은행의 24시간 ATM 기계에서 국제체크카드(VISA 또는 MASTER 마크가 붙어 있는 체크카드)를 이용하여 유로화를 인출하는 게 가장 간편하고, 국내에서 인터넷 환전 등을 이용하여 수수료 우대받아 환전하는 게 가장 알뜰하다. 쇼핑몰과 중간 규모 이상의 레스토랑에서는 신용카드도 보편적으로 결제 가능하다.

TIP 만약 슬로베니아에서 이웃한 헝가리나 크로아티아로 이동하거나 그 반대의 경우 유로화를 포린트(헝가리 화폐)나 쿠나(크로아티아 화폐)로 환전할 필요가 있다. 이 경우 류블랴나 기차역의 환전소를 이용하면 되는데, 수수료는 좋지 못한 편이다. 헝가리나 크로아티아 등의 비유로존에서는 그 나라에서 사용할 만큼의 금액만 현지에서 환전 또는 인출하는 게 좋다.

류블랴나 중앙역 환전소

Q2. 언어는 잘 통할까?

슬로베니아어는 세르보크로아트어와 유사점이 많다. 최근 크로아티아가 유명한 여행지로 부상하면서 친숙해진 크로아티아의 언어가 바로 세르보크로아트어다. 또한 체코 등 슬라브인의 국가 언어와도 뿌리가 같다.

외국어 의사소통

수도인 류블랴나, 관광으로 유명한 블레드 등의 도시에서는 영어로 충분히 의사소통할 수 있다. 역사적으로 오스트리아의 지배를 받았기에 독일어(오스트리아의 언어)도 잘 통하는 편이다. 코페르와 피란 등 아드리아해 연안 도시는 역사적으로 베네치아 공화국에 속했기 때문에 이탈리아어가 잘 통한다. 최근 한국인 여행자가 급증하면서 슬로베니아 곳곳에 한국어 안내도 보이기 시작하였다.

슬로베니아어 철자와 발음

영어 알파벳과 같은 라틴 문자를 사용하며 영어에 없는 č, š, ž 자음이 추가된다. q, w, y는 외래어에만 사용된다.

1 영어에 존재하는 알파벳은 기본적으로 j와 v를 제외하고 발음 그대로 읽는다.

예: Klobasa(클로바사), Mestni(메스트니), Izola(이졸라), Ulica(울리차)

2 j는 모음 앞에서는 영어의 y와 같고, 모음 뒤에서는 i와 같다. 모음 없이 자음과 결합하면 발음하지 않는다.

예: Jezero(예제로), Ljubljana(류블랴나), Ptuj(프투이), Kranjska(크란스카)

3 v는 특수하다. 자음처럼 사용될 때에는 영어의 v와 같고, 모음처럼 사용될 때에는 영어의 u 대신 사용된다.

예: Voda(보다), Avto(아우토), Triglav(트리글라우)

4 č, š, ž는 각각 취[ʧ], 쉬[ʃ], 쥐[ʤ]로 적는다. 단어에 따라 자연스럽게 치, 슈, 주 등으로 적을 수 있다.

예: Prešeren(프레셰렌), Čevapčiči(체밥치치), Hiša(히샤), Žalec(잘레츠)

5 b, d, g가 단어 끝에 오면 현지어 발음은 거센소리에 가깝다. 그러나 외래어표기법에 따라 예사소리로 적도록 한다.

예: Bled(발음은 블레트, 표기는 블레드), Trg(발음은 트르크, 표기는 트르그)

알아두면 좋은 기본 단어

주로 표지판이나 안내에 등장하는 슬로베니아어 기본 단어와 친해지면 여행에 도움이 된다. 입구와 출구 안내, 화장실의 남성과 여성 표시 등 알아두면 좋은 기본 단어를 정리하였다.

뜻	단어	발음	뜻	단어	발음
0	nič	니치	월요일	ponedeljek	포네델례크
1	ena	에나	화요일	torek	토레크
2	dva	드바	수요일	sreda	스레다
3	tri	트리	목요일	četrtek	체트르테크
4	štiri	슈티리	금요일	petek	페테크
5	pet	페트	토요일	sobota	소보타
6	šest	셰스트	일요일	nedelja	네델랴
7	sedem	세뎀	남성	moški	모슈키
8	osem	오셈	여성	ženske	젠스케
9	devet	데베트	공항	letališče	레탈리슈체
10	deset	데세트	버스정류장	avtobusna postaja	아우토부스나 포스타야
개장	odprto	오드프르토			
폐장	zaprto	자프르토	기차역	železniška postaja	젤렌즈니슈카 포스타야
입구	vhod	브호드	주차장	parkirišče	파르키리슈체
출구	izhod	이즈호드	ATM기	bankomat	방코마트

알아두면 좋은 기본 회화

여기 간단한 슬로베니아어 인사말과 회화 표현이 있다. 물론 내가 슬로베니아로 말을 걸었을 때 상대의 슬로베니아어를 알아듣지 못하면 대화는 불가능하므로 여기 정리된 표현이 '의사소통'에 도움이 되지는 않을 것이다. 하지만 가벼운 인사말을 현지어로 건네면 상대는 기분이 좋아 더 친절하게 당신을 맞이할 테니 어설프게라도 흉내내어 한두 마디 이야기해보는 것도 여행의 잔재미라 할 수 있다.

뜻	문장	발음
안녕하세요. (헬로)	Zdravo.	즈드라보
아침 인사 (굿모닝)	Dobro jutro.	도브로 유트로
오후 인사 (굿애프터눈)	Dober dan.	도베르 단
저녁 인사 (굿이브닝)	Dober večer.	도베르 베체르
밤 인사 (굿나잇)	Lahko noč.	라코 노치
안녕히 가세요. (굿바이)	Nasvidenje.	나스비데네
죄송합니다.	Oprostite.	오프로스티테
네 / 아니오	Da. / Ne.	다 / 네
영어를 할 수 있나요?	Govorite angleško?	고보리테 앙글레슈코
전화를 써도 될까요?	Lahko uporabim vaš telefon?	라코 우포라빔 바시 텔레폰
도와주시겠어요?	Potrebujem vašo pomoč.	포트레부엠 바쇼 보모치
OOO 가는 표 주세요.	Eno vozovnico do OOO, prosim	에노 보조브니초 도 OOO, 프로심
비싸요.	drago.	드라고

Q3. 인터넷 사용은 편리할까?

이제 한국인 여행자에게 '손 안의 인터넷'은 여행의 필수품이 되었다. 슬로베니아의 공공 와이파이 핫스폿은 많지 않은 편. 그러나 식당, 카페, 호텔, 쇼핑몰 등에서는 거의 보편적으로 제공된다. 만약 이동 중에도 인터넷 접속이 필요하면 현지 통신사의 유심을 구입하여야 한다. 현지 유심을 사용하기 위해서는 스마트폰의 국내 통신사 유심을 제거해야 하므로 한국으로부터 수신되는 전화와 단문 문자를 받을 수 없다는 점은 유의해야 한다.

텔레마흐 대리점

버스터미널의 자판기
텔레마흐 유심

현지 유심
슬로베니아의 이동통신사는 텔레콤 슬로베니예 Telekom Slovenije와 텔레마흐Telemach, 그리고 오스트리아 통신사인 아이인스A1가 주를 이룬다. 10유로 미만의 금액으로 기가 단위의 데이터 사용이 가능하여 유럽 타국에 비해 저렴한 편이지만 슬로베니아 내에서만 사용이 가능하다. 류블라나에서는 대성당 인근에 텔레콤 슬로베니예 (주소 : Pogačarjev trg 2)와 콩그레스 광장 인근에 텔레마흐 (주소 : Slovenska cesta 28) 대리점이 있다. 또한 버스터미널과 공항에 텔레마흐 유심 자판기가 있어 휴일에도 구입이 가능한데, 이 경우 직접 개통해야 하는 불편이 따른다.

유럽 통합 유심
최근에는 오투O2, 보다폰Vodafone, 쓰리Three 등 유럽 전역에서 사용할 수 있는 통합 유심을 국내에서 구입할 수 있다. 만약 슬로베니아 외에 다른

오투 통합 유심

유럽국을 함께 여행할 경우 통합 유심이 더 편리하다. 일부 판매자는 착신전환 서비스도 제공하여 현지 유심 사용 중에도 한국에서 오는 전화를 받을 수 있게 해준다.

> **TIP 렌터카 이용 시엔 유심에 전화 발신 포함해야 편리**
>
> 유심은 종류가 다양하다. 데이터 사용만 가능한 것, 전화 발신도 포함된 것 등 여러 종류가 있고 가격도 편차가 크니 자신의 이용 패턴에 맞추어 선택한다. 단, 렌터카를 이용해 여행하면 전화 발신까지 포함된 것을 고르도록 하자. 호텔이나 레스토랑에 주차 공간을 문의하거나 차량 이상 발생 시 렌터카 업체에 문의하는 등 비상시에 전화 통화가 필요한 경우가 생길 수 있다.

Q4. 치안은 괜찮을까?
국제 조사기관이 발표하는 세계평화지수Global Peace Index에 따르면 슬로베니아는 늘 세계에서 열 손가락 안에 드는 안전한 나라로 꼽히고 있다. 관광객으로 붐비지 않아 소매치기도 드물고, 난민 등 민족주의적 이슈가 없어서 극우세력의 과격한 시위도 보이지 않는다. 간혹 큰 도

시의 기차역 부근에서 노숙자를 보게 될 수는 있으나 해를 끼치지 않는다. 만약 응급상황이 발생하면 국번 없이 113에 전화하여 경찰에 신고할 수 있다.

유사시 숙박업소의 리셉션에 상비약 비치 여부를 문의해보는 것도 한 방법이다. 반창고나 파스와 같은 의약품은 드러그 스토어에서도 판매한다. 만약 병원에 가야 할 정도로 크게 아프거나 다쳤을 경우, 스스로 거동이 가능하면 택시를 타고 가까운 병원 응급실로 가고, 거동이 불가능할 정도라면 앰뷸런스를 부른다. 국번 없이 112. 의료비가 어마어마하므로 여행자보험에 가입하지 않았다면 꽤 낭패를 겪을 수 있으니 신중할 것.

안전한 슬로베니아의 거리

Q5. 아플 땐 어디로 갈까?

슬로베니아어로 약국을 레카르나Lekarna라고 한다. 약국을 표시하는 마크는 통일되지 않아 3~4가지가 혼용된다. 류블랴나, 마리보르 등 중심도시에서는 어렵지 않게 찾을 수 있고 휴일이나 밤까지 영업하는 곳도 곳곳에 있다. 하지만 블레드, 피란 등 작은 마을에서는 약국을 찾기 힘들 뿐 아니라 휴일과 밤에는 이용하기 어렵다. 따라서 감기약, 배탈약, 소화제, 소독약 등 기본상비약은 미리 지참하여 출국하는 것을 권장한다.

약국
약국

💬 | TALK | 관광안내소 활용

낯선 나라에서 무언가 물어볼 것이 생겼을 때 관광안내소를 활용하자. 큰 도시부터 작은 도시까지 관광안내소Turističnih Informacijskih Centrih가 모두 존재하며, 블레드 등 휴양지에도 빠짐없이 준비되어 있다. 일반적으로 머리글자를 따 TIC라고 부르며, 소문자 i 아이콘으로 표시한다. 길을 찾는 방법, 택시나 대중교통 이용방법, 가까운 공영주차장 위치 등 여행에 필요한 모든 정보를 문의할 수 있으며, 관광안내소 직원은 대부분 영어를 능숙히 구사하여 의사소통도 자연스럽다. 또한 관광안내소에서 시내 지도를 무료 또는 유료로 배포하며, 슬로베니아의 음식이나 쇼핑, 계절별 액티비티 등 다양한 정보를 담은 브로슈어도 얻을 수 있다. 이 책에는 수록된 도시별로 관광안내소 주소와 운영시간 등을 상세히 소개해두었다.

PLANNING 04

일주일이면 오케이
슬로베니아 추천 여행코스

슬로베니아는 넓지 않아 가뿐하게 여행할 수 있다. 적당히 바삐 여행하는 패턴으로 슬로베니아 곳곳의 매력을 골라 1주일 정도 여행하면 '슬로베니아 다녀왔다'고 이야기할 수 있는 정도는 가능하다.

대중교통으로 여행하는 DIY 3~7일 코스

류블랴나에서 매일 어디든 당일 여행을 떠나자

슬로베니아 여행의 장점. 수도 류블랴나가 국토의 정중앙에 있어 어디든 원데이투어로 다녀올 수 있다. 슬로베니아 여행의 단점. 아직 대중교통망이 완벽하지 않아 류블랴나에서 특정 도시로 가는 것은 편리하지만 지방 도시간의 이동은 불편하다. 이것을 조합하면 우리는 슬로베니아 여행의 기본 틀을 알 수 있다. 류블랴나를 중심으로 내가 가고 싶은 곳을 원데이투어로 다녀오는 것이다.

핵심만 여행하려면 3일

Day 1 류블랴나 여행 → Day 2 블레드 원데이투어 → Day 3 포스토이나 동굴 원데이투어

* 여름 시즌에 스케줄을 바짝 조이면 블레드와 보힌을 하루에 원데이투어로 다녀올 수 있다. 블레드와 보힌을 연결하는 첫차와 막차 버스 시간표를 194p에 요약해두었다.

충분히 여행하려면 7일

Day 1 류블랴나 여행 → Day 2 블레드 원데이투어 → Day 3 포스토이나 동굴 원데이투어 → Day 4 코페르와 피란 원데이투어 → Day 5 첼레 원데이투어 → Day 6 마리보르와 프투이 원데이투어 → Day 7 슈코찬 동굴, 보힌 호수, 크란 등 나머지 장소 중 택1하여 원데이투어

* 일정에 따라 3~7일 사이, 또는 그 이상으로 얼마든지 DIY식 일정 조합이 가능하다.

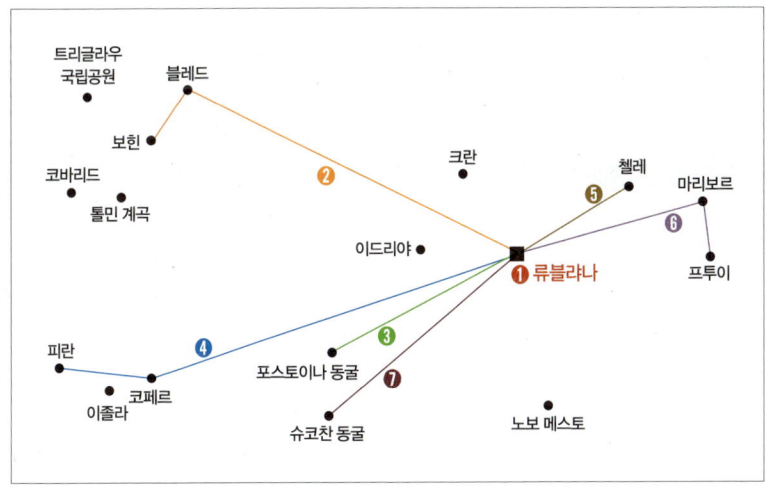

렌터카로 여행하는 7일 코스

자동차로 떠나는 슬로베니아 여행

렌터카로 여행하면 두 가지 장점이 있다. 첫째, 지방 도시간 이동이 원활하여 보다 자유로운 동선을 정할 수 있다. 둘째, 대중교통으로 갈 수 없는 브르시치 패스 등 더 많은 여행지를 방문할 수 있다. 아래와 같은 1주일 코스를 추천한다.

Day 1 류블랴나 → Day 2 블레드 → Day 3 브르시치 패스와 톨민 계곡 등 트리글라우 국립공원을 돌아 보힌 도착 → Day 4 보힌 여행 → Day 5 포스토이나 동굴 여행 후 피란 도착 → Day 6 피란 여행 후 코페르 또는 슈코찬 동굴을 거쳐 첼레 도착 → Day 7 마리보르와 프투이 여행 (이후 류블랴나로 되돌아가거나 오스트리아 또는 크로아티아로 이동)

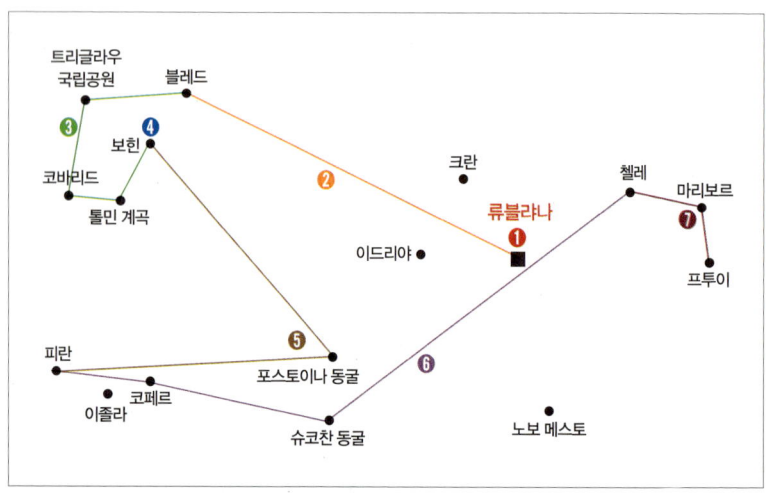

주변국과 연결하는 3~4일 코스

중앙유럽과 동남유럽을 연결하는 남북 종단 코스

독일과 오스트리아 등 중앙유럽과 크로아티아 등 동남유럽을 연결할 때 슬로베니아를 남북으로 가로지른다. 최근 뜨는 발칸 지역과 전통적인 여행 강국 중앙유럽을 두루 여행하면서 슬로베니아의 핵심을 즐기자.

Day 1 오스트리아 잘츠부르크에서 블레드(기차역)로 이동하여 여행한 뒤 류블랴나로 이동 → Day 2 류블랴나 전일 여행 → Day 3 류블랴나에서 포스토이나 동굴 원데이투어 → Day 4 류블랴나에서 크로아티아 자그레브로 이동

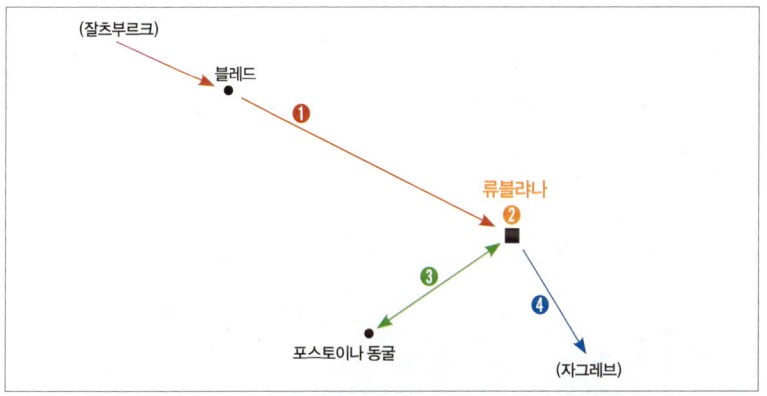

동유럽과 이탈리아를 연결하는 동서 횡단 코스

Day 1 오스트리아 빈 또는 헝가리 부다페스트에서 마리보르로 이동하여 여행한 뒤 류블랴나로 이동(시간이 허락되면 마리보르에서 프투이까지 여행) → Day 2 류블랴나 전일 여행 → Day 3 류블랴나에서 포스토이나 동굴 원데이투어 → Day 4 류블랴나에서 피란으로 이동하여 여행한 뒤 이탈리아 트리에스테로 이동(이후 베네치아로 이동)

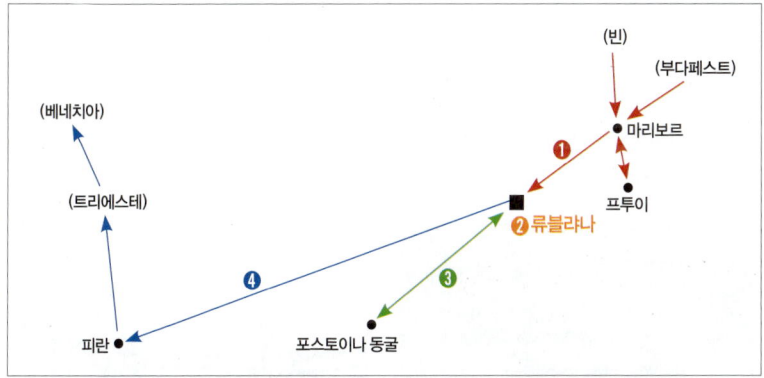

두 가지 코스를 혼합하여 자유로이 맞춤 루트를 만들어도 좋다. 가령, 헝가리 부다페스트에서 슬로베니아를 거쳐 크로아티아 자그레브로 이동하는 식으로 구성할 수 있다. 류블랴나가 정중앙에 있기 때문에 어떠한 조합도 자연스럽게 연결되는 게 슬로베니아의 장점이다. 주변국과의 교통편은 054p에 좀 더 부연하였다.

PLANNING 05

기차, 버스, 비행기 타고 슬로베니아 드나들기

기차와 버스, 그리고 드물게 이용하는 비행기까지, 모든 경우의 수를 감안하여 슬로베니아를 드나드는 방법을 총정리하였다.

비행기로 드나들기

수도 류블랴나에 국제공항이 있다. 정식 명칭은 류블랴나 요제 푸치니크 공항Letališče Jožeta Pučnika Ljubljana(공항코드 : LJU). 슬로베니아 독립을 이끈 정치인의 이름을 붙였다. 류블랴나와 크란 사이의 브르니크Brnik에 위치하고 있으며, 2019년 문을 닫은 슬로베니아 국적기 아드리아 항공Adria Airways의 허브공항이었다. 지금은 유럽계 항공사와 저가항공사 위주로 노선을 운항한다. 아직 한국과의 직항 노선은 없으며, 공항의 규모는 아담하지만 공항 운영에 있어서 세계적인 수준의 프라포트Fraport(독일 프랑크푸르트 국제공항 운영사)가 류블랴나 공항 지분 100%를 소유하고 있어 앞선 노하우를 바탕으로 서비스의 질은 우수하다. 또한 2025년 완료 예정으로 공항을 확장하고 있다.

아드리아 항공

류블랴나 공항에서 시내 이동

공항버스

정확히 말하면 공항버스는 아니다. 류블랴나와 크란 사이를 다니는 시외버스가 류블랴나 공항을 지나간다. 무거운 짐도 수납할 수 있는 큰 버스가 다니므로 결과적으로 공항버스처럼 이용하는 것은 맞지만, 시외버스이다 보니 중간에 굉장히 많은 정류장에 정차하여 시간이 오래 소요된다. 일단 공항터미널 밖으로 나온 뒤 BUS라고 적힌 주차장에서 탑승하는데, 바로 그 자리에 정차하지 않을 수도 있으니 주변에 정차하는 버스를 잘 살펴야 한다. 류블랴나까지 30km 정도 떨어져 있음에도 불구하고 시간은 약 50분 걸린다.

티켓 구입 기사에게 구입
요금 4.1유로 (현금만 지불 가능)

셔틀버스

고읍티

공항버스가 편리하지 않다 보니 사설 업체의 공항 셔틀 서비스가 활성화되어 있다. 일종의 차량 공유 개념으로 류블랴나와 블레드까지 바로 운행하는 셔틀밴이 공항에 대기한다. 공항터미널 밖으로 나온 뒤 SHUTTLE이라고 적힌 주차장에 대기하는 차량을 이용하면 된다

티켓 구입 기사에게 구입 또는 홈페이지(www.goopti.com) 이용
요금 류블랴나 11유로, 블레드 14유로

셔틀버스 정류장

렌터카

렌터카를 빌려 여행할 계획이라면 류블랴나 공항에서 바로 차량을 빌릴 수 있다. 오히려 류블랴나 시내보다 업체도 많고 차량 종류도 많아 자동(오토) 미션 차량도 어렵지 않게 빌릴 수 있다. 공항터미널 밖으로 나온 뒤 맞은편 주차타워 건물 로비층(한국식으로 1층)에 렌터카 사무소가 모여 있다.

버스정류장

공항버스

주차타워

기차와 버스로 드나들기

류블랴나 기차역과 버스터미널은 같은 장소에 있다. 관광지까지 걸어서 이동할 수 있는 거리에 있다. 그리고 다른 나라에서 블레드, 마리보르 등 국경에서 가까운 도시를 먼저 들를 수도 있다. 슬로베니아의 주변 국가의 기차 및 버스 연결은 아래 그림을 참고하기 바란다.

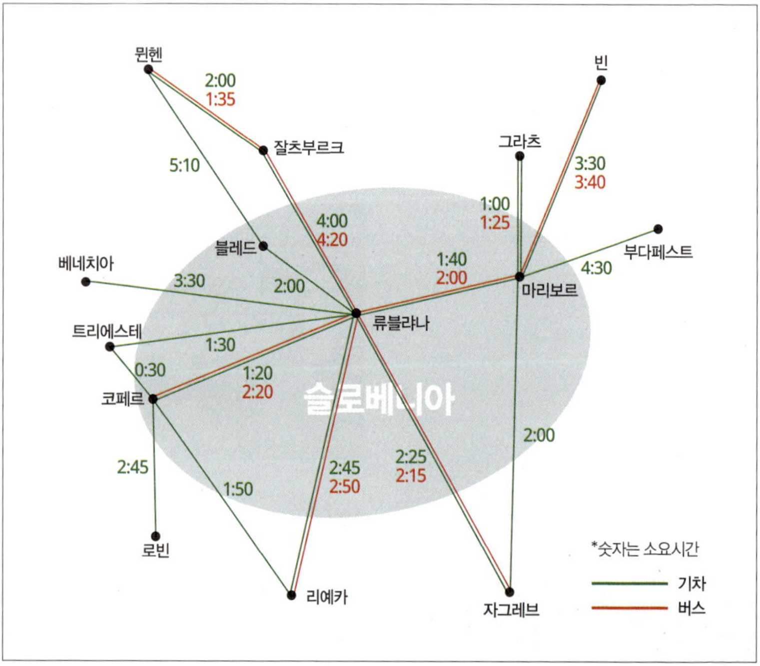

자동차로 드나들기

렌터카를 이용해 류블랴나에 방문하였다면 시내 곳곳의 주차장을 이용할 수 있다. 거의 모든 이면도로는 주차장으로 활용된다. 그러나 주차 공간이 많지 않은 편이므로 빈자리를 찾아 시내를 빙글빙글 돌아야 할 수도 있다. 주차하기 가장 편한 곳은 공화국 광장(116p) 지하다. 류블랴나는 큰 도시가 아닌 만큼 호텔에 주차한 뒤 시내에서는 걸어서 여행하는 것을 추천한다.

류블랴나 시내 주차장

출입국심사

슬로베니아는 셍엔(쉥겐)조약 가입국이므로 다른 셍엔국과의 이동 시 출입국심사가 없다. 그런데 슬로베니아와 국경이 맞닿은 크로아티아는 셍겐조약 비가입국이어서 두 나라간 이동 시 출입국심사가 있다. 기차나 버스 또는 렌터카로 슬로베니아 국경을 넘을 일이 있다면 출입국심사 존재 여부를 구분해야 한다.

슬로베니아 ↔ 오스트리아, 이탈리아

출입국심사는 없다. 화폐도 동일하므로 마치 같은 나라 안에서 이동하듯 자유롭게 오갈 수 있다. 하지만 간혹 경찰이 버스에 탑승해 여권을 확인할 수 있으니 어떤 경우든 여권은 반드시 소지하고 이동해야 한다. 이러한 검사는 신원을 확인하기 위한 목적이므로 출입국심사와는 다르다.

슬로베니아 ↔ 헝가리

출입국심사는 없으나 헝가리는 유로화를 사용하지 않는다. 따라서 헝가리로 바로 이동할 경우 환전을 미리 마치는 것이 편리하다.

슬로베니아 ↔ 크로아티아

국경에서 출입국심사를 받아야 한다. 자동차는 마치 톨게이트 지나듯 출입국검사대에 정차하여 여권을 제시하고 심사를 받고, 버스는 일단 국경에서 모두 하차한 뒤 걸어서 출입국심사를 받은 뒤 다시 버스에 오른다. 이러한 방식으로 슬로베니아와 크로아티아에서 각각 한 번씩 심사를 받게 된다. 기차는 국경의 기차역에서 양국 심사원이 함께 탑승하여 좌석에 앉아 대기하는 승객을 상대로 출입국심사를 진행한다. 앉은 자리에서 심사를 받으니 가장 편할 것 같지만 양국 심사원이 기차의 시작부터 끝까지 다니며 모든 승객을 한 명씩 심사하므로 시간이 매우 오래 걸려 가장 불편하다고 할 수도 있다. 크로아티아도 유로화를 사용하지 않으니 미리 환전을 마치면 편리하다.

자동차 출입국심사대

출입국심사를 받기 위해 버스에서 하차한 승객들

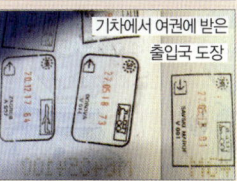

기차에서 여권에 받은 출입국 도장

PLANNING 06

슬로베니아 교통 완전정복

기차와 버스, 그리고 렌터카까지. 슬로베니아를 누비는 교통수단의 모든 것을
예약부터 현지 정보까지 정리한다.

기차

국토가 넓지 않고 산과 강이 많아 상대적으로 열차 교통이 편리하지는 않다. 오히려 버스보다 더 환경이 좋지 못하다고 이야기할 수도 있다. 그래서인지 버스보다도 더 저렴한 가격으로 고속열차를 탈 수 있는 상반된 장점도 있다.

기차의 종류

프랑스의 떼제베TGV, 독일의 이체에ICE, 스페인의 아우베에AVE에 해당하는 초고속열차는 없다. 이체IC가 슬로베니아를 대표하는 고속열차이며, 최근에는 이체보다 좀 더 빠른(그러나 초고속열차는 아니다) 이체에스ICs가 류블랴나와 큰 도시 사이를 오간다. 이체에스는 선진국의 열차에 견주어도 뒤지지 않는 쾌적한 내부 시설을 갖추고 있다. 이체가 국경을 넘어 다른 나라까지 운행하면 에체EC로 구분한다. 완행열차 개념의 지역열차는 엘페LP, 엘페베LPV 등 여러 종류가 있다. 또한 헝가리의 국제선 열차가 슬로베니아를 가로질러 이탈리아까지 다녀 슬로베니아 내에서 이동할 때에도 탈 수 있는데, 이러한 열차는 엠베MV라고 분류하며 이체와 동급이다.

이체에스

엘페

엠베

기차 티켓 구입

슬로베니아 열차는 지정좌석제가 아니다. 빈 좌석이 있으면 앉고 없으면 서서 간다. 따라서 야간열차 등의 특수한 케이스가 아닌 이상 현장에서 바로 구입해도 매진은 발생하지 않는다. 열차 요금이 기본적으로 저렴하기 때문에 굳이 일찍 예매를 마쳐야 할 이유도 없다.

기차역에서 구입

따라서 가장 편한 방법은 기차역 매표소에서 당일 발권하는 것이다. 아직 자동화가 이루어지지 않아 티켓판매기보다는 매표소에서 직원에게 구매하는 게 일반적이다. 작은 기차역에도 매표창구는 있으며, 류블랴나 중앙역 등 큰 기차역은 국내선Inland 매표창구와 국제선International 매표창구를 구분한다. 국내선 창구 직원은 영어를 잘 못할 수도 있다. 이럴 때에는 국제선 창구에 가서 국내선 표를 구입해도 무방하다.

기차에서 구입

만약 시간이 없어 매표소에서 티켓을 구입하기 어렵다면 일단 기차에 탑승한 뒤 차장에게 구입해도 된다. 이 경우 2.5유로의 추가 요금이 부과된다.

유레일패스 사용

슬로베니아도 유레일 국가이므로 슬로베니아의 모든 정규 열차 이용 시 유레일패스를 사용할 수 있다. 하지만 기차표가 저렴하기 때문에 유레일패스를 사용하는 게 오히려 낭비일 수 있다는 점을 덧붙인다. 슬로베니아에서 유레일패스 개시가 필요하면 류블랴나 중앙역의 국제선 매표창구를 이용한다.

검표

모든 기차역에 개찰구가 존재하지 않으며, 일단 기차에 탑승하고 출발한 뒤 차장이 돌아다니며 검표한다. 위에 언급했듯 만약 티켓이 없으면 차장에게 구입할 수 있으므로 무임승차로 적발되는 사례는 드물다.

국내선 매표소

국제선 매표소

기차 티켓

기차 이용

티켓 구입까지 마쳤으면 이제 기차에 오르면 된다. 흔히 짐작할 수 있는 절차와 큰 차이 없다.

플랫폼 확인 및 탑승

전광판에서 내가 탑승할 열차 정보에 적힌 탑승 플랫폼Tir 번호를 확인한다. 해당 플랫폼에 들어오는 열차에서 1등석과 2등석만 구분(객차 안팎에 숫자로 적혀 있다)하여 탑승한 뒤 빈 좌석에 앉으면 된다.

환승

열차를 갈아타야 하는 경우에도 방식은 동일하다. 환승역에서 하차한 뒤 다음 열차를 탑승할 플랫폼 번호를 확인하여 이동하면 된다. 다만, 환승역이 아주 작은 기차역이면 전광판이 없다. 매표창구의 직원에게 물어보자.

연착

유감스럽게도 연착이 드물지는 않다. 큰 기차역은 전광판에서 연착 정보를 확인할 수 있으나 작은 기차역에서는 어떠한 정보도 찾기 어렵다. 제 시간에 열차가 들어오지 않으면 홈페이지에서 연착 정보를 확인할 수 있다.

기차역 전광판

플랫폼 전광판

이체에스 1등석

기차 스케줄 조회

슬로베니아 철도청 홈페이지(www.slo-zeleznice.si)에서 티켓 구입은 불가능하지만 모든 열차편의 스케줄과 요금, 연착 정보가 조회된다. 모바일로도 접속 가능하고, 영어를 지원하여 어렵지 않게 이용할 수 있다. 스마트폰 어플리케이션도 제공하는데, 어플리케이션은 영어를 지원하지 않는다.

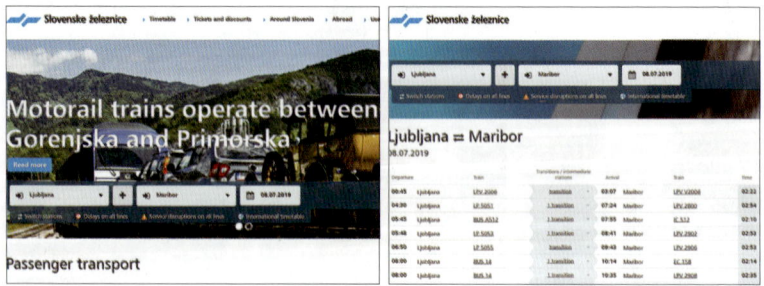

류블랴나 중앙역 이용

아무래도 가장 많이 이용하게 될 류블랴나 중앙역은 다행히 여행의 편의를 제공하는 시설이 완비되어 있어 기차 여행을 돕는다.

매표소

일곱 개의 국내선 매표창구, 두 개의 국제선 매표창구가 같은 공간에 있다. 대기시간이 거의 없고, 영어로 의사소통도 잘 통한다.

매표소

짐 보관소

코인라커 방식의 짐 보관소를 운영한다. 스몰(3유로), 미디움(4유로), 라지(5유로), 엑스라지(6유로) 등 다양한 사이즈의 라커가 배치되어 있으며, 기계에서 라커 종류를 선택하고 비용을 지불하면 무작위로 라커 번호가 배정된다. 해당 칸에 짐을 넣고 닫은 뒤 티켓을 출력하면 끝. 나중에 기계에 티켓을 스캔하면 라커가 열린다. 따라서 티켓은 분실하지 않도록 주의가 필요하다. 위치는 1번 플랫폼의 끝.

짐 보관소

화장실

1번 플랫폼의 끝, 짐 보관소 옆에 화장실이 있는데, 무료 화장실이 있다. 수차례 방문할 때마다 썩 청결하지는 않은 편이었지만 이용에 불쾌한 정도는 아니다. 이 외에도 크고 작은 기차역의 화장실이 무료로 개방되어 있다.

화장실

카페

기차를 기다리는 동안 시간을 보낼 만한 작은 카페와 맥도날드 매장이 있다.

카페

환전소

기차역 메인 홀에 환전소가 있다. 슬로베니아는 유로화를 사용하므로 굳이 환전소를 이용하기보다는 중앙역 건너편의 은행 ATM기에서 유로를 인출하는 게 더 낫다. 그러나 기차 타고 크로아티아로 넘어가는데 미리 크로아티아 화폐 환전이 필요하다면 중앙역 환전소가 사실상 유일한 장소다(크로아티아 자그레브 중앙역에 도착한 뒤 현지 은행 ATM에서 인출하면 더 편리하다).

와이파이

기차역에서 제공하는 무료 핫스폿은 없지만 중앙역의 맥도날드 매장에서 와이파이 핫스폿을 무료로 이용할 수 있다.

버스

기차보다 버스가 더 편리한 경우가 많고, 그 대신 요금은 더 비싸다. 또한 버스는 입석의 개념이 없어 성수기에는 현장 구매 시 불편이 따를 수 있다는 단점도 있다. 하지만 미리 계획을 세우고 여행한다면 버스의 경쟁력이 더 높은 것은 부인할 수 없는 사실이다.

버스의 종류

한국식 구분으로는 고속버스보다 시외버스에 가깝다. 슬로베니아에서 가장 큰 운수업체는 아리바 Arriva, 유럽 운송업계의 최강자인 독일철도청에서 소유한 영국 회사다. 최근 몇 년 사이에 슬로베니아의 주요 노선을 독식하며 사실상 버스업계의 표준이 되었다. 류블랴나 버스터미널은 운송업체에 상관없이 각 노선별로 최적의 스케줄을 조회하고 티켓을 통합 발권하므로 여행자 입장에서 굳이 업체명까지 기억하지 않아도 된다. 그런가 하면, 유럽 고속버스 업계의 공룡으로 성장한 플릭스버스 Flixbus도 슬로베니아에서 여러 노선을 운행하지만 국내선이 아닌 다른 나라와 연결되는 국제선 노선에 국한된다.

시외버스

플릭스버스

버스 티켓 구입

티켓 구입 방법은 간단하다. 매표소가 있는 곳은 매표소에서, 그렇지 않은 곳은 버스기사에게 구입하면 된다.

매표소

이 책에 소개된 도시 중에는 류블랴나, 마리보르, 피란 정도만 버스터미널에 매표소가 설치되어 있다. 류블랴나는 무인 티켓 발권기도 설치되어 있었으나 방문 당시 작동되지 않았다. 매표

류블랴나 버스터미널

티켓

창구에 행선지를 이야기하면 직원이 시간대를 알려준다. 희망하는 시간대로 발권하면 간단히 끝난다. 그 밖에 매표소가 없는 버스터미널은 버스에 타면서 기사에게 바로 요금을 지불하고 티켓을 구입하는데, 잔돈을 준비하면 편리하다.

온라인

류블랴나 버스터미널은 자체 홈페이지(www.ap-ljubljana.si)에서 온라인 티켓도 판매한다. 출발 30일 전부터 판매하며, 온라인 티켓은 버스터미널에서 실물 티켓으로 교환해야 함을 잊지 말자.

플릭스버스 역시 자체 홈페이지(global.flixbus.com)와 스마트폰 어플리케이션을 통해 티켓을 판매하며, 온라인 티켓은 이메일로 수령한 QR코드를, 모바일 티켓은 어플리케이션에 저장된 QR코드를 기사에게 보여주면 된다.

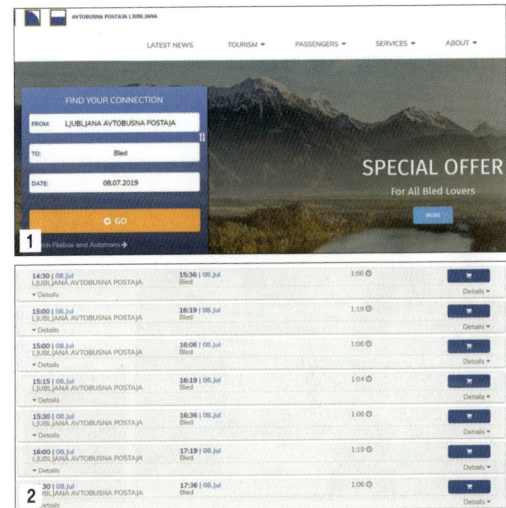

1 홈페이지에서 구간과 날짜로 검색
2 전체 스케줄 확인
3 One Way Ticket/Basic Ticket이 일반 승차권

💬 | TALK | 기차 대신 버스

기차 노선도 버스로 대체 운행하는 경우가 있다. 저자가 코페르에서 기차를 타고 류블랴나로 이동할 때의 일이다. 기차가 취소되고 그 자리에 버스 2대가 대기하고 있었다. 한 대는 류블랴나로 갈 손님을 태워서 중간 정차 없이 류블랴나로 바로 가는 버스, 다른 한 대는 다른 역에서 내리거나 탈 손님들을 위해 기차역마다 정차하는 버스였다. 기차의 차장이 버스 앞에서 기차표를 검사하였다. 아마 승객이 적은 시간대에는 기차 대신 버스로 운행하는 것 같았다. 승객 입장에서도 중간 정차 없이 류블랴나까지 훨씬 빠르게 이동한 셈이니 모두가 만족할 만한 정책이라 생각되었다.

기차 대신 대기 중인 버스

버스 이용

류블랴나, 마리보르 등 규모가 큰 버스터미널은 탑승 플랫폼을 먼저 찾아야 한다. 티켓에 슬로베니아어로 적혀 있으니 매표소 직원에게 플랫폼 번호를 물어보거나 전광판에서 확인하자. 블레드, 보힌 등은 버스터미널이 아니라 버스정류장이다. 탑승 위치에 노선과 시간표를 종이로 붙여둔다. 슬로베니아가 큰 나라가 아니라는 것은 버스 소요시간도 길지 않다는 것을 뜻한다. 중간에 휴게소에 들르지 않고, 대부분 버스에 화장실이 없다. 버스는 지정좌석제가 아니니 빈 좌석에 자유롭게 앉아도 되고, 큰 짐은 수하물 칸에 보관할 수 있다.

류블랴나 버스터미널 플랫폼

포스토이나 동굴 버스정류장

버스 스케줄 조회

기차처럼 통합된 관할기관이 없다보니 모든 버스 스케줄을 한 자리에서 확인할 수 있는 방법은 없다. 하지만 류블랴나 버스터미널에서 발착하는 모든 스케줄은 버스터미널 홈페이지에서 조회할 수 있으니 류블랴나에서 다른 곳을 왕복할 때 편리하게 조회할 수 있다. 시장의 지배자인 아리바의 홈페이지에서는 아리바가 운행하는 모든 노선의 스케줄이 확인된다.

류블랴나 버스터미널 홈페이지

모바일로 접속한 뒤 상단의 언어를 영어(EN)로 바꾸고 조회한다.

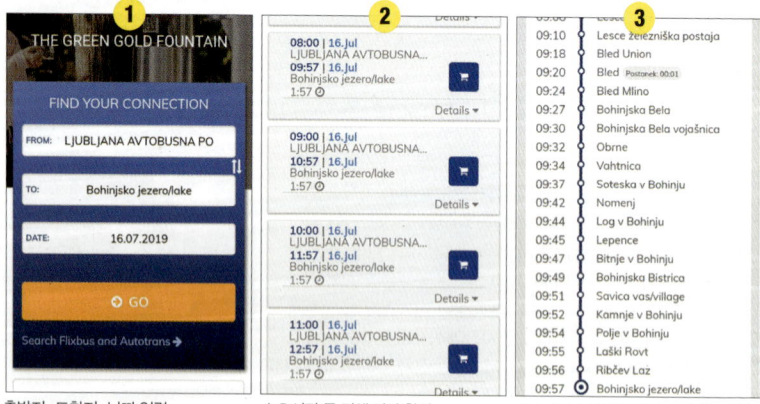

출발지, 도착지, 날짜 입력   소요시간 등 검색 결과 확인   detail을 클릭하면 전체 노선 확인 가능

아리바 홈페이지

마찬가지로 모바일로 접속한 뒤 메뉴를 펼치고 영어(EN)를 선택하여 조회한다.

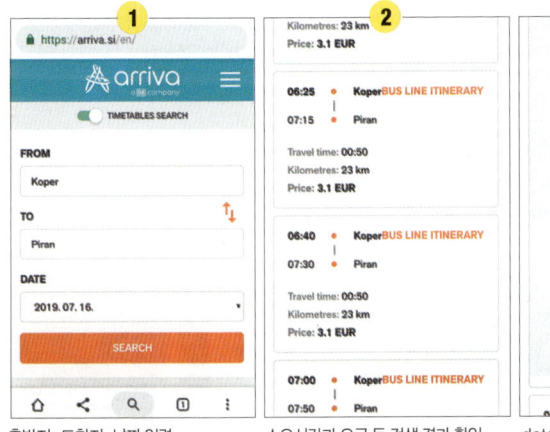

출발지, 도착지, 날짜 입력 소요시간과 요금 등 검색 결과 확인 detail을 클릭하면 전체 노선 확인 가능

류블랴나 버스터미널 이용

가장 이용량이 많은 류블랴나 버스터미널은 중앙역 앞 도로에 만든 시설이다. 따라서 이용량에 비해 시설은 많이 부족한 편이며, 내부의 대기공간도 부족하다. 만약 오랜 시간 버스를 기다려야 하면 바로 앞 중앙역 내의 카페나 맥도날드를 이용하자. 버스터미널 내에는 짐 보관소와 작은 매점 정도가 편의시설의 전부다.

짐 보관소

매점

TIP 버스터미널과 별개로 운행하는 공항버스와 플릭스버스에 대한 안내 및 편의는 거의 제공되지 않는다. 공항버스는 28번 플랫폼에서, 플릭스버스는 30번 플랫폼에서 승하차한다. 노선 안내나 시간표 등은 전혀 찾을 수 없다.

플릭스버스 정류장 공항버스 정류장

렌터카

교통법규도 잘 모르는 낯선 땅에서 운전하는 게 쉽다고 할 수는 없다. 그러나 슬로베니아는 류블랴나가 정중앙에 위치한 덕분에 각지로 고속도로를 이용해 이동하는 게 편리하고 길이 복잡하지 않아 비교적 운전 스트레스가 적은 나라다. 렌터카를 이용한 여행이 여러모로 편리하다.

렌터카 업체

슬로베니아 업체 중에서는 어반트카Avantcar가 가장 유명하다. 또한 우리에게도 친숙한 글로벌 브랜드 직스트Sixt, 버짓Budget, 알라모Alamo, 오이로프카Europcar, 허츠Hertz 등도 슬로베니아에서 흔하게 접할 수 있다. 각 렌터카 업체별로 큰 차별성은 없다. 렌탈 가능 차종이나 금액 등을 고려하여 선택하면 된다.

준비물

슬로베니아에서 운전하기 위해서는 국제운전면허증과 한국의 운전면허증이 모두 필요하다. 국제운전면허증은 가까운 면허시험장 또는 일부 경찰서 민원실과 인천국제공항에서 발급한다.

렌탈 방법

차 크기, 브랜드, 미션 종류 등에 개의치 않는다면 현장에서 바로 렌탈해도 별다른 불편은 없다. 하지만 소형/대형, 세단/SUV, 자동/수동 등 차종을 선택하고자 하면 온라인 예약을 권장한다.

온라인 예약 사이트

최근에는 모든 렌터카 업체를 모아 가격을 비교하고 예약을 대행해주는 글로벌 서비스도 인기가 높다. 렌탈카스닷컴(www.rentalcars.com)이 대표적인 곳. 차량 인수 장소와 반납 장소, 그리고 날짜와 대여 기간을 입력하면 해당 조건에 맞는 모든 차종이 검색되고, 차량의 크기, 미션의 종류, 선호하는 브랜드, 유종 등 각각의 조건에 맞춘 상세 조회도 가능하다.

렌탈 시 주의사항

① 인수 장소와 반납 장소가 동일한 것이 원칙이지만 조금 더 비용을 지불하고 다른 장소에서 반납할 수 있는 렌터카 업체도 있다.
② 렌탈 시 차종 등을 지정하지만 '동일한 등급의 다른 차종으로 대체할 수 있다'는 조건이 항상 붙기

마련. 자동 미션 중형 차량을 빌렸는데 비슷한 가격대의 다른 수동 미션 중형 차량이 배정되어도 계약 위반이 아니다. 따라서 꼭 자동 미션 차량을 빌려야 할 경우, 예약 시 이 사실을 별도로 확인 해두는 게 좋다.

③ 일부 렌터카 업체는 만26세 이상의 운전자에게만 차량을 빌려주니 만25세 이하의 운전자는 선택의 폭이 제한된다.

④ 대표 운전자 외에 다른 사람도 운전하려면 렌탈 시 추가 운전자Additional driver를 등록해야 한다. 프로모션 기간에는 추가 운전자 1인 무료 등록 등의 혜택을 보편적으로 제공한다.

⑤ 겨울에 시즌 요금(사고확률이 높아짐에 따른 추가비용)을 할증하거나 스노타이어 의무 장착비 등을 요구할 수 있다. 모든 조건은 예약 과정에서 안내되니 꼼꼼히 읽어보자.

⑥ 유아용 카시트, 스키 장비 캐리어 등 모든 차량용 액세서리는 예약 과정에서 추가할 수 있다.

⑦ 운전 국가를 슬로베니아로 지정하면 다른 나라에서 운전하다가 사고가 날 경우 보험이 적용되지 않는다.

자동차보험 가입

가장 중요한 건 보험이다. 기본적으로 포함되는 보험은 보장범위가 매우 제한적이다. 혹 사고가 발생하면 운전자가 부담할 비용이 매우 크다. 따라서 만약의 경우를 대비하여 풀커버(또는 슈퍼커버) 보험을 가입하는 게 좋다. 이러한 완전 보장 보험은 사고가 발생해도 운전자의 자기부담금 없이 전액 보험으로 보장된다. 차량 스크래치 등 생활 흠집도 운전자가 배상하지 않는다.

> **TIP 사후처리가 편해지는 보험 가입 절차**
>
> 렌탈카스닷컴 등의 예약 서비스에서도 풀커버 보험에 가입할 수 있다. 하지만 사고가 발생하면 예약 서비스와 렌터카 업체에 모두 알리고 양쪽에서 보험을 확인해야 하는 불편이 따른다. 일단 예약할 때에는 기본 보장만 설정한 뒤 렌터카 업체에서 차량을 인수할 때 풀커버 보험을 추가하는 게 더 편리하다. 그러면 사고가 발생했을 때 렌터카 업체에만 알리면 모든 사후처리가 진행된다.

도로규정

기본적인 교통법규는 대동소이하며 도로 표지판도 비슷해 '눈치'만 가지고 운전해도 된다. 그러나 안전과 직결되는 부분인 만큼 아래 내용 정도는 숙지해 두자.

교차로

류블랴나 등 큰 도시에서도 중심가 정도에서만 교차로에 신호등이 존재하며, 대부분 로터리 방식으로 도로가 설계되어 있다.

속도위반

고속도로는 시속 130km, 시 외곽 국도는 시속 70km, 공사 중 구간은 시속 30km 등 몇 가지 공식에 따라 전 도로의 기준속도가 정해져 있으며, 명확히 안내되어 있다. 고속도로에 단속 카메라가 곳곳에 설치되어 있으니 과속에 주의할 것. 한국과 달리 도로의 진출입 없이 달리는 과정에도 기준 속도가 계속 변한다. 따라서 표지판을 주의 깊게 확인하기 바란다.

비네타

비네타Vinjeta(영어로는 비네트Vignette)라 부르는 고속도로 통행권이 필요하다. 렌터카는 기본적으로 비네타 연간권이 부착되어 있어 추가요금 없이 고속도로 통행이 가능하지만 아무튼 비네타 포함 여부는 꼭 확인해야 한다. 고속도로에 별도의 톨게이트는 없으며, 지정된 장소에서 비네타의 유효성만 자동으로 체크한다.

비네타 체크 장소

비네타

주유

셀프 주유가 기본. 한국과 달리 금액을 미리 지정하지 않고 계기판을 보면서 직접 주유를 중단한다(가득 넣을 때에는 자동으로 멈춘다). 먼저 기름을 넣고 계산대(보통 주유소의 편의점)에 가서 주유대 번호를 이야기하고 결제한다. 유종은 크게 세 가지. 디젤, 옥탄가 100 가솔린, 옥탄가 95 가솔린이다. 가솔린 차량은 고성능 고급 차량이 아닌 이상 옥탄가 95 가솔린이다. 렌탈 시 해당 차량의 유종을 확인받는 것을 잊지 말자.

일반적으로 렌터카 회사의 주유 정책은 풀투풀Full to Full, 즉 가득 주유된 상태로 렌탈하고 기름을 가득 넣어 반납한다. 따라서 반납 장소에서 가까운 주유소에서 마지막으로 가득 주유하여 연료를 채우자. 간혹 차량 반납 시 마지막 주유 영수증을 요구하는 곳도 있으니 영수증은 잘 보관해두자.

내비게이션 활용

보험만큼이나 중요한 게 길 안내일 것이다. 차량 렌탈 시 내비게이션을 추가하면 영어로 안내되는 장비를 달아준다. 슬로베니아에서는 내비게이션을 지피에스GPS라는 약어로 부른다. 그런데 일부 업체는 낡은 장비를 가지고 있어 최신 도로 정보가 업데이트 되지 않은 경우도 있다. 최근에는 스마트폰을 내비게이션으로 활용하는 사례도 많은데, 브르시치 패스와 같은 산길을 달릴 때에는 데이터 사용이 어렵다는 점을 유념하기 바란다. 내비게이션은 단속 카메라 위치도 알려준다.

주차

파란색 배경의 흰색 P 글자로 주차장을 안내한다. 한국과 같으니 도로에서 주차장 표지판을 쉽게 식별할 수 있을 것이다. 공영주차장은 대부분 그 자리에 티켓발권기가 있다. 일단 주차한 뒤 기계에 돈을 넣고 주차권을 뽑은 뒤 창밖에서 보이도록 대시보드 위에 올려둔다. 유료 주차구역은 파란 선으로 표시하는 경우가 많으나 늘 그런 건 아니니 주차장 주변의 안내를 꼭 살펴보아야 한다.

주차위반

불법주차 적발 시 단속반이 '딱지'를 와이퍼에 끼워놓는다. 단속이 부당하다면 이의를 제기할 수 있으나 안내문이 슬로베니아어로 되어 있어 사실상 자세한 내용을 확인하기 어렵다. 범칙금은 우체국이나 은행 창구에서 현금으로 납부할 수 있으며, 만약 납부하지 않고 슬로베니아를 떠날 경우 렌터카 업체에서 신용카드로 범칙금을 청구하며, 할증 등의 추가 불이익을 받는다.

> **TIP 동전을 꼭 가지고 다니세요!**
>
> 주차 티켓판매기는 동전만 사용할 수 있다. 따라서 렌터카 이용 중에는 늘 동전을 휴대해야 한다. 뿐만 아니라 10센트 미만의 소액 동전을 사용할 수 없는 기계도 많다는 것을 잊지 말자. 동전교환기 등의 편의시설은 발견하기 어렵다.
> 주차요금은 티켓판매기에 기재되어 있으며, 무료 주차인 경우에도 무료로 주차권을 발권해 대시보드 위에 올려두어야 한다. 무료 주차 안내만 확인하고서 주차권을 출력하지 않으면 단속에 걸린다.

Step 03
Enjoying

슬로베니아를
즐기다

01 힐링을 선물하는 **슬로베니아의 대자연**
02 슬로베니아의 **유네스코 세계유산**
03 슬로베니아의 **그림 같은 고성**
04 미처 몰랐던 슬로베니아의 **보석 같은 소도시**

올드 바인 페스티벌

05 슬로베니아의 **사계절 축제 캘린더**
06 슬로베니아 **음식 열전**
07 슬로베니아 **쇼핑 아이템**
08 슬로베니아 **숙박 가이드**

ENJOYING 01
힐링을 선물하는
슬로베니아의 대자연

대자연이 만든 풍경을 감상하고 그 속에서 힐링하는 것은 '그린 데스티네이션' 슬로베니아의 진면목이 극대화되는 여행 테마. 산부터 바다까지 모든 취향을 만족시키는 힐링 플레이스가 준비되어 있다.

산

슬로베니아까지 뻗친 장엄한 알프스 산맥의 기운을 느껴보자. 슬로베니아 최고봉인 트리글라우산(204p)을 중심으로 깨끗한 자연의 모습을 보호하는 넓은 국립공원이 지정되어 있다. 트리글라우까지 직접 올라가는 산악열차나 케이블카는 없으나 보힌의 보겔산(199p) 전망대까지 케이블카로 올라가 트리글라우산을 멀리서 바라보는 것은 가능하다. 또한 알프스를 가로지르는 브르시치 패스(206p) 드라이빙도 즐거움을 선사한다.

보겔산에서 보이는 트리글라우

브르시치 패스

블레드

보힌

호수

알프스는 높은 바위산만 만든 게 아니다. 알프스가 만든 아름다운 호수가 장관을 이룬다. 호수 바닥까지 보이는 깨끗한 블레드 호수(182p)와 보힌 호수(196p)가 대표적인 곳. 이 중 블레드 호수는 관광지의 활기찬 분위기가 강하여 즐겁게 놀기에 좋고, 보힌 호수는 훨씬 아늑하고 조용해 호수 본연의 아름다움을 느끼기에 좋다.

강과 바다

에메랄드빛 강물이 흐르는 소차강은 강 자체가 레저휴양지로 이름 높다. 소차강 계곡(204p)에서 그 아름다운 풍경을 바라보거나 차가운 강물에 발을 담그고 더위를 식힐 수 있고, 코바리드의 나폴레옹 다리(221p) 부근에서는 더 좋은 전망을 즐긴다. 이스트라 지역에서는 아드리아해를 만날 수 있는데, 이졸라 해변(265p)처럼 해수욕도 가능한 바다와 피란의 프레셰렌 해안도로(275p)처럼 기분 좋게 산책하는 바다를 취향별로 골라 즐길 수 있다.

소차강 계곡

이졸라 해변

톨민 계곡

사비차 폭포

협곡과 폭포

하늘이 잘 보이지 않을 정도로 울창한 깊은 산 속에서 시원하게 흐르는 강물을 따라 트레킹하는 재미. 톨민 계곡(212p)과 블레드 인근의 빈트가르 협곡(185p)에서 만날 수 있다. 둘 다 1시간 안팎의 가벼운 트레킹 코스가 잘 닦여 있어 깨끗한 공기를 마시며 부담 없는 삼림욕을 즐기는 곳이다. 보힌에서는 약간의 등산 후에 사비차 폭포(198p)가 쏟아지는 장관을 볼 수 있다.

동굴

슬로베니아에 어찌나 석회 동굴이 많은지 카르스트 지형이라는 용어가 여기에서 유래했다. 땅 밑에 펼쳐지는 압도적인 석회 동굴을 구경해보자. 유모차와 휠체어도 들어올 수 있어 남녀노소 누구나 즐거운 포스토이나 동굴(231p), 그리고 계단이 있어 주로 성인 위주로 방문하지만 더 웅장하고 아름다운 슈코찬 동굴(240p)이 쌍벽을 이룬다.

포스토이나 동굴

슈코찬 동굴

ENJOYING 02
슬로베니아의 **유네스코 세계유산**

유네스코 세계유산은 그 가치와 중요성을 공인받은 것과 마찬가지다. 슬로베니아에 문화유산 하나, 자연유산 하나, 총 두 곳의 유네스코 세계유산이 등록(2019년 기준)되어 있다. 공교롭게도 두 곳 모두 땅 속으로 여행자를 인도한다.

이드리야 수은 광산

이드리야 수은 광산

500년 이상의 역사를 가진 이드리야의 수은 광산이 스페인 알마덴Almadén의 수은 광산과 함께 2012년 유네스코 세계문화유산으로 등록되었다. 알마덴과 이드리야는 지금까지도 가동되는 세계에서 가장 큰 수은 광산 1위와 2위에 랭크되어 있다. 중세 시대 광산의 역사를 잘 기록 및 보존하고 있음은 물론이다.

슈코찬 동굴

슬로베니아 카르스트 지형의 전형을 보여주는 석회 동굴로 쌍벽을 이루는 슈코찬 동굴이 유고슬라비아 시절인 1986년 유네스코 세계자연유산으로 등록되었다. 그래서인지 슈코찬 동굴은 내부에서 사진도 찍을 수 없고 조명도 어둡게 밝히는 등 동굴의 훼손을 최소화하며 보존하고 있다.

슈코찬 동굴

* 이 외에도 유럽 여러 나라에 걸쳐 있는 세계문화유산 '선사시대의 알프스 주변 호상가옥', 세계자연유산 '고대 원시 너도밤나무 숲'의 일부가 슬로베니아에 포함되어 있다.

ENJOYING 03

슬로베니아의 **그림 같은 고성**

저 높은 산 위에 우뚝 선 고성. 어떤 것은 온전하고 어떤 것은 폐허다. 견고한 성벽과 높은 성탑, 그리고 그 위에 휘날리는 깃발까지, 마치 우리가 영화나 게임 속에서 본 것 같은 한 폭의 그림이 슬로베니아 곳곳에 가득하다.

©www.slovenia.info / Marko Šinkovec

수도를 지키는 산성 ▲

슬로베니아에서 반드시 볼 수밖에 없는 고성은 류블랴나성(110p)이다. 수도 류블랴나의 산꼭대기에 있어 어디서든 잘 보이며, 가장 친숙한 슬로베니아의 성으로 꼽힌다.

관광지로 유명한 고성

류블랴나성 다음으로 관광객이 많이 찾는 곳은 단연 블레드성(181p)이다. 호수가 내려다보이는 절벽 위에 자리 잡은 모습이 아름답다.

▼

절벽 속에 숨어있는 고성 ▲

유럽을 다 뒤져도 유사한 사례를 찾기 힘든 개성 넘치는 외관을 자랑하는 성이다. 전설 같은 스토리를 가진 프레드야마성(234p)을 절벽 속에서 발견할 수 있다.

가장 오랜 역사를 가진 고성

슬로베니아에서 가장 오랜 역사를 가진 변방 도시 프투이를 지키는 프투이성(308p)은 엄청난 규모의 성과 동화 속 같은 마을 풍경이 조화를 이루어 사랑받는다.
▼

반쯤 무너진 고성 ▲

높은 산 위에 반쯤 무너진 자태를 드러낸 첼레성(316p)의 모습은 느낌이 색다르다. 게다가 아들을 첼레성 탑에 가둔 헤르만 2세 백작 가문의 비극이 서린 곳이기도 하다.

마치 궁전 같은 고성

마리보르성(293p)은 원래 성벽 모서리의 성채였으며 성벽이 해체된 후에는 영주가 살면서 궁전처럼 아름답고 화려하게 가꾸어 놓았다.

▼

ENJOYING 04

미처 몰랐던 슬로베니아의
보석 같은 소도시

중세풍의 작은 건물들이 올망졸망 모여 있는 소도시의 매력은 마치 시간이 멈춘 어느 과거의 한 장면 속으로 들어간 듯한 느낌을 주어 유럽 여행의 특별한 재미로 다가온다. 그동안 잘 알려지지 않은, 우리가 미처 모르고 지나친 슬로베니아의 보석 같은 소도시를 모아서 소개한다.

편리함을 선호하는 당신에게

슬로베니아의 수도 류블랴나는 인구가 약 30만 명에 불과하다. 즉, 슬로베니아의 도시들은 류블랴나를 제외하면 사실상 모두 소도시라고 해도 과언이 아니다. 여행의 편리성을 중요시하는 여행자는 인프라나 정보가 충분하지 않은 소도시 여행이 꺼려질 수 있는데, 슬로베니아 제2, 제3의 도시 마리보르와 첼레는 그러한 여행자도 즐겁게 여행할 수 있다. 도시의 규모는 작지만, 한 나라의 제2, 제3의 도시인만큼 인프라는 잘 갖추어져 있기 때문에 불편함은 없다.

마리보르

첼레

역사를 좋아하는 당신에게

슬로베니아에서 가장 오래된 도시로 꼽히는 프투이, 류블랴나가 속한 크란스카 지방의 옛 중심도시 크란 등은 역사적인 면이 특히 많이 남아있는 소도시로 꼽힌다. 오랜 역사를 간직한 도시를 거닐며 수 세기 전의 숨결을 느껴보기 바란다.

크란

프투이

모험을 좋아하는 당신에게

여행정보가 부족하면 어떤가. 남들이 안 가본 곳, 남들이 모르는 곳에 과감하게 발을 들이는 용기를 가졌다면 슬로베니아 소도시에 적극 도전해보자. 강폭에 쌓인 낭만적인 노보 메스토, 전쟁의 상처를 가진 역사적인 코바리드 등 낯설지만 매력적인 소도시가 곳곳에 있다.

노보 메스토

코바리드

힐링이 필요한 당신에게

바쁜 일상에서 벗어나 휴식이 필요한 여행자라면, 물론 산과 계곡, 호수 등 슬로베니아의 자연 속에서 꿀맛 같은 휴식을 취할 수도 있겠지만, 바다가 보이는 평화로운 소도시에서 적당한 관광과 쾌적한 휴식을 동시에 즐기며 제대로 힐링 타임을 가져볼 수도 있다. 슬로베니아에서 바다와 접한 도시가 극히 드물지만 마침 코페르, 피란 등 그 얼마 안 되는 도시들이 하나 같이 힐링에 최적화되어 있다.

코페르

피란

ENJOYING 05
슬로베니아의 사계절 축제 캘린더

도시와 자연은 늘 거기에 있다. 그러나 거기에 있는 사람들은 계절마다 다른 옷을 입고 다른 삶을 즐긴다. 계절별로 즐기는 슬로베니아의 축제 정보를 요약한다.

© www.slovenia.info / Jošt Gantar

슬로베니아의 기후

계절에 따라 어떻게 즐기는지 알기 위해서는 먼저 계절의 기후 특성을 이해해야 한다. 슬로베니아의 기후는 크게 세 가지 지역으로 구분하여 생각할 필요가 있다.

율리안 알프스 부근

알프스 기후의 특징이 그대로 나타난다. 삼림의 영향으로 여름에 덥게 느껴지지는 않으나 겨울에는 훨씬 춥고 눈이 내린다. 또한 다른 지역에 비해 여름에 비가 많이 내리는 편이다.

아드리아해 부근

지중해 기후의 특징을 보인다. 겨울에 영하로 떨어지는 날이 별로 없고 온화하지만 비가 종종 내린다. 여름에는 물론 덥지만 지중해 연안의 남유럽보다는 쾌적하고, 비가 많이 오지 않는다.

나머지 지역

그 외 류블랴나, 마리보르 등 슬로베니아 대부분의 지역은 유럽의 대륙성 기후를 보인다. 여름에 평균 20~25도, 겨울에 평균 0~5도 사이의 기온을 갖고, 연중 비가 고르게 내리는 편이다. 다만, 겨울은 영상임에도 불구하고 훨씬 춥게 느껴진다.

슬로베니아의 계절별 축제

슬로베니아의 축제는 대부분 여름에 집중되어 있다. 세계적으로 명성을 떨치는 굉장한 축제가 열리는 건 아니지만 야외에서 공연과 음식, 예술을 즐기며 밤까지 신나게 노는 축제가 곳곳에 마련된다.

봄

워밍업 기간이다. 류블랴나의 오픈키친(133p)이 시작되는 것 외에는 특별한 행사가 없다.

올드타운의 밤

여름

본격적인 실외 축제가 열린다. 마리보르의 렌트 페스티벌Festival Lent이 6월 하순에, 블레드의 블레드 데이즈Bled Days와 크란의 크란페스트 Kranfest가 7월 중순에, 류블랴나 올드타운의 밤Noči v stari Ljubljani이 8월 하순에 열린다.

> **TIP** 여름에는 각 지역의 특산품 축제도 종종 열린다. 이드리야의 레이스 페스티벌(6월 중순), 피란의 소금 축제(8월 하순)가 대표적이다.

가을

마리보르에서 흥겨운 민속축제인 올드 바인 페스티벌Old Vine Festival이 열린다.

올드 바인 페스티벌

크란페스트

겨울

이스트라 지방을 제외한 대부분의 도시에서 크리스마스마켓이 열린다. 다른 도시는 조촐하게 분위기만 내는 정도이지만 류블랴나에서는 제법 화려한 조명과 흥겨운 볼거리를 선보인다. 겨울의 끝자락에 프투이에서 열리는 쿠렌트 카니발(306p)도 빼놓을 수 없다.

렌트 페스티벌

크리스마스마켓

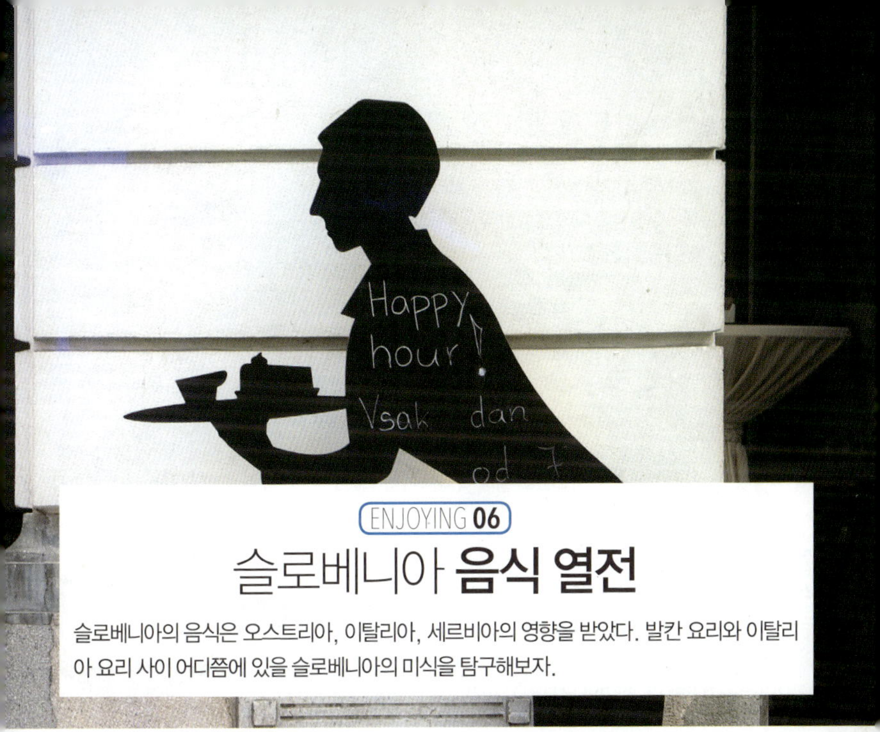

ENJOYING 06
슬로베니아 음식 열전

슬로베니아의 음식은 오스트리아, 이탈리아, 세르비아의 영향을 받았다. 발칸 요리와 이탈리아 요리 사이 어디쯤에 있을 슬로베니아의 미식을 탐구해보자.

슬로베니아 전통 요리

클로바사

가장 대표적인 슬로베니아 요리다. 정식 명칭은 크란스카 클로바사Kranjska Klobasa. 이름에서 알 수 있듯 크란스카 지방에서 탄생하였으며, 영어로는 카르니올란 소시지Carniolan Sausage라고 적는다. 돼지고기로 만든 큼직한 소시지 한 쌍이 기본 1인분. 참고로, 클로바사를 만들 때에는 반드시 피란의 소금을 사용해야 한다.

쥴리크로피

이드리야에서 탄생한 슬로베니아식 만두 요리. 정식 명칭은 이드리야 쥴리크로피Idrijski žlikrofi이며, 슬로베니아 전체를 대표하는 요리 중 하나다. (155p 참조)

슈트루클리

슈트루클리Štruklji는 밀과 달걀을 섞어 반죽한 뒤 내용물을 넣고 롤을 만들어 자른 것으로, 마치 달걀말이와 비슷한 모습을 하고 있으며 식감도 비슷하다. 내용물은 과일부터 치즈까지 다양하게 들어갈 수 있는데, 그 종류에 따라 달콤한 후식이 되기도 하고 짭짤한 반찬(사이드디쉬)이 되기도 한다.

프르슈트

이탈리아어 이름인 프로슈토Prosciutto가 더 친숙한 프르슈트 Pršut. 돼지 허벅지 부위를 1년 이상 말려 햄을 만든 뒤 베이컨처럼 얇게 썰어 먹는다. 이탈리아와 지리적으로 가까운 이스트라, 카르스트 지역에서 오래 전부터 발달하였다. 상당히 짜기 때문에 빵이나 샐러드와 함께 먹지만 그냥 먹기도 한다. 맥주 안주로 일품이다.

보리 스프

각 지역마다 고유의 스프 문화가 발달했는데, 특히 보리를 주원료로 사용하는 경우가 많다. 이스트라 지역에서 탄생한 보비치 Bobić, 크란스카 지역에서 탄생한 리체트Ričet가 대표적이다. 전채 요리로 즐겨 먹는다. 짜거나 달지 않고 식감도 독특하다.

생선 요리

바다와 맞닿은 이스트라 지역은 이탈리아의 영향을 강하게 받아 온갖 해산물 요리로 유명하다. 해안가 뿐만 아니라 내륙에서도 생선 요리가 인기 있다. 특히 율리안 알프스 지역에서는 민물고기 요리가 흔하다. 굽거나 튀긴 다양한 생선 요리가 있으며, 전반적으로 간이 센 편이다.

발칸에서 유래한 요리

슬로베니아는 세르비아와 보스니아 등 이웃한 발칸 국가의 음식이 그대로 전해져 식문화에 뿌리를 내렸다. 유고슬라비아라는 한 나라로 묶여있었던 역사를 생각하면 더더욱 수긍이 간다. 보스니아에서 유래한 체바피Čevapi(또는 체밥치치Čevapčići), 세르비아에서 유래한 플레스카비차Pljeskavica가 대표적이다. 레스토랑의 한 끼 식사는 물론 길거리 간식으로도 일품이며 가격도 저렴하다. 체바피는 작은 소시지 모양으로 만든 일종의 떡갈비, 플레스카비차는 넓게 펴서 구운 일종의 햄버거 스테이크와 같다.

이탈리아 요리

유럽에서 이탈리아 요리가 흔하지 않은 나라가 없지만, 이탈리아와 국경을 맞대고 있으며 한때 이탈리아의 통치를 받은 지역도 포함된 슬로베니아는 특히 이탈리아 요리가 흔하다. 해산물, 트러플 버섯 등 풍미 좋은 재료가 듬뿍 들어간 피자, 파스타, 리소토 등 우리에게 친숙한 이탈리아 요리를 쉽게 접할 수 있는데, 전반적으로 파스타와 리소토보다는 피자의 '가성비'가 우수하다.

아시아 요리

슬로베니아 요리, 발칸 요리 모두 전반적으로 간이 센 편이고 육류 요리 위주이기 때문에 오랜 기간 동안 먹다보면 속이 불편할지도 모른다. 얼큰한 국물이나 쌀밥이 생각날 때 찾아갈 한국식당(128p, 131p)이 류블랴나에 있다. 또한 중국과 동남아 등 밥 요리를 먹을 수 있는 아시아 레스토랑은 흔하게 보인다.

슬로베니아의 와인

식도락에 있어 음식만큼 중요한 게 술이다. 마리보르와 프투이 등 슬로베니아의 동부 지역은 오랜 와인 역사를 갖고 있다. 특히 프투이의 풀루스 와인은 국가를 대표하는 가장 유명한 와인이라 할 수 있다. 코페르 등 이탈리아의 영향을 받은 지역도 와인 생산에 열심이며, 슬로베니아의 와인은 주로 자국 내에서 소비되는 편이다.

슬로베니아의 맥주

슬로베니아의 맥주는 유니언Union과 라슈코Laško 두 회사가 양분하고 있는데, 두 회사의 주인이 네덜란드의 대형 맥주회사 하이네켄이다. 즉, 사실상 같은 맥주회사가 전국을 지배하는 셈. 유니언과 라슈코 모두 라거 타입의 청량한 맥주를 생산하며, 큰 특색은 없다. 단, 유니언의 라들러Radler(맥주와 주스를 혼합한 음료)는 상큼한 맛을 좋아하는 성인이라면 매우 만족할 만한 맛을 낸다. 최근에는 슬로베니아의 생활수준이 점차 선진국 대열에 오르면서 마이크로브루어리의 개성적인 맥주도 쉽게 접할 수 있게 되었다.

전통 베이커리

기바니차

기바니차는 옛 유고슬라비아 지역에서 두루 먹는 패스트리인데, 특별히 슬로베니아 지역에서 탄생한 것을 프레크무르스카 기바니차Prekmurska gibanica라고 부르며, 그 이름은 프레크무레Prekmurje라는 도시에서 유래한다. 레이어 케이크처럼 보이지만 제조방식은 파이에 가깝다. 내용물은 주로 견과류와 과일이 들어가 단 맛과 짠 맛을 한 번에 맛볼 수 있다.

블레드 크림 케이크

블레드 크림 케이크Blejska kremna rezina는 블레드의 한 호텔 카페에서 만든 케이크가 대박이 나서 국가 전체를 대표하는 디저트 메뉴가 된 특이한 케이스다. 세르비아의 케이크를 기반으로 고안되었다. (자세한 내용은 186p 참조)

포티차

슬로베니아가 원산지이어서 슬로벤스카 포티차Slovenska potica라고 부르기도 한다. 포티차는 중세 시대 보통 사람들의 축제 음식이었다. 아이들도 함께 먹을 수 있는 일종의 롤케이크이며, 호두나 헤이즐넛 등 견과류와 호박씨 등이 첨가된다.

부레크

부레크Burek는 터키의 뵈레크Börek가 유럽으로 전해져 변형된 음식이다. 여러 지역에서 저마다의 방식으로 만들어 먹는데, 슬로베니아에서는 도우 사이에 다진 고기를 조리한 내용물을 채워 큼직하게 구운 뒤 피자처럼 잘라 먹는다. 고기까지 들어가 한 조각만 먹어도 은근히 배가 부르다.

스트리트 푸드

류블랴나의 오픈키친(133p)처럼 길거리에서 즉석조리하여 저렴하게 판매하는 길거리 음식도 슬로베니아의 무시할 수 없는 식문화로 자리매김하였다. 클로바사나 플레스카비차 등 전통 음식을 즉석에서 그릴에 구워 먹는 모습도 많이 보이지만 그 외에도 다양한 고기를 열심히 구워 가볍게 뚝딱 해치울 수 있는 현대적인 미식 문화가 엿보인다. 마찬가지의 관점에서 레스토랑에서 파는 수제 버거도 슬로베니아에서 주목할 만한 요리로 기억해두면 좋다.

레스토랑 에티켓 및 특이사항

예약
도시의 규모가 크지 않아서인지 맛집으로 유명한 레스토랑도 규모가 아담한 경우가 많다. 그렇다 보니 류블랴나 등의 도시에서는 식사 시간대에 웬만한 레스토랑은 전부 만석이다. 식사 시간대를 살짝 피해 식사하거나 또는 테이블 예약을 권장한다.

매장 내 자리 착석
레스토랑 입장 후 빈 좌석에 자유롭게 앉아도 되는 편이다. 그러나 점원의 안내를 받아 착석하는 것이 나중에 서비스 속도를 단축하는 데에 도움이 된다.

음식 서비스의 속도
유럽이 으레 그러하듯 서비스 속도가 느린 편이다. 일단 음료를 먼저 주문한 뒤 메뉴를 고르고, 음료를 가져오면 그 때 음식을 주문하는 방식이 적당하다. 손을 들어 점원을 부르는 것은 예의에 어긋나는 행동. 자연스럽게 눈을 맞추어야 한다.

팁
슬로베니아는 팁 문화가 활성화 되지 않은 편이다. 팁을 지불하지 않아도 어색하게 여기지 않는다. 물론 서비스가 훌륭했다고 생각되었을 때 거스름돈 정도를 팁으로 주면 점원이 매우 기뻐할 것이다.

현금 사용
신용카드 결제가 불가능한 경우가 종종 있다. 외식 물가가 저렴한 편이므로 현금 사용 위주로 생각하면 편하다.

알아두면 좋은 슬로베니아어

뜻	단어	발음
메뉴(음식)	meni	메니
메인 요리	glavna jed	글라브나 예드
전채	predjed	프레드예드
후식	sladica	슬라디차
수프	juha	유하
샐러드	solata	솔라타
생선	ribe	리베
돼지고기	svinjina	스비니나
쇠고기	govedina	고베디나
닭고기	piščanca	피슈챤차
채소	zelenjava	젤레냐바
치즈	sir	시르
달걀	jajce	야이체
국수	testenin	테스테닌
쌀	riž	리쥬
물	voda	보다
맥주	pivo	피보
와인	vino	비노
커피	kava	카바
우유	mleko	믈레코
주스	sok	소크
차	čaj	챠이
아이스크림	sladoled	슬라돌레드
소스	omaka	오마카
소금	sol	솔
설탕	sladkor	슬라드코르
사과	jabolko	야볼코
빵	kruh	크루흐
감자	krompir	크롬피르
영수증	recept	레쳅트

* 복수형으로 사용되거나 형용사형으로 쓰일 때 어미가 변한다. 여기 정리된 단어와 철자가 조금 차이날 수 있지만 뜻을 식별하는 데에는 큰 무리가 없을 것이라 생각한다.

#
슬로베니아
쇼핑 아이템

슬로베니아의 물가는 유로화를 사용하는 나라 중 가장 저렴한 편이다. 따라서 슬로베니아에서는 공산품을 상대적으로 싸게 살 수 있다. 또한 슬로베니아의 천혜의 자연에서 생산된 특산품도 쇼핑 목록으로 기억해둘 만하다.

슬로베니아에서 저렴하게 살 수 있는 아이템
가격 저렴하고 품질 좋고 선물하기 좋은 슬로베니아산 제품

송로버섯
한국에서는 매우 비싼 식재료인 송로버섯(블랙 트러플)이 슬로베니아에서는 비교적 저렴한 편이다. 송로버섯이 들어간 올리브 오일, 송로버섯을 손질하여 말린 식료품 등 한국까지 가지고 와도 문제없는 다양한 제품을 슈퍼마켓에서 판매한다.

벌꿀
슬로베니아산 벌꿀이 품질이 좋기로 정평이 나 있다. 꿀이 들어간 초콜릿, 꿀과 과일을 섞어 만든 소스 등 그 제품의 종류가 각양각색이니 한 번 구경해 보자.

용 초콜릿
류블랴나의 스타리 광장(139p)에는 용을 형상화한 초콜릿 제과점도 있어 저렴한 기념품을 구매하기에 좋다.

오직 슬로베니아에서만 살 수 있는 아이템
쇼핑 리스트 0순위, 슬로베니아 특정 지역에서만 생산되는 유서 깊은 특산품

피란의 소금
깨끗한 바다에서 채취한 피란의 소금(282p)은 기념품으로 구입하기에도 좋다. ▶

프투이 와인
조금 무거워도 괜찮다면 프투이 와인 등 한국에서 구할 수 없는 슬로베니아의 와인을 선물용으로 구매하면 어떨까. ▶

◀

이드리야 레이스
섬세한 패턴의 이드리야 레이스(160p)는 직접 장식용으로 사용하기에도 좋고 선물용으로도 적당하다.

로가슈카 크리스털
한국에서 인지도가 높지는 않으나 세련된 디자인의 크리스털 제품을 생산하는 슬로베니아 브랜드 로가슈카Rogaška도 그 이름을 기억해두었다가 한 번 구경해 보자. ▶

아웃렛보다는 쇼핑몰
초대형 쇼핑몰이 속속 들어서는 슬로베니아

쇼핑 마니아에게는 안타까운 소식이지만 아직 슬로베니아에 대형 아웃렛은 존재하지 않는다. 명품 등 값비싼 품목의 쇼핑은 슬로베니아에서 누리기 어렵다. 하지만 슬로베니아에는 초대형 쇼핑몰이 속속 들어서고 있다. 패스트 패션(SPA) 의류, 스포츠 의류 등의 패션 제품부터 뷰티 제품, 유·아동 용품까지 일상생활에 꼭 필요한 품목들 위주로 대형 매장이 여럿 모인 초대형 쇼핑몰에서 발품을 부지런히 팔면 의외의 '득템'이 가능할 것이다.

슬로베니아 톱 3 대형 쇼핑몰

BTC 시티(141p)

마리보르의 유로파크(302p)

코페르의 파크 센터(258p)

| Talk |

독일, 스페인, 스웨덴 브랜드 쇼핑

한번 들어가면 뭔가에 홀린 듯이 보따리를 짊어지고 나오게 된다는 독일의 드러그 스토어 데엠 dm과 뮐러Müller도 슬로베니아에 진출했으니 화장품, 건강보조제, 유아용품 등 일상생활에 필요한 수많은 질 좋은 물건을 저렴하게 한 보따리 채워보자.

자라Zara, 에이치 앤 드 엠H&M 등 글로벌 패스트 패션 의류 업체의 매장도 슬로베니아 곳곳에 있다. 슬로베니아라고 하여 특별히 더 저렴하지는 않지만, 한국에서도 인기 높은 유럽 태생의 패션잡화 아이템을 유럽 현지에서 직접 쇼핑할 수 있다.

© www.slovenia.info / Iztok Medja

ENJOYING 08
슬로베니아 숙박 가이드

편안한 하룻밤으로 다음날 여행의 체력을 재충전할 수 있다. 저렴한 하룻밤으로 예산을 아껴 여행의 재미를 더욱 늘릴 수 있다. 숙박은 여행의 패턴과 전략을 짜는 출발점이다. 호텔부터 호스텔까지 슬로베니아의 숙박 정보를 정리했다.

1. 류블랴나에 머문다면

대중교통을 이용하여 여행하면 류블랴나에 거점을 두고 블레드, 피란, 포스토이나 동굴 등 유명 명소를 왕복하며 여행하는 게 적절하다. 마침 류블랴나는 고급 호텔부터 저렴한 호스텔까지 다양한 숙박 옵션을 갖추고 있으며, 최근에는 숙박공유를 이용한 게스트하우스나 아파트먼트도 크게 활성화되었다. 넓은 도시가 아니기에 시내 어디에 숙박해도 관광지까지 걸어 다닐 수 있다는 건 또 하나의 장점. 만약 블레드 등 유명 명소까지 여행할 계획이라면 류블랴나의 중앙역과 버스터미널에서 가까운 곳에 숙소를 잡으면 편리하다.

2. 그 외의 도시들에 머문다면

마리보르, 코페르 등이 해당 지역의 근교 도시까지 여행할 때 거점을 삼기 좋은 도시이고, 블레드와 보힌 등 율리안 알프스 지역은 휴양지에 걸맞은 고급 호텔과 마치 산장 같은 저렴한 호스텔 등 휴양과 레저에 어울리는 숙박업소가 충분히 준비되어 있다.

3. 호텔

슬로베니아는 1성급부터 5성급까지 총 다섯 단계로 숙박업소의 등급을 분류한다. 물론 이것은 절대적인 공식은 아니며, 일반적인 여행자의 시선에서는 3성급과 4성급 위주로 가격과 위치를 고려해 선택하면 무난하다. 때로는 3성급 호텔이 4성급 호텔보다 더 넓고 쾌적할 수도 있고, 4성급 호텔이 3성급 호텔보다 더 저렴한 가격으로 프로모션을 진행하기도 하니 등급 자체에 너무 많은 의미를 부여하지는 말자.

다만 한 가지 당부하고 싶은 점은, 한국과 아시아의 호텔 수준이 가히 세계적이라는 점을 간과해서는 안 된다는 것이다. 즉, 한국에서 평소 '호캉스'를 즐기는 눈높이로 여행한다면 유럽의 고급 호텔이라 하더라도 실망감을 느낄지 모른다. 유럽의 호텔은 전반적으로 객실이 좁은 편이고 어매니티에 큰 공을 들이지 않는 대신 좋은 가구를 사용하고 청결하게 관리하는 호텔 본연의 모습에 충실한 편이다. 슬로베니아의 호텔도 역시 마찬가지다.

4. 호스텔

방(객실)을 빌리는 게 아니라 침대를 빌리는 게 소위 도미토리Dormitory라 불리는 기숙사형 공동객실의 호스텔이다. 가격이 호텔보다 훨씬 저렴하여 숙박비를 최대 1/10까지 절약할 수 있는 훌륭한 옵션이다. 세계 각국에서 찾아 온 모르는 사람과, 그것도 남녀 구분 없이 한 방에서 잔다는 것은 분명 불편이 따를 수밖에 없지만, 교통비와 식비를 절약하기 어려운 현실에서 여행 경비를 효과적으로 절약할 수 있는 사실상 유일한 방법이기도 하여 배낭여행자에게는 최적의 선택이다.

일부 호스텔은 여성 전용 도미토리를 구분하여 불편을 조금이라도 덜어주기도 한다. 큰 호스텔은 공동 객실 외에 1인실, 2인실 등 개인실을 따로 마련한다. 호텔보다는 불편하지만 호텔보다 저렴한 가격으로 독립된 공간에서 묵을 수 있는 대안이다. 개인실의 객실은 독립되어 있고 욕실은 공용으로 사용하는 경우도 있다.

5. 게스트하우스

숙박공유 플랫폼으로 이용하는 게스트하우스도 많이 늘었다. 아직 호텔이 충분히 공급되지 않은 지방 도시에서 특히 게스트하우스가 유용하다. 단, 게스트하우스는 정식 숙박업소는 아니므로 관리 직원이 상주하지 않아 응급 상황에 도움을 받기 어렵다는 점은 주의가 필요하다. 또한 간혹 질 나쁜 주인이 '몰카' 등의 범죄를 저지르지 않는다는 보장이 없으므로 예약 시 후기를 꼼꼼히 확인하기 바란다.

게스트하우스의 장점만 살린 한인민박은 한국인 여행자에게는 가장 좋은 선택. 유감스럽게도 아직 슬로베니아에 한인민박은 찾기 어렵지만 최근 류블랴나에 구들방 민박(135p)이 문을 열었다.

4성급 호텔 | 호스텔 도미토리

THEME PAGE

숙박 시 꼭 주의해야 할 12가지
성공적 여행을 위한 여행작가의 조언

1 모든 숙박업소는 체크인과 체크아웃 시간이 정해져 있다. 일찍 도착해도 미리 체크인 할 수 없고, 체크아웃 시간을 넘기면 추가요금이 발생한다.

2 리셉션을 24시간 운영하지 않는 곳도 있다. 만약 밤늦게 도착했는데 숙소의 리셉션이 문을 닫으면 체크인 하지 못하는 불상사가 발생하니 리셉션 운영 시간도 함께 확인해야 한다.

3 기차 연착 등으로 예기치 못하게 자정 이후에 체크인할 일이 생기면 업소에 미리 전화하여 언질을 해두는 것이 좋다. 자정까지 손님이 도착하지 않으면 노쇼no-show로 판단해 예약을 취소해버리는 난감한 일이 생길 수 있기 때문이다. 따라서 예약한 업소의 전화번호는 따로 메모해두면 편리하다.

4 고급 호텔은 해당사항이 없으나 중저가 호텔과 호스텔은 건물의 일부만 사용하기 때문에 건물 출입문이 잠겨 있는 경우를 보게 된다. 초인종을 누르면 직원이 문을 열어준다. 초인종에 호출 번호가 따로 기재되어 있다.

5 실내에서도 신발을 신고 생활하는 문화권이므로 최고급 호텔이 아니면 객실에 슬리퍼까지 비치된 경우는 드물다. 개인용 슬리퍼를 따로 준비하면 편리하다.

6 대부분의 호스텔 도미토리 내에 짐을 보관할 라커가 있다. 자물쇠는 직접 지참하거나 유료로 대여하는 것이 일반적이다.

7 호텔과 호스텔 모두 화장실의 바닥에 배수구가 따로 없어 바닥에 물을 흘리면 안 된다. 샤워 후 물기를 모두 닦고 샤워부스 밖으로 나오고, 세면대 주위에 물이 튀지 않도록 주의하자. 미끄러져 본인이 다칠 수도 있으니 자신의 안전을 위한 주의사항이라 생각하고 협조해 주기 바란다.

8 객실에서 빵이나 햄버거, 맥주 등을 먹는 것은 괜찮지만, 컵라면 등 냄새가 심한 음식을 먹는 것은 에티켓에 어긋난다. 호스텔의 공용 주방과 식당에서 먹는 것은 괜찮다.

9 호스텔 공용 욕실에 샴푸, 비누 등은 없는 경우가 많고, 있더라도 샴푸와 바디워시를 겸용하는 저렴한 제품이므로 목욕용품은 직접 챙기는 편이 좋다.

10 호스텔 공용 욕실 사용 시 뒷정리를 깨끗하게 해주어야 한다. 특히 샤워부스에 남은 머리카락 등의 불순물은 직접 치워주어야 한다.

11 호텔 요금에 봉사료가 포함되어 있으므로 별도의 팁을 지불할 필요는 없으나 직원이 객실까지 짐을 들어주었다면 소정의 팁을 지불한다.

12 예약할 때 보았던 것보다 많은 숙박료를 요구하더라도 놀라지 말자. 도시별로 2~4%의 시티 택스City Tax가 별도로 부과된다.

Slovenia
By Area

슬로베니아
지역별 가이드

01 류블랴나 & 센트럴
02 율리안 알프스
03 이드리야 & 카르스트
04 스티리아

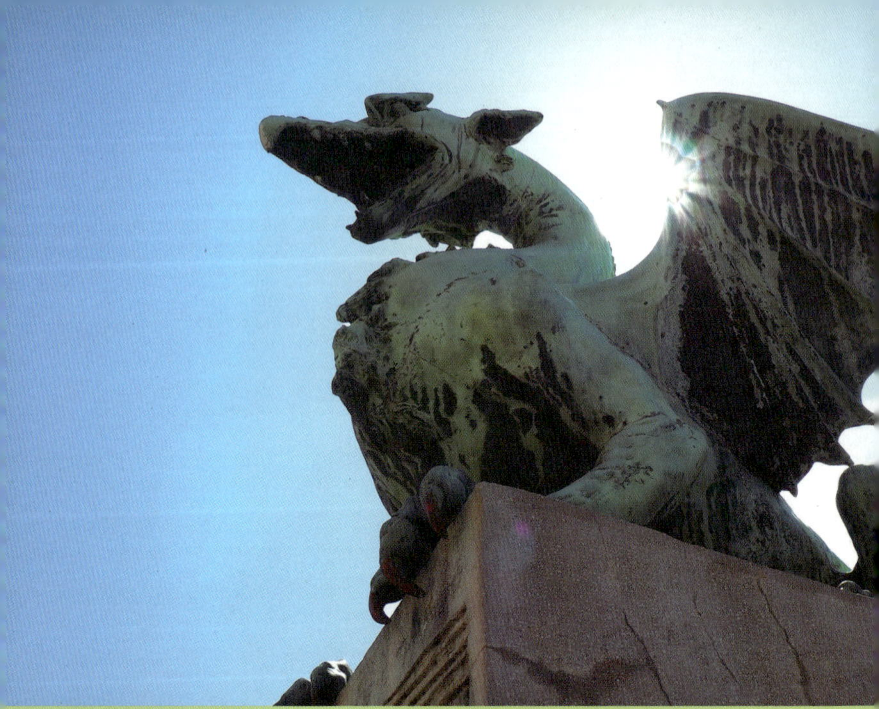

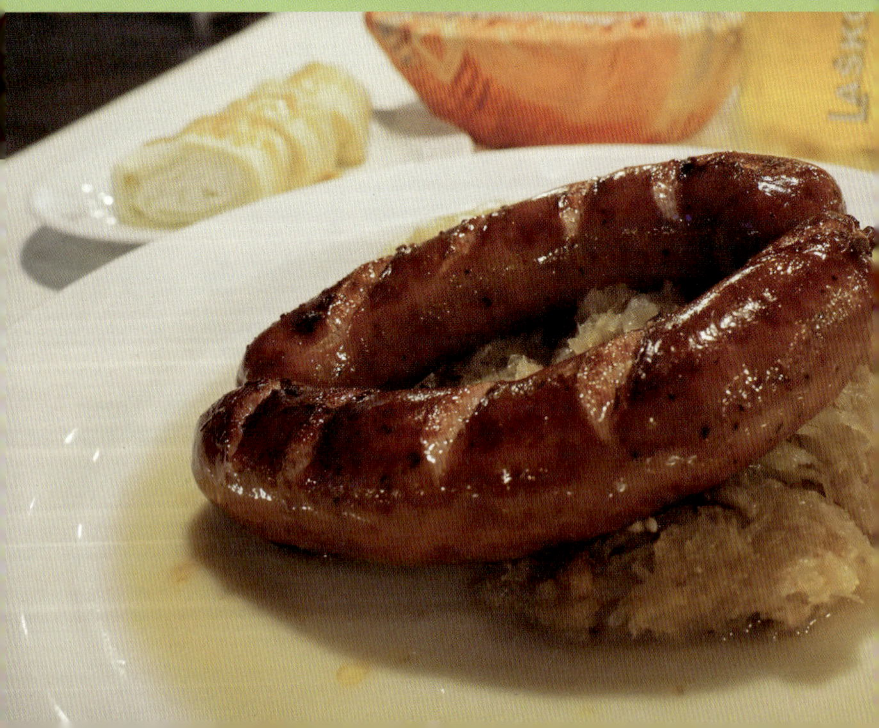

Slovenia By Area

01

류블랴나 & 센트럴
Ljubljana & Central

슬로베니아의 수도 류블랴나와 주변 지역이다.
단지 수도가 있기 때문에 '센트럴'이 아니라
슬로베니아의 역사에 가장 중요한 지분을
가지고 있는 크라인 공국의 땅이며,
음식 등 중요한 전통이 태동한 지역이기
때문에 '센트럴'이다. 우리에게는 수도
류블랴나가 유명하지만 수도 근교에
매력적인 소도시도 많다.

류블랴나 & 센트럴
한눈에 보기

슬로베니아의 중심지. 과거 크라인 공국의 중심지였던 지역이다. 슬로베니아의 문화는 이 크라인 공국에서부터 시작됐다. 클로바사(소시지)나 쥴리크로피(만두) 같은 슬로베니아를 대표하는 전통 음식은 이 지역에서 먹던 것이다.

류블랴나 Ljubljana

슬로베니아에서 가장 큰 대도시이건만 우리의 시선에는 마치 소도시를 여행하듯 포근하고 사랑스러운 도시. 관광지의 대부분이 프레셰렌 광장과 구시가지 주변에 모여 있고, 구시가지를 감싸 흐르는 강의 물줄기가 낭만을 더한다.

크란 Kranj

계곡처럼 흐르는 두 강이 만나는 꼭지점에 크란의 활기차고 정감 있는 구시가지가 형성되어 있다. 구시가지 바깥으로는 신시가지의 큰 건물과 넓은 도로 등이 감싸고 있어 여행의 편의를 돕는다. 류블랴나에서 왕복하며 여행하는 것이 더 편리하다.

이드리야 Idrija

유네스코 세계문화유산인 수은 광산이 있고, 슬로베니아의 찬란한 유산인 레이스 공예와 향토요리 쥴리크로피 등 슬로베니아를 대표하는 여러 가지 장점을 가진 도시. 광산 박물관, 전쟁 박물관, 웅장한 고성 등 아담한 구시가지 내에 개성적인 볼거리가 있다.

노보 메스토 Novo Mesto

좁은 골목 사이로 나타나는 아름다운 광장과 품격 있는 교회, 중세의 모습을 간직한 소도시의 매력에 빠져들 때쯤 강변으로 나가면 푸른 강물과 녹색 숲, 그 위로 삐죽 고개를 든 빨간 지붕의 색상 대비가 그야말로 압권이다.

류블라냐 & 센트럴
키워드

1 강과 다리

류블랴나의 류블랴나강은 도심을 가로지르며 시민의 생활의 터전이 되고, 크란의 코크라강은 굽이쳐 흐르는 계곡의 녹색 풍경을, 노보 메스토의 크르카강은 구시가지와 어우러지는 평화로운 풍경을 선보인다. 류블랴나의 드래곤 다리, 노보 메스토의 슈미헬 다리 등 강의 풍경을 즐길 다리도 빼놓을 수 없다.

류블랴나 트리플 다리

2 어반 라이프

류블랴나의 구시가지 안쪽에, 그리고 강변에, 정말 많은 레스토랑과 카페, 펍이 줄지어 있다. 그런데도 식사 시간대에 빈 좌석이 없을 만큼 이곳은 늘 붐비고 활기차다. 먹을 곳은 많지만 방심했다가는 문 앞에서 돌아서야 할 수도 있다. 인기 있는 레스토랑은 예약을 권장한다. 그렇지 않을 경우 식사 시간을 살짝 피해 배를 채우는 것도 괜찮다.

3 게스트하우스 & 호스텔

류블랴나에는 도시의 규모에 비해 호텔이 많지 않은 편이다. 그렇다 보니 전반적으로 가격대는 높은 편이다. 그러나 정말 많은 게스트하우스(아파트먼트)가 시내 중심에서 저렴하게 숙소를 제공한다. 또한 최근에는 호텔보다도 호스텔이 더 많이 생겨나고 있다. 젊은 여행자들에게는 반가운 소식이다.

금요일에 공짜 맥주를 주는 호스텔 24

4 쇼핑

1903년 문을 연 엠포리움 백화점

류블랴나 구시가지의 스타리 광장, 신시가지의 프레셰렌 광장 주변에 쇼핑할 곳이 사방으로 가득하다. 외곽에는 초대형 쇼핑몰도 있다. 선택의 폭이 아주 넓다. 크란 역시 대형 쇼핑몰이 있어 쇼핑 환경이 우수하다.

크란 시청사

5 중세의 풍경

크란 구시가지의 중심인 중앙 광장을 기준으로 골목 사이사이에 중세의 교회와 소소한 박물관 등이 자리 잡고 있다. 높은 지대에서 바라보는 크란의 코크라강과 주변의 풍경도 인상적이다.

6 수은 광산

이드리야에서는 수은 광산과 게베르케네그성 등 중세부터 이어지는 수은 채광의 역사를 마주할 수 있다. 전쟁의 상처를 달래는 기념비와 박물관도 이곳에 있다.

이드리야 게베르케네그성

7 쥴리크로피

이드리야의 구시가지는 아담하여 식당이 많지 않지만 어디를 가든 이드리야의 특산품인 쥴리크로피를 먹을 수 있다. 일반적인 여행 동선상 이드리야에서 한 끼 정도 먹게 될 테니 꼭 쥴리크로피를 먹어보자.

8 이드리야의 레이스 공방

섬세하고 화려한 이드리야의 레이스는 장식품이나 기념품으로 만족도가 높다. 구시가지의 공인된 공방을 한두 곳 구경해보자.

레이스 아트 2000 갤러리

강변 전망 보며 점심 먹기 좋은 '돈 보비'

9 로컬 레스토랑

수도 류블랴나는 물론 크란, 이드리야, 노보 메스토 모두 분위기 좋은 크고 작은 로컬 레스토랑이 있다.

10 원데이투어

류블랴나를 여행할 때는 시내 여행뿐 아니라 근교 도시를 원데이투어로 여행하는 옵션을 기억하자. 크란, 이드리야, 노보 메스토 모두 원데이투어가 가능한 곳이며, 이러한 도시들은 상대적으로 숙박 환경이 좋지 못하기 때문에 원데이투어로 여행하는 게 보다 편리하다.

노보 메스토 브레그

류블랴나
Ljubljana

슬로베니아의 수도 류블랴나. 슬로베니아의 정중앙에 위치하여 동서남북 교통이 편리하고 유럽 국가의 수도에 걸맞게 인프라가 잘 갖춰져 있어 슬로베니아 여행의 거점으로 그만이다. 입에 착착 감기는 귀여운 도시명의 어원에 대해서는 역사가들의 의견이 분분하지만 '사랑스럽다'는 뜻이라는 주장이 힘을 얻는다. 류블랴나는 그 이름에 잘 어울리게 작은 강을 따라 구시가지와 신시가지가 소박하고 여유로운 풍경을 만들어 참으로 사랑스럽다. 때때로 루블라나Lublana라는 표기가 병용되기도 한다.

류블랴나
찾아가기

어떻게 갈까?

류블랴나 중앙역 바로 앞이 버스터미널이다. 즉, 기차와 고속버스 무얼 타고 류블랴나에 도착하든 출발점은 같다. 관광지의 중심이라 할 수 있는 프레셰렌 광장까지는 도보 10분 거리.

어떻게 다닐까?

관광지는 모두 도보로 이동 가능한 거리에 있다. 중앙역(또는 버스터미널)에서 관광지까지는 약 10여 분 걸어야 한다. 시내 대중교통은 버스가 전부. 노선은 다양하게 있으나 이용법이 까다로운 편이므로 선뜻 이용하지 않게 된다. 또 정해진 시간에 잘 도착하지 않는다. 가급적 두 다리를 열심히 움직이라고 권하고 싶다.

> **TIP 대중교통 이용방법**
>
> **우르바나 버스카드로만 탑승 가능**
>
> 버스는 별도의 티켓이 없으며 우르바나Urbana라고 불리는 버스카드로만 탑승할 수 있다. 우르바나 카드는 버스터미널의 키오스크나 관광안내소, 그리고 큰 호텔 리셉션에서 구매(2유로) 및 충전 가능하다. 충전한 금액 내에서 버스를 탈 수 있고, 버스 요금은 1회 이용 시 1.2유로. 가령, 버스를 딱 한 번 탈 계획이라면 총 3.2유로를 내고 우르바나 카드를 구입하는 셈이다. 다 쓴 카드는 관광안내소에 반납하면 2유로를 환불해준다.

★★★ Plus Info ★★★

관광안내소

류블랴나 관광안내소TIC Ljubljana는 트리플 다리 부근에 있다. 또한 드래곤 다리 부근의 슬로베니아 관광안내소STIC에서도 여행 정보와 지도를 얻을 수 있다.

류블랴나 관광안내소

Data 지도 ● 휴대지도 류블랴나-1, 107p-1 **가는 법** 트리플 다리 옆 **주소** Adamič-Lundrovo nabrežje 2 **전화** 386 1 306 12 15 **영업 시간** 08:00~19:00 **홈페이지** www.visitljubljana.com

슬로베니아 관광안내소

Data 지도 ● 휴대지도 류블랴나-2, 107p-2 **가는 법** 드래곤 다리 옆 **주소** Krekov trg 10 **전화** 386 1 306 45 83 **영업 시간** 09:00~22:00

류블랴나 관광안내소

슬로베니아 관광안내소

류블랴나
♀ 당일 추천 코스 ♀

류블랴나성과 구시가지 및 주변 관광은 하루 동안 열심히 걸으면 충분히 소화할 수 있다. 박물관 관람을 생략한 대중적인 하루 코스를 정리하였다. 류블랴나에서 하루 더 머문다면 이튿날 국립 박물관, 국립 미술관 등 류블랴나의 중요한 박물관을 관람하고, 메텔코바 메스토로 가서 자유분 방한 에너지를 느낀 다음 티볼리 공원에서 여유롭게 쉬어는 것을 추천한다.

중앙역(또는 버스 터미널)에서 여행 시작 → 도보 10분 → 프레셰렌 광장과 트리플 다리 → 도보 2분 → 도살자 다리와 주변 강변 풍경 감상 → 도보 2분 → 드래곤 다리에서 강 건너기 → 도보 2분 → 푸니쿨라 타고 류블랴나성 올라가 전망 감상 → 도보 5분 → 대성당의 안과 밖을 모두 관람 → 도보 2분 → 시청사와 스타리 광장 여유 있게 거닐어보기 → 도보 5분 → 브레그에서 강변을 배경으로 인증샷 남기기 → 도보 5분 → 콩그레스 광장으로 이동

도보 2분

프레셰렌 광장에서 마무리

TIP 류블랴나 카드 이용하기

류블랴나성 외에도 그 밖의 대부분의 주요 관광지 무료입장, 그리고 대중교통 무료 이용과 우르바나 카드 기능까지 포함된 류블랴나 카드를 구매하면 훨씬 알뜰한 여행이 가능하다. 류블냐나 카드는 관광안내소에서 구매할 수 있다. 24시간권 31유로, 48시간권 39유로.

| Talk |

류블랴나 이틀 여행

편의상 류블랴나의 하루 여행코스를 정리하였으나 류블랴나는 그 이상 머물며 여유롭게 여행해도 즐거운 도시다. 만약 하루 더 류블랴나를 즐긴다면 티볼리 공원에서 상쾌한 산책을, 국립 박물관과 국립 미술관 등 슬로베니아 대표 박물관 관람을, 메텔코바 메스토에서 범상치 않은 자유로운 영혼과의 교류를, 기타 이 책에 소개한 류블랴나의 모든 매력을 마음껏 즐길 수 있다. 여유가 생긴 만큼 류블랴나성에서 해가 지는 걸 기다리며 노을을 즐겨도 좋고, 류블랴나강에서 유람선을 타며 바람을 쐬어도 좋다.

류블랴나성에서 보이는 노을

# SEE

류블랴나의 안마당
프레셰렌 광장 Prešernov trg 🔊 프레셰르노브 트르그

류블랴나에서 가장 전통적인 모습이 펼쳐지는 중심 광장. 즉, 여기가 류블랴나의 안마당이다. 중세의 건물에 둘러싸여 있으며, 트리플 다리의 특이한 모습과 그 너머 류블랴나성의 웅장한 자태까지 들어와 어디를 둘러봐도 예쁘고 멋진 풍경이 펼쳐진다. 광장의 이름은 슬로베니아의 시인 프란체 프레셰렌 France Prešeren에서 유래한다. 그의 시가 슬로베니아 국가 가사로 사용될 정도로 프레셰렌은 국민의 존경을 받는 문인이다. 물론 광장 중앙에 높이 서 있는 동상의 주인공도 프레셰렌이다.

Data 지도 ● 휴대지도 류블랴나-1, 107p-1 가는 법 중앙역에서 도보 10분 또는 Pošta 정류장 옆

프레셰렌 동상

| Talk |
프란체 프레셰렌

사랑, 격정, 상처, 조국을 노래한 민족시인

우리에게는 낯선 이름이지만 프레셰렌(1800~1849)은 슬로베니아를 대표하는 민족 시인이다. 그는 격정적인 어조의 서사시를 많이 남겼다. 오스트리아의 지배를 받고 있던 당시 슬로베니아의 상실감을 은유한 작품으로 많은 사랑을 받았다고 한다. 재미있는 것은, 이러한 격정적인 감정의 원천이 '짝사랑'이었다는 것. 율리야Julija Primic라는 여인을 몹시 흠모했으나 사랑을 이루지 못했고, 그 상처를 마치 독립국을 갖지 못한 슬로베니아 국민의 상실감에 빗대어 표현한 문학성이 찬사를 받았다. 지금 프레셰렌 광장에는 그의 동상이 바라보고 서 있는 율리야가 있다. 한 건물 외벽에 고개를 내밀고 있는 율리야도 찾아보시기를.

〈축배Zdravljica〉의 7절

Žive naj vsi narodi (모든 사람이 이렇게 살아가기를)
Ki hrepene dočakat' dan (바로 그 날을 갈망하며 살아가기를)
Da koder sonce hodi (그 날엔, 밝은 태양이 떠오르고,)
Prepir iz sveta bo pregnan (세상의 모든 갈등은 사라질 테니)
Da rojak (조국의 친구들이여,)
Prost bo vsak (자유를 얻을지어다)
Ne vrag, le sosed bo mejak! (적은 사라지고, 네 주변엔 친구만 가득하리라)

---

*슬로베니아 국가의 가사로 사용되는 프레셰렌의 시. 괄호 안은 저자의 자유분방한 의역임을 밝힌다.

율리야

도시를 지키는 산성

류블랴나성 Ljubljanski grad 🔊 류블랸스키 그라드

작은 강이 굽이쳐 흐르고 강변에 올망졸망 류블랴나 구시가지가 형성되었다. 그리고 이 유서 깊은 구시가지의 머리 위로 높은 산 위에 거대한 성채가 당당히 자리 잡고 있으니 바로 류블랴나성이다. 11~12세기경 방어 요새로 지어졌으니 그 역사는 1천년에 육박한다. 이후 16세기부터 영주의 거성이 되었고 19세기부터 박물관으로 사용된다. 높이 솟은 망루, 견고한 성벽, 널찍한 안뜰 등 중세의 요새가 보여줄 수 있는 모든 매력을 다 가지고 있으며, 성벽 위에서 보이는 류블랴나 시내의 전망 또한 매우 시원하다. 걸어서 올라갈 수도 있으나 등산로의 경사가 만만치 않다.

성에서 보이는 전망

Data 지도 ● 휴대지도 류블랴나-J, 106p-J 가는 법 푸니쿨라 승강장은 드래곤 다리 옆에 위치 주소 Grajska planota 1 전화 386 1 306 42 93 운영 시간 1~3·11월 10:00~18:00, 4·5·10월 09:00~20:00, 6~9월 09:00~21:00, 12월 10:00~20:00 요금 성인 13유로, 학생 9유로 (푸니쿨라 왕복 성인 4유로, 학생 3유로) 홈페이지 www.ljubljanskigrad.si

> **TIP** 푸니쿨라를 타고 아주 편하게 오르내릴 수 있다. 입장권에 박물관과 푸니쿨라가 포함되어 있고, 푸니쿨라만 따로 발권하여 내부 관람 없이 성벽에서 전망을 즐기거나 성 내부의 레스토랑을 이용하는 것도 가능하다. 참고로, 정말 전망이 좋은 곳은 입장권이 필요한 망루 꼭대기. 내부 박물관은 슬로베니아의 역사를 고대부터 현대까지 일목요연하게 보여주어 슬로베니아를 조금 더 가깝게 느끼도록 돕는다.

푸니쿨라

화려한 바로크 대성당

류블랴나 대성당 Stolnica svetega Nikolaja 🔊 스톨니차 스베테가 니콜라야

직역하면 성 니콜라이 대성당. 류블랴나성이 자리 잡은 산자락 아래에서 구시가지의 이정표 역할을 한다. 류블랴나성 건축 이후 13세기경부터 이 자리에 교회가 존재했다는 기록이 남아있고, 지금의 바로크 대성당은 1706년에 건축되었다. 주변 건물과 다닥다닥 붙어있어 겉에서 보면 실감이 덜하지만 내부에 들어가면 그 화려함에 압도된다. 무료로 개방되지만 매일 종교행사가 자주 열려 관광이 제한되는 시간대가 많다. 일반적으로 금요일을 제외한 평일 낮(12:00~17:00)에는 입장에 제한이 없는 편이다. 천장과 기둥, 벽, 제단까지 모두 아름다움을 자랑하고 있으니 시간대를 맞춰서라도 꼭 들어가 보자. 대성당의 북쪽 측면에 조성된 작은 광장은 오픈키친(133p) 등 도시의 행사가 열리는 무대이기도 하다.

Data **지도 ●** **휴대지도** 류블랴나-2, 107p-2 **가는 법** 트리플 다리 바로 옆 **주소** Dolničarjeva ulica 1 **전화** 386 1 234 26 90 **운영 시간** 06:30~19:15 (종교행사 중 입장 금지, 주로 12:00~17:00에 입장할 수 있다) **요금** 무료 **홈페이지** www.stolnica.com

광장을 바라보는 쉼터
프란치슈칸 교회 Frančiškanska cerkev 🔊 프란치슈칸스카 체르케브

프레셰렌 광장에서 가장 눈에 띄는 건물은 핑크빛 외벽의 프란치슈칸 교회를 꼽을 수 있다. 정식 명칭은 마리아 수태고지 프란치슈칸 교회Frančiškanska cerkev Marijinega oznanjenja. 바로크 양식으로 안과 밖 모두 화사하고 아름답다. 지금의 모습은 19세기와 20세기에 수차례 보수 및 복원된 것이다. 특히 광장에서 교회 입구로 올라가는 계단은 프레셰렌 광장의 쉼터 역할을 한다. 여기에 걸터앉아 수다를 떨며 광장의 분위기에 흠뻑 빠질 수 있다.

Data 지도 ● 휴대지도 류블랴나-1, 107p-1 가는 법 프레셰렌 광장에 위치 주소 Prešernov trg 4 전화 386 1 242 93 00 운영 시간 06:40~12:00, 15:00~20:00 요금 무료

은은한 바로크의 품격
성 야코브 교회 Cerkev sv. Jakoba 🔊 체르케브 스베티 야코바

스타리 광장의 끄트머리에 있던 수도원 터에 1615년 건축된 예수회 소속 교회. 고딕 양식의 수도원을 바로크 양식으로 개조하여 두 양식이 혼재되어 있다. 은은한 품격이 느껴지는 내부에서 눈에 띄는 바로크 양식의 중앙 제단은 로바 분수(116p)를 만든 이탈리아 조각가 프란체스코 로바Francesco Robba의 작품이다. 스타리 광장이 끝나는 지점의 헤라클레스 분수 등 주변 풍경도 인상적이다. 교회보다 더 눈에 띄는 높은 기념비는 1682년 오스트리아가 오스만 투르크의 침공을 물리친 것을 축하하며 세웠다.

Data 지도 ● 휴대지도 류블랴나-J, 106p-J 가는 법 시청사에서 도보 10분 이내 주소 Levstikov trg 2 전화 386 1 252 17 27 운영 시간 일정하지 않고 교회 사정에 따라 개방 요금 무료

SPECIAL PAGE

네 개의 다리와 유람선으로 연결된 사랑의 강

류블랴나강 Ljubljanica 🔊 류블랴니차

트리플 다리, 도살자 다리, 드래곤 다리, 그리고 코블러 다리까지 모두 구시가지를 끼고 흐르는 같은 강을 가로지른다. 이 강이 류블랴나강(류블랴니차Ljubljanica), 도시의 이름과 같다. 강은 작아도 있을 것은 다 있다. 특히 도시마다 하나씩 있음직한 유람선도 시간마다 운행하면서 도시의 풍경을 즐기도록 돕는다. 주 선착장은 도살자 다리 아래에 있다. 선사마다 요금과 규정이 조금씩 차이가 있으나 일반적으로 45~60분 코스의 요금이 성인 10유로 안팎이다.

류블랴나 최고의 포토존

브레그 Breg 🔊 브레그

구시가지를 감싸며 흐르는 강은 우리 관점에서는 개천이라 부를 정도의 작은 물줄기이지만 그 풍경만큼은 어느 강 부럽지 않은 매력이 있다. 강변에 줄지어 있는 파스텔 톤의 옛 건물들, 그 너머 국기가 펄럭이는 류블랴나성의 웅장한 성채, 수시로 보트가 오가는 여유로운 강의 풍경이 이루는 조화는 가히 류블랴나 최고의 포토존이라 해도 무방하다. 구시가지의 맞은편 강변 거리 이름이 브레그. 거리를 따라 산책하다 보면 특이한 조형물과 기념비도 눈에 띈다.

Data **지도** ● 휴대지도 류블랴나-J, 106p-J **가는 법** 성 야코브 교회에서 다리 건너편으로 도보 2분

특이한 삼중 다리
트리플 다리 Tromostovje 🔊 트로모스토베

삼중교, 즉 세 겹으로 놓인 특이한 다리가 프레셰렌 광장과 구시가지를 연결한다. 다리 자체는 매우 짧지만 중앙 다리 양옆에 각각 작은 다리 하나씩을 더 잇대어 굉장히 독창적인 비주얼을 뽐낸다. 다리 개통은 1932년. 삼중 다리 모두 보행자 전용이어서 수많은 현지인과 관광객으로 늘 분주하고, 날씨가 좋을 때에는 거리의 악사나 행위예술가도 다리 주변에서 심심치 않게 만날 수 있다.

Data 지도 ● 휴대지도 류블랴나-1, 107p-1 가는 법 프레셰렌 광장에서 연결

이름과 달리 예술적인 다리
도살자 다리 Mesarski most 🔊 메사르스키 모스트

도살자 다리라는 살벌한 이름과 달리 다리 주변을 조형물로 장식한 예술적인 장소. 그래서인지 다리 난간에 연인의 사랑을 약속하는 자물쇠도 빼곡하다. 다리 이름인 '도살자'는 정육점 주인을 뜻한다. 이 다리는 중앙시장으로 곧장 연결되는데, 시장의 정육점 주인이 고기를 잡아 운반하는 길이라는 뜻으로 이렇게 살벌한 이름이 붙었다. 도살자 다리는 트리플 다리와 같은 시기에 건설이 추진되었으나 무산되었고, 1990년대에 지금의 모습으로 다리를 만들면서 이름은 그대로 도살자 다리라고 붙였다. 다리 양편을 장식하는 조형물은 아담과 이브, 프로메테우스 등 기독교 및 그리스 신화에서 모티브를 얻었다.

Data 지도 ● 휴대지도 류블랴나-2, 107p-2 가는 법 프레셰렌 광장에서 도보 2분

다리 난간에 채워진 수많은 연인들의 자물쇠

아담과 이브

사랑스러운 드래곤 네 마리
드래곤 다리 Zmajski most 🔊 즈마이스키 모스트

아직 슬로베니아가 독립하지 못한 1901년, 당시 지배 세력인 오스트리아의 앞선 기술로 건설된 드래곤 다리는 보행자뿐 아니라 자동차도 건너는 류블랴나의 동맥이다. 무엇보다 다리 양편마다 좌우 하나씩 교각 위에 똬리를 튼 용이 백미. 오랜 전설에 따르면 그리스 신화의 영웅 아이손이 이 부근에서 용을 퇴치하고 세운 도시가 류블랴나라고 한다. 그래서 류블랴나 시민의 용을 향한 사랑은 매우 각별하다. 드래곤 다리야말로 그 상징이다.

Data **지도** ● 휴대지도 류블랴나-2, 107p-2 **가는 법** 프레셰렌 광장에서 도보 5분

다리 위의 용

다리에서 보이는 풍경

구두수선공의 다리
코블러 다리 Šuštarski most 🔊 슈시타르스키 모스트

트리플 다리가 류블랴나성의 정면이 보이는 위치에서 여행의 재미를 더해준다면 코블러(구두수선공) 다리는 성의 측면이 보이는 위치에서 여행의 재미를 더해준다. 코블러 다리 역시 보행자 다리이며, 규모는 아담하다. 그래서 더 정겹고, 머리 위로 보이는 성의 풍경도 낭만적이다. 지금의 모습은 1867년 재건된 것. 그 전에는 목조 다리가 놓여 있었으며, 다리 위에서 구두수선공이 행인을 상대로 신발을 고쳐주었기 때문에 코블러 다리라는 이름이 붙었다. 다리 부근 강변과 골목 구석구석에 눈에 띄는 기념비도 여럿 보인다. 작곡가 구스타프 말러Gustav Mahler 동상도 그 중 하나. 말러는 류블랴나에서 지휘자로 자신의 첫 음악 활동을 시작한 인연이 있다.

Data **지도** ● 휴대지도 류블랴나-J, 106p-J **가는 법** 시청사에서 도보 2분

다리에서 보이는 류블랴나성

로바 분수

메인 스트리트의 중앙
시청사 Mestna hiša 🔊 메스트나 히샤

류블랴나 구시가지의 메인 스트리트인 스타리 광장에서 가장 눈에 띄는 건물. 대성당 건축 이후 시청사도 바로크 양식으로 업그레이드하고자 1717년 재건하였다. 베네치아에서 영감을 얻은 건축가 그레고르 마체크Gregor Maček st의 작품. 매주 토요일 13시에 영어 가이드투어(5유로)를 통해 내부의 회의장 등을 관람할 수 있다. 시청사 앞에 설치된 로바 분수Robbov vodnjak는 이 지역을 흐르는 세 강을 은유한다. 이탈리아 로마에 있는 콰트로 피우미 분수에서 영감을 얻었다고 한다.

Data 지도 ● **휴대지도** 류블랴나-1, 107p-1
가는 법 대성당에서 도보 2분
주소 Stritarjeva ulica 2
전화 386 1 306 10 20
운영 시간 08:00~20:00
요금 무료
홈페이지 www.ljubljana.si

국회의사당 앞마당
공화국 광장 Trg republike 🔊 트르그 레푸블리케

원래 이름은 혁명 광장Trg revolucije이었다. 공산주의 국가인 유고슬라비아가 공산 혁명을 기리며 조성하였고, 지금도 당시 설치한 혁명 기념비의 그로테스크한 모습을 발견할 수 있다. 광장 지하에 주차장과 쇼핑센터를 만들고 지상에 공산당의 건물을 크게 지었다. 1960년에 지은 이 건물은 슬로베니아 독립 후 국회의사당으로 사용 중이며 광장 이름도 공화국 광장으로 변경되었다.

Data 지도 ● **휴대지도** 류블랴나-E, 106p-E **가는 법** 콩그레스 광장에서 도보 2분

혁명 기념비

국회의사당

TIP 공화국 광장 지하에 주차하기
이렇게 쾌적한 주차장이 있었다니!
반세기 전에 만든 지하 주차장은 여전히 운영 중이다. 만약 자동차를 타고 류블랴나를 여행한다면 복잡한 길거리 주차장에서 빈자리를 찾는 것보다 공화국 광장 지하에 주차하고 도보로 여행하는 게 더 간편하다.

성삼위일체 교회

공원 + 공연장 + 박물관

콩그레스 광장 Kongresni Trg 🔊 콩그레스니 트르그

콩그레스(의회)가 있었던 자리. 지금은 의회가 사라졌지만 콩그레스 광장이라는 이름은 계속 사용된다. 그리고 의회가 있던 자리를 대신 차지한 광장의 주인공은 류블랴나 대학교Univerza v Ljubljani. 나무도 울창한 광장은 덕분에 대학 앞 정거운 공원 같은 느낌이다. 게다가 특이한 SNS 사진을 찍기 좋은 착시 박물관(123p) 등 젊은 감각의 놀 거리가 많아 분위기도 활기차고, 종종 대형 무대가 설치되어 공연이 열리기도 한다. 그런가하면 성삼위일체 교회Župnijska cerkev sv. Trojice 등 중세 바로크풍의 건축물도 곳곳에 보이고, 광장에서도 높이 류블랴나성이 보여 풍경이 근사하다. 광장 한쪽에는 모든 전쟁 희생자를 추모하는 전쟁 기념비Spomenik žrtvam vseh vojn가 최근에 설치되었다.

`Data` **지도** ● 휴대지도 류블랴나-F, 106p-F **가는 법** 프레셰렌 광장에서 도보 2분

> | **TALK** | 위대한 건축가, 요제 플레치니크
>
> 슬로베니아가 낳은 20세기 위대한 건축가 요제 플레치니크Jože Plečnik는 현대 류블랴나의 밑그림을 그린 사람이라 해도 과언이 아니다. 그가 설계한 수많은 건물과 명소가 류블랴나 곳곳에 있고, 그 중에는 트리플 다리, 코블러 다리, 중앙시장, 콩그레스 광장 등 여행 중 찾아갈 수밖에 없는 랜드마크도 포함된다. 시 외곽에 그가 살았던 건물을 기념관으로 만든 플레치니크 하우스Plečnikova hiša(주소: Karunova ulica 4)도 있다. 참고로 플레치니크가 류블랴나에서 명성을 쌓고 본격적으로 큰 무대에서 자신의 실력을 뽐낸 곳은 체코 프라하다. 프라하성에 그가 만든 분수와 대문 등이 남아있다.

SPECIAL PAGE

요제 플레치니크 건축 순례하기

스페인 바르셀로나는 곧 건축가 가우디다. 마찬가지로 류블랴나는 곧 건축가 요제 플레치니크다. 실제로 류블랴나에서는 플레치니크를 일컬어 '류블랴나의 가우디'라 표현한다. 우리가 바르셀로나에서 가우디의 건축을 '의무적으로' 순례하듯 류블랴냐에서 플레치니크의 건축을 순례하는 것은 자연스러운 귀결이다.

플레치니크의 역작

그가 남긴 수많은 건축물 중 단연 첫손에 꼽히는 역작은 류블랴나 국립 대학도서관Narodna in univerzitetna knjižnica (주소 : Turjaška ulica 1)이다. 지진으로 붕괴된 옛 귀족 저택의 터에 자신의 색깔을 더하여 새로운 결과물을 완성했다. 고풍스러운 도서관 내부는 학생들에게 방해되지 않도록 매주 토요일 오후(14:30~18:00, 입장료 5유로)에 짧게 개방된다.

플레치니크의 다리

류블랴나의 인상적인 명소인 트리플 다리(114p)와 코블러 다리(115p)가 그의 작품이다. 특히 트리플 다리는 기존에 놓인 다리가 통행량 증가로 제 기능을 하지 못하게 되자 좌우에 각각 보조 다리를 잇대어 만든 것으로, 실용성과 심미성을 모두 잡은 그의 센스가 돋보인다.

이 책에 소개된 플레치니크의 건축

강변을 따라 지어진 중앙시장(140p), 아름답게 개조된 콩그레스 광장(117p), 드넓은 시민공원인 티볼리 공원(119p)의 야외 갤러리 등에 플레치니크의 손길이 닿았다. 또한 류블랴나 근교 도시인 크란에서도 플레치니크의 계단(149p)이 그의 솜씨다.

이 책에 소개되지 않은 플레치니크의 건축

류블랴나 외곽에 있어 이 책에는 따로 소개하지 않은 잘레 Žale (주소 : Med hmeljniki 2)라는 이름의 공동묘지에도 플레치니크의 손길이 진하게 묻어있다. 그리고 성 미하엘 교회 Župnijska cerkev sv. Mihaela (주소 : Črna vas 550) 등 종교 건축에서도 그만의 독특한 건축미를 만날 수 있다.

드넓은 시민공원
티볼리 공원 Mestni park Tivoli 🔊 메스트니 파크 티볼리

덴마크 코펜하겐에 있는 동명의 유명한 테마파크와 혼동하지 말 것. 류블랴나의 티볼리 공원은 문자 그대로 공원이다. 그 출발은 작은 저택이었다. 옛 성벽 위에 지은 아담한 맨션의 이름이 티볼리성Grad Tivoli이었고, 1813년 그 주변에 넓은 시민공원을 조성하였다. 이후에도 계속 조경이 업그레이드되었을 뿐 아니라 공원 곳곳에 미술관이나 동물원 등 문화 레저 시설도 자리를 잡았다. 티볼리성은 갤러리로 개방되어 있고, 그 앞길 또한 요제 플레치니크의 설계로 야외 갤러리 겸 산책로가 되었다. 주제를 바꾸어 가며 회화나 사진 등을 거리 양편에 전시하고, 쉬엄쉬엄 감상할 수 있는 벤치도 함께 마련해두었다. 티볼리 공원은 사시사철 류블랴나 시민의 쉼터가 되어주며 탁 트인 자연 속에서 산책하기에 아주 좋으니 날씨 좋은 날 찾아가 보자. 워낙 넓어 공원 전체를 산책하기는 어렵지만 티볼리성 부근이라도 가볍게 걸어보는 것을 추천한다.

Data **지도** ● **휴대지도** 류블랴나-E, 106p-E
가는 법 Tivolska 정류장 하차 또는 현대미술관에서 큰 길을 지하도로 건너면 정면에 티볼리성이 보인다

6만 년 전으로 시간여행
국립 박물관 Narodni muzej Slovenije 🔊 나로드니 무제이 슬로베니에

슬로베니아는 멀리 고대 로마의 세력이 뻗친 지역이었고, 더 멀리는 선사시대에 인류가 살았던 흔적이 발굴된 지역이기도 하다. 이러한 고고학적인 전시품을 모아 국립 박물관을 열었다. 그중에서도 하이라이트는 단연 6만 년 전에 네안데르탈인이 사용한 것으로 추정되는 피리 화석. 이것은 인류의 가장 오래된 악기로 꼽힌다. 그 외에도 고대 로마의 유적에서 발굴한 유물 등 고고학 자료가 더 있고, 화폐 컬렉션도 규모가 만만치 않다.

Data 지도
● 휴대지도 류블랴나-E, 106p-E
가는 법 프레셰렌 광장에서 도보 7분 주소 Muzejska ulica 1
전화 386 1 241 44 00
운영 시간 10:00~18:00(목 ~20:00)
요금 성인 6유로, 학생 4유로, 매월 첫 번째 일요일 무료
홈페이지 www.nms.si

국립 박물관 2호점
메텔코바 국립 박물관 Narodni muzej Slovenije - Metelkova
🔊 나로드니 무제이 슬로베니에 메텔코바

국립 박물관에서 응용미술 분야만 따로 독립시켜 만든 분관. 소재지인 메텔코바 거리Metelkova ulica의 이름을 따서 메텔코바 국립 박물관이라 부른다. 14세기부터 현대까지 공예품, 산업디자인 등 각종 응용미술을 사조별로 구분하여 전시 중이다. 본관은 고고학, 분관은 디자인, 이렇게 구분하면 쉽게 이해할 수 있겠다. 현대미술의 분관인 +MSUM도 바로 옆에 있고, 주변에 박물관이 속속 자리 잡는 중이다.

Data 지도
● 휴대지도 류블랴나-G, 107p-G
가는 법 중앙역에서 도보 10분
주소 Maistrova ulica 1
전화 386 1 230 70 30
운영 시간 화~일 10:00~18:00
요금 성인 6유로, 학생 4유로, 매월 첫 번째 일요일 무료
홈페이지 www.nms.si

TIP 국립 박물관 통합권 활용
국립 박물관의 본관과 분관 모두 입장할 수 있는 통합권도 판매한다. 요금은 성인 8.5유로, 학생 6유로.

국립 박물관과 패키지
자연사 박물관 Prirodoslovni muzej Slovenije
🔊 프리로도슬로브니 무제이 슬로베니에

화석이나 광물 등 자연의 역사를 증언하는 물질을 전시한 여타 자연사 박물관과 유사하다. 거대한 공룡 화석은 없지만 거의 온전한 형태를 갖춘 매머드의 화석이 가장 인기 있는 전시품이고, 광물과 식물의 표본, 여러 동물의 뼈 등 학술적으로 가치 있는 많은 자료를 소장하고 있다. 원래 슬로베니아 국립 박물관의 자연사 컬렉션이었는데 지금은 독립하여 별도로 운영 중이며, 국립 박물관과 같은 건물에 있으나 입구는 구분되어 있다.

Data 지도
● 휴대지도 류블랴나-E, 106p-E
가는 법 국립 박물관과 같은 건물
주소 Prešernova cesta 20
전화 386 1 241 09 40
운영 시간 10:00~18:00(목 ~20:00)
요금 성인 4유로, 학생 3유로, 매월 첫 번째 일요일 무료
홈페이지 www.pms-lj.si

TIP 박물관 통합권
한 지붕 아래 있는 국립 박물관과 자연사 박물관을 모두 입장할 수 있는 통합권도 판매한다. 요금은 성인 8.5유로, 학생 6유로.

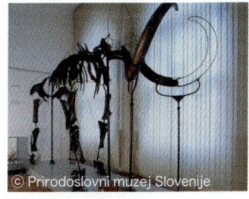

도시 역사의 전당
시립 박물관 Mestni muzej Ljubljana
🔊 메스트니 무제이 류블랴나

시립 박물관, 즉 시티 뮤지엄은 문자 그대로 도시의 역사를 포괄적으로 다루는 류블랴나 공식 박물관이다. 선사시대부터 현대에 이르기까지 류블랴나 및 주변 지역과 관련된 유적, 예술, 문헌, 민속 등 방대한 자료를 전시하고 있다. 박물관이 있는 건물은 투르야시카 궁전Turjaška palača은 중세 귀족의 저택이었다. 이곳 지하에서 고대 로마의 유적이 발굴되면서 시립 박물관의 역사가 시작되었다.

Data 지도
● 휴대지도 류블랴나-J, 106p-J
가는 법 브레그 안쪽 골목
주소 Gosposka ulica 15
전화 386 1 241 25 00
운영 시간 화~일 10:00~18:00 (목 ~20:00), 월 휴관
요금 성인 6유로, 학생 4유로
홈페이지 www.mgml.si

슬로베니아 화가 총집합
국립 미술관 Narodna galerija 🔊 나로드나 갈레리야

자연사 박물관이 국립 박물관의 자연사 컬렉션에서 독립했듯이 국립 미술관도 국립 박물관의 회화 컬렉션에서 독립한 대형 미술관이다. 1896년 전시를 위한 큰 건물을 국립 박물관 인근에 따로 지었다. 중세부터 근현대에 이르기까지 다양한 사조의 회화가 전시되어 있으며, 주로 슬로베니아 출신 화가의 작품이 많다. 우리에게 익숙한 이름은 없지만 따뜻한 화풍의 그림이 많으니 미술에 관심이 있다면 가볍게 관람해도 좋다. 시청사 앞에 있는 로바 분수(116p)의 원본도 국립 미술관 내에 전시되어 있다.

Data 지도 ● 휴대지도 류블랴나-E, 106p-E 가는 법 국립 박물관에서 도보 2분 주소 Prešernova cesta 24 전화 386 1 241 54 18 운영 시간 화~일 10:00~18:00(목 ~20:00), 휴관(매주 월요일, 1월 1일, 5월 1일, 11월 1일, 12월 25일) 요금 성인 7유로, 학생 3유로, 매월 첫 번째 일요일 무료 홈페이지 www.ng-slo.si

특이한 현대미술 속으로
현대 미술관 Moderna galerija 🔊 모데르나 갈레리야

20세기 이후의 예술작품에 특화된 미술관이다. 국립 미술관과 마찬가지로 주로 슬로베니아 화가의 작품 위주로 전시 중이다. 1948년 개관. 약 2천 점에 달하는 회화와 조각, 그 외에도 판화와 사진 등 다양한 종류의 현대미술을 만날 수 있다. 특이하고 기괴하고 대담한 표현력의 세계는 현대미술 마니아의 기호를 충분히 만족시켜 준다. 최근에는 시내 중심부에 메텔코바 현대 미술관Muzej sodobne umetnosti Metelkova이라는 분관을 열어 보다 현대적이고 세련된 전시를 더한다. 현대 미술관은 약자로 MG+, 메텔코바의 분관은 약자로 +MSUM으로 표기한다.

Data 지도 ● 휴대지도 류블랴나-E, 106p-E 가는 법 국립 미술관 옆 주소 Cankarjeva cesta 15 전화 386 1 241 68 34 운영 시간 화~일 10:00~18:00, 월 휴관 요금 성인 5유로, 학생 2.5유로, 매월 첫 번째 일요일 무료, 두 미술관의 통합권 성인 7.5유로 홈페이지 www.mg-lj.si

당신의 눈을 믿지 마세요
착시 박물관 Muzej iluzij 🔊 무제이 일루지

홀로그램, 거울의 방을 비롯하여 온갖 착시를 일으키는 장치를 이용하여 재미있는 사진을 남길 수 있는 테마 박물관이다. 거꾸로 뒤집힌 방 등 SNS에 올리면 흥미를 유발하기 좋은 콘셉트 사진도 여럿 남길 수 있다. 관광객보다도 현지의 청년들에게 특히 인기가 높아 최근 류블랴나에서 크게 주목받고 있다.

`Data` **지도** ● **휴대지도** 류블랴나-J, 106p-J **가는 법** 콩그레스 광장에 위치 **주소** Kongresni trg 13 **전화** 386 1 320 54 66 **운영 시간** 09:00~22:00 **요금** 9.95유로 **홈페이지** www.muzejiluzij.si

만져도 되는 로마의 유적
로마 성벽 Roman Wall 🔊 로만 월

류블랴나는 고대 로마제국의 진출 지역이기도 했다. 로마의 군사기지 에모나Emona가 있었는데, 불완전하지만 당시의 유적이 출토되어 오늘날 고고학적인 자료로 남아있다. 그 중 가치가 높은 로마의 유적과 유물은 국립 박물관 또는 시립 박물관에서 확인할 수 있고, 길거리에서도 옛 로마의 성벽이 발견된다. 약간의 설명과 함께 로마가 남긴 흔적을 만지고 바라볼 수 있다. 피라미드 모양의 성벽 출입문은 아이들이 타고 오르며 놀기도 하여 특히 눈길을 끈다.

`Data` **지도** ● **휴대지도** 류블랴나-I, 106p-I **가는 법** 브레그에서 도보 10분 또는 Aškerčeva 정류장 하차 **주소** Mirje **운영 시간** 종일개방 **요금** 무료

투박하지만 유서 깊은 고층빌딩
스카이스크래퍼 Nebotičnik 🔊 네보티치니크

슬로베니아어로 네보티치니크, 영어의 스카이스크래퍼Skyscraper와 뜻이 같다. 그래서 현지인 사이에서도 스카이스크래퍼(고층빌딩)라는 애칭으로 불리는 이곳, 일단 첫인상은 매우 투박하다. 휘황찬란한 마천루를 가까이 두고 있는 한국인에게는 더욱 그렇게 보일는지 모른다. 하지만 스카이스크래퍼는 무려 86년 역사를 가진 유서 깊은 건물이다. 건축 당시 발칸 지역에서 가장 높은 건물이었고, 유럽 전체를 통틀어도 열 손가락 안에 들었었다. 그만큼 슬로베니아인이 당대 최신 기술을 따라잡았음을 증빙하는 사례인 만큼 현지인의 애정은 각별하다. 전망 좋은 루프탑 카페도 많이 찾는다.

Data 지도 ● 휴대지도 류블랴나-F, 106p-F 가는 법 프레셰렌 광장에서 도보 2분

슬로베니아 대표 맥주 체험
유니언 맥주 박물관 Union Experience 🔊 유니언 익스피리언스

슬로베니아의 대표 맥주회사 중 하나인 유니언 양조장의 본사 공장에서 제공하는 박물관. 2015년부터 유니언 양조장을 네덜란드의 대형 맥주회사 하이네켄에서 인수하여 마치 암스테르담의 하이네켄 익스피리언스와 같이 류블랴나에도 유니언 익스피리언스를 만들었는데, 일반적으로 맥주 박물관Pivovarski muzej이라는 이름으로 불린다. 맥주 양조법과 포장, 라벨 등의 변천, 양조 시설도 견학 등 다양한 프로그램을 전문 가이드(영어)의 인솔 하에 체험하게 된다. 이 과정에서 약 300개의 계단을 오르내리게 되는데 만약 체력이나 건강상의 문제가 있을 경우 별도의 대안 프로그램도 준비되어 있다. 투어를 마친 뒤 갓 양조한 신선한 유니언 맥주를 시음하는 것으로 관람이 종료된다.

Data 지도
● 휴대지도 류블랴나-A, 106p-A
가는 법 Tivoli 정류장 하차
주소 Pivovarniška ulica 2
운영 시간 월~금 12:00 · 14:00 · 16:00 · 18:00, 토 14:00 · 16:00 · 18:00 투어 시작, 일 휴관
요금 성인 14유로, 학생 11.2유로
홈페이지 www.union-experience.si

인상 깊은 뒷골목
메텔코바 메스토 Metelkova Mesto 🔊 메텔코바 메스토

메텔코바 거리에 국립 박물관과 현대 미술관 등 여러 박물관이 속속 자리를 잡고 있으나 사실 그보다 앞서 메텔코바라는 이름을 '예술'의 고유명사로 알린 집단은 따로 있다. 지도에 나오는 정식 명칭은 메텔코바 대안문화센터Alternativni Kulturni Center(약자로 AKC), 그들은 스스로를 메텔코바 메스토 또는 그냥 메텔코바라고 부르기도 한다.

포스터가 덕지덕지 붙은 낡은 담장부터 심상치 않다. 안뜰로 들어가면 이내 다 무너져가는 뒷골목이 등장한다. 아무렇게나 늘어놓은 설치물들, 온 건물 벽을 덮고 있는 그림과 낙서 등 분위기가 매우 자유분방하다. 19세기 후반에 군대 병영이 있었던 폐허에 1990년대 이후 가난한 예술가와 히피 등이 집결하여 그들만의 문화 기지를 만들었다. 지금도 독립된 예술가들이 메텔코바 메스토에 거주하며 자유로운 창작활동에 여념이 없고, 때때로 전시회나 이벤트를 열거나 밤에는 DJ의 클럽 공연이 열리는 등 류블랴나의 젊은 문화를 대변하는 장소로 첫 손에 꼽힌다. 메텔코바 메스토의 예술인들이 관광객에게 당부하는 것은 딱 한 가지. 그들은 동물원의 동물이 아니니 사진을 찍지 말아달라고 요청한다. 사람을 대상으로 사진을 찍는 것만 자제하고, 그 외에는 모두 자유다.

Data 지도 ● 휴대지도 류블랴나-C, 107p-C 가는 법 중앙역에서 도보 5분 주소 Metelkova ulica 10 운영 시간 센터는 항상 개방되어 있고 내부의 갤러리나 클럽은 저마다 정책이 다르다
요금 내부 입장 무료, 클럽 공연 등 별도의 프로그램은 유료 홈페이지 www.metelkovamesto.org

류블랴나 대표 대중식당
소콜 Sokol

다양한 향토요리를 적당한 가격으로 판매하며 전통적인 분위기도 곁들이는 전형적인 대중식당으로 구시가지에서 첫 손에 꼽히는 곳. 슬로베니아의 유명한 향토요리를 적절히 섞은 투어리스트 메뉴를 따로 만들어 팔 정도로 관광객에게 특화된 곳이기도 하다. 클로바사와 스테이크 등 슬로베니아식으로 만든 육류 요리 위주이며, 음식이 빨리 나오는 편인 대신 점원이 빠른 주문을 재촉하거나 불친절하게 느껴지는 불만도 존재한다.

Data 지도 ● 휴대지도 류블랴나-2, 107p-2 가는 법 시청사 옆
주소 Ciril-Metodov trg 18
전화 386 1 439 68 55
운영 시간 07:00~23:00 (일 10:00~)
가격 클로바사 9유로, 스테이크 17유로~
홈페이지 www.gostilna-sokol.com

아담한 소시지 매점
클로바사르나 Klobasarna

이름에서 알 수 있듯 클로바사 전문점이다. 내부에 테이블 1~2개, 매장 밖에 테이블 몇 개가 전부인 아담한 매점. 그러나 두툼한 클로바사의 풍부한 맛과 저렴한 가격으로 인기가 높다. 클로바사는 먹기 좋게 한 입 크기로 잘라 빵과 함께 일회용 접시에 담아주니 혹 매장에 자리가 없다면 길거리에서 들고 다니며 간식 삼아 먹어도 불편하지 않다. 간식으로 적당한 1/2 사이즈도 판매한다.

Data 지도 ● 휴대지도 류블랴나-2, 107p-2 가는 법 대성당 옆
주소 Ciril-Metodov trg 15
전화 386 51 605 017
운영 시간 월~토 10:00~21:00 (7·8월 ~23:00), 일 10:00~15:00
가격 클로바사 5.9유로, 1/2 사이즈 3.5유로
홈페이지 www.klobasarna.si

이색적인 슬로베니아 요리
구이지나 Gujžina

슬로베니아의 동쪽 끄트머리에 있는 프레크무레Prekmurje 지역 스타일의 요리를 파는 레스토랑이다. 이 지역은 헝가리의 영향을 많이 받아 미식도 슬로베니아와 다른 개성이 있다. 가령, 국물이 풍부한 스튜요리 보그라치Bograč는 헝가리의 구야시를 닮았다. 구이지나의 대표 요리인 도돌레Dödöle는 특제 소스로 조리된 감자 요리로 류블랴나의 다른 곳에서도 쉽게 만날 수 없는 개성적인 맛이다. 음식에 어울리는 다양한 와인도 구비되어 있으니 점원에게 추천을 부탁해 보자.

도돌레

Data 지도 ● 휴대지도 류블랴나-J, 106p-J **가는 법** 시청사 옆
주소 Mestni trg 19 **전화** 386 838 06446 **운영 시간** 08:00~24:00
가격 보그라치 8.7유로, 도돌레 7.8유로~ **홈페이지** www.prekmurska-gostilna.si

강변에서 와인 한 잔
모스트 Most

드래곤 다리와 트리플 다리 사이, 강변을 따라 수많은 레스토랑과 카페가 모여 있다. 그중에서도 가장 유명한 레스토랑은 '다리'라는 뜻의 모스트. 도살자 다리 바로 앞에 있어 다리와 강을 바라보며 노천 테이블에서 분위기 있는 시간을 보낼 수 있다. 파스타와 리소토 등 이탈리안 요리를 기본으로 스테이크나 생선 요리 등 다양한 음식을 판매하는 고급 레스토랑이며, 가격은 평균보다 비싸지만 수준급의 와인을 곁들여 강변에서 분위기를 즐기기에 좋아 저녁 시간대에는 예약이 필요하다(홈페이지에서 신청).

Data 지도
● 휴대지도 류블랴나-2, 107p-2
가는 법 도살자 다리 앞
주소 Petkovškovo nabrežje 21 **전화** 386 1 232 81 83
운영 시간 월~토 11:00~23:00, 일 12:00~22:00
가격 파스타 13.5유로~, 생선 요리 21유로~
홈페이지 www.restavracija-most.si

푸짐한 중국요리
한 Han

정통 중국요리 레스토랑. 규모도 크고 고급스러운데 가격은 적당하다. '중국집'이 으레 그러하듯 닭고기, 돼지고기, 소고기, 오리고기, 볶음밥, 누들, 수프 등 메뉴의 종류가 정말 많아 고르는 재미가 있고, 양도 매우 푸짐하다. 아직 한국식당이 적은 류블랴나에서 서양식 요리에 버거움을 느낄 때 아쉬운 대로 속을 풀어줄 '밥'과 '국물'이 있는 곳이다.

Data 지도 ● **휴대지도**
류블랴나-1, 107p-1
가는 법 콩그레스 광장에 위치
주소 Kongresni trg 3
전화 386 1 425 11 11
운영 시간 월~금 11:00~23:00, 토 12:00~22:00, 일 휴무
가격 볶음밥 5.9유로~, 메인 요리 7~10유로, 수프 2.2유로~
홈페이지 www.restavracija-han.si

골라 먹는 재미
카카오 Cacao

햇살이 따가운 날 젤라토 한 입은 유럽여행에서 빼놓을 수 없는 코스라 해도 과언이 아니다. 류블랴나에는 카카오가 있다. 프레셰렌 광장 바로 옆 강변에서 약 30여 가지 맛의 젤라토를 팔고 있으니 반사적으로 무슨 맛을 먹을지 고민하게 만든다. 커피, 주스, 케이크 등 카페 메뉴도 종류가 다양하고 로맨틱한 밤을 위한 칵테일도 있지만, 역시 주인공은 골라 먹는 재미가 있는 젤라토 한 스쿱이다.

Data 지도 ● **휴대지도**
류블랴나-1, 107p-1
가는 법 프레셰렌 광장 옆
주소 Petkovškovo nabrežje 3
전화 386 1 430 17 71
운영 시간 08:00~22:00(금·토 ~23:00) **가격** 젤라토 1.7유로
홈페이지 www.cacao.si

인기 만점 호프집
페트코브셰크 Petkovšek

더운 한낮에 잠시 땀을 식힐 맥주가 필요하다면, 또는 늦은 밤 소란스러운 강변을 바라보며 운치 있게 한 잔 하고 싶다면, 류블랴나에서 특히 학생들에게 인기가 높은 강변의 작은 호프집 페트코브셰크를 추천할 만하다. 유니언과 라슈코 등 생맥주 외에도 수십 종의 병맥주 라인업을 갖추고 있다. 특히 병맥주의 경우 슬로베니아의 로컬 마이크로브루어리 제품이 많아 최근 각광을 받는 개성적인 맥주 맛의 세계를 경험할 수 있다.

Data 지도 ● 휴대지도
류블랴나-2, 107p-2
가는 법 도살자 다리 옆
주소 Petkovškovo nabrežje 15
전화 386 838 06290
운영 시간 월~토 07:30~01:00, 일 09:00~24:00
가격 생맥주 3유로, 병맥주 3.5~4.2유로

슬로베니아 술의 집
슬로벤스카 히샤 Slovenska Hiša

직역하면 '슬로베니아의 집'이라는 뜻. 슬로베니아 맥주 및 와인을 파는 펍이다. 이곳의 맥주는 페트코브셰크보다 종류는 적지만 슬로베니아의 개성적인 마이크로브루어리 제품을 몇 가지 갖추고 있어 보편적으로 즐기기에 무리가 없다. 야외 테이블은 강변에 딱 붙어있어 분위기도 좋다. 클로바사와 슈트리쿨리 등 몇 가지 안줏거리도 슬로베니아 스타일이다.

Data 지도 ● 휴대지도
류블랴나-1, 107p-1
가는 법 시청사에서 도보 2분
주소 Cankarjevo nabrežje 13
전화 386 838 99811
운영 시간 08:00~01:00(금·토 ~03:00)
가격 생맥주 2.9유로, 병맥주 3.8~4.3유로, 클로바사 5.2유로
홈페이지 www.slovenskahisa.si

이것이 보스니아 요리

다스 이스트 발터 Das ist Valter

다스 이스트 발터는 독일어로 '이것이 발터Valter다'라는 뜻. 발터는 1972년 유고슬라비아에서 개봉한 영화 〈발터 브라니 사라예보(발터가 사라예보를 지키다)Valter brani Sarajevo〉의 주인공 이름이다. 다스 이스트 발터는 오늘날 사라예보가 속한 국가 보스니아 스타일의 음식을 파는 레스토랑이며, 보스니아의 주식인 체바피Ćevapi(간 고기를 소시지 크기로 뭉쳐 구운 요리), 보스니아 스타일의 소시지 수드쥬키체Sudžukice를 직접 양조한 맥주와 함께 먹을 수 있다. 매우 인기가 높아 슬로베니아 내에 여러 지점이 생겼다.

Data **지도** ● **휴대지도** 류블랴나-C, 107p-C **가는 법** 중앙역에서 도보 10분 **주소** Njegoševa cesta 10 **전화** 386 1 430 51 95 **운영 시간** 월~목 10:00~23:00, 금 10:00~24:00, 토 12:00~24:00, 일 12:00~21:00 **가격** 메인 요리 5.7유로 **홈페이지** www.dasistwalter.eu

세련된 동네 카페

알 앤드 비 R & B

로스터리 앤드 베이커리Roastery & Bakery라는 뜻의 알 앤드 비는 복층 구조의 카페다. 늘 커피향이 느껴지는 아담한 규모, 적당히 배치한 좌석과 테이블, 뮤직비디오가 상영되는 스크린, 직접 만든 베이커리 등 '동네 카페'에서 느낄 수 있는 편안함과 친숙함을 갖추었다. 로컬 플레이스의 성격이 강해 영어 메뉴판을 찾기는 어렵지만 아메리카노, 카푸치노 등 친숙한 단어가 보이기에 별다른 어려움 없이 주문 가능하다.

Data **지도** ● **휴대지도** 류블랴나-F, 106p-F **가는 법** 프레셰렌 광장에서 도보 5분 **주소** Slovenska cesta 47 **전화** 386 41 334 301 **운영 시간** 월~목 06:30~21:00, 금 06:30~22:00, 토 10:00~22:00, 일 휴무 **가격** 커피 1.4유로, 빵 1~1.5유로
홈페이지 rb-roastery-and-bakery-btw-doo.business.site

류블랴나에서 만나는 정통 한식
오감 Ogam

중앙역과 관광지 부근에 있는 유일한 한국식당이다. 비빔밥, 김치찌개, 제육볶음, 삼겹살 등 가장 대중적인 한국음식을 본토의 맛으로 먹을 수 있다. 특히 김치 재료를 한국에서 공수하여 사용하는 등 외국에서도 가장 한국적인 맛을 내기 위해 노력한다고 한다. 유럽의 한국식당, 그것도 경쟁이 없는 시내 유일한 한국식당임을 감안했을 때 가격은 저렴한 편이라 할 수 있고, 점심시간에는 정가보다 주요 메뉴를 3~4유로 할인하여 더 부담을 덜어준다. 깔끔한 인테리어를 갖춘 넓은 홀에 최대 40인 단체 예약도 가능하다고 하니 비즈니스 목적으로 방문한 단체 여행객에게도 적당하다. 건물에 주차장이 있어 차량 방문 시에도 편리하다.

Data 지도 ● 휴대지도
류블랴나-F, 106p-F
가는 법 중앙역에서 도보 5분
주소 Miklošičeva cesta 9d
전화 386 599 80479
운영 시간 월~토 11:00~22:00
가격 삼겹살 15유로, 김치찌개 12유로, 비빔밥 10유로, 제육볶음 12유로

류블랴나 최고급 레스토랑

제이비 JB

중앙역 앞 번화가에 자리 잡은 제이비는 한 끼 가격이 10만 원에 육박하는 최고급 파인다이닝 레스토랑이다. 류블랴나에서 근사하게 식사를 즐길 때 우선적으로 고려할 만하다. 유수의 대회에서 수상하고 미디어에도 종종 출연한 인기 셰프 야네즈 브라토브지Janez Bratovž가 자신의 이름을 따서 만들었다. 코스 요리는 크게 육류, 생선, 비건(채식)으로 나뉘어 풀코스로 제공된다. 물론 다양한 와인을 함께 곁들이면 금상첨화. 방문 시 홈페이지를 통한 예약을 권한다.

Data 지도 ● 휴대지도
류블랴나-B, 106p-B
가는 법 중앙역에서 도보 5분
주소 Miklošičeva cesta 19
전화 386 1 430 70 70
운영 시간 월~금 12:00~23:00, 토 18:00~23:00, 일 휴무
가격 코스 메뉴 50~60유로
홈페이지 www.jb-slo.com

발칸 스타일 패스트푸드

패스트푸드 슬라스트 Fast food Slast

슬로베니아에서 가장 흔히 볼 수 있는 임비스(포장 전문 매점)의 패스트푸드 메뉴로는 세르비아 전통 요리인 부렉과 플레스카비차를 꼽을 수 있다. 패스트푸드 슬라스트가 바로 부렉과 플레스카비차를 후딱 조리해 저렴하게 판매하는 발칸 스타일 임비스의 모범이다. 카운터에서 바로 주문하고, 포장하여 들고 나가거나 매장 내 테이블에서 먹을 수 있다. 팁을 지불할 필요가 없고 조리 시간이 빨라 바쁜 여행 중 든든히 배를 채우기에 좋다. 24시간 문을 연다는 것도 또 하나의 장점이다.

Data 지도 ● 휴대지도 류블랴나-B, 106p-B **가는 법** 중앙역에서 도보 7분 **주소** Slovenska cesta 51 **전화** 386 1 430 33 30 **운영 시간** 24시간 **가격** 3.5유로 안팎 **홈페이지** www.fresco.si

금요일마다 열리는 신명나는 먹거리 축제

오픈키친 Odprta kuhna

만약 금요일에 류블랴나를 여행한다면 무엇을 먹을지 아무런 고민을 할 필요 없다. 오픈키친이 열리는 대성당 옆 광장으로 가면 되니까. 오픈키친은 그 자리에서 만든 신선하고 맛있는 요리를 골라 먹을 수 있는 초대형 야외 푸드코트라고 이해하면 된다. 그런데 여기서 음식을 파는 판매자는 슬로베니아 곳곳의 인기 레스토랑. 매주 약 30곳이 돌아가며 자신들의 음식을 즉석에서 판매한다. 슬로베니아 요리, 햄버거, 바비큐 등 종류도 다양하며, 그 자리에서 요리하기 때문에 맛있는 냄새가 온 광장에 진동한다. 구경하는 재미, 이것저것 조금씩 먹어보는 재미, 유명 레스토랑을 일부러 찾아가지 않아도 한 자리에서 비교하고 먹어보는 재미까지 그야말로 신명난 축제에 온 기분이다. 3월 중순부터 10월까지 매주 금요일에 열린다. 단, 기상 상황에 따라 진행이 취소될 수 있다.

Data 지도
● 휴대지도 류블랴나-2, 107p-2
가는 법 대성당 옆
주소 Pogačarjev trg
전화 386 41 888 766
운영 시간 점심시간~저녁시간
홈페이지 www.odprtakuhna.si

TALK | 숯불의 유혹, 그릴 앤 비비큐 축제

1년에 딱 한 번, 금요일의 오픈키친에 이어 주말까지 또 다른 먹거리 축제가 대성당 옆 광장에 열린다. 이름 하여 그릴 앤 비비큐 축제 Grill & BBQ Fest. 그 자리에서 숯불에 구워 요리한 바비큐 요리를 시원한 맥주와 함께 즐기는 시간이다. 오픈키친도 맛있는 냄새가 오감을 자극하지만 그릴 앤 비비큐 축제는 몇 갑절의 유혹을 선사한다. 그릴 앤 비비큐 축제 일정은 홈페이지(www.grill-bbq-fest.si)의 업데이트를 참고하기 바란다.

SLEEP

무난한 3성급 호텔
호텔 센터 Hotel Center

3성급 호텔의 선택의 폭이 넓지 않은 류블랴나에서 호텔 센터는 가장 무난한 선택이다. 중앙역과 프레셰렌 광장의 중앙 대로변에 있어 교통이 편하고, 건물은 다소 낡고 내부가 좁은 편이지만 2013년에 새 단장을 마쳐 시설은 새 것처럼 깨끗하다. 고풍스러운 분위기, 친절한 직원, 적당한 어메니티 등 3성급 호텔이 갖춰야 할 기본에 충실하다.

Data 지도 ● 휴대지도
류블랴나-F, 106p-F
가는 법 중앙역에서 도보 7분
주소 Slovenska cesta 51
전화 386 41 263 347
요금 더블룸 90유로~
홈페이지 www.hotelcenter.si

숲 속에서 잠자는 기분
호텔 에모네츠 Hotel Emonec

원목을 아낌없이 사용한 객실 내부의 인테리어는 물론, 일부 객실은 의도적으로 숲 속 사진으로 세련되게 장식하여 마치 숲 속에 들어온 것 같다. 객실이 좁은 편이기는 하지만 오히려 포근하고 정감 있는 기분이 들 정도. 관광지와 가깝고 조식도 평가가 좋다. 비수기에는 할인 행사도 종종 진행하여 일찍 예약하지 않으면 방을 구하기 힘든 인기 호텔이다.

Data 지도 ● 휴대지도 류블랴나-1, 107p-1 **가는 법** 콩그레스 광장 옆 **주소** Wolfova ulica 12
전화 386 1 200 15 20 **요금** 더블룸 92유로~ **홈페이지** www.hotel-emonec.com

정감 넘치는 하룻밤
구들방 Goodlebang

슬로베니아 전국에서 유일한 한인민박. 물론 당국의 허가를 받은 정식 업소로 청결히 관리되는 믿을 만한 곳이다. 시내 중심부에 있어 기차역 또는 버스터미널과 관광지까지 모두 도보로 이동할 수 있어 편리하고, 큰 건물의 일부를 사용하는 게 아니라 독립된 별채를 사용하여 보안과 편의를 모두 아우른다. 대로변 안쪽에 있어 조용하다는 것도 큰 장점. 건물 사이사이를 지나가야 해서 찾아가는 길이 다소 복잡할 수 있지만 홈페이지에 사진과 함께 친절히 설명되어 있다. 공동 객실은 시내 호스텔보다는 비싼 편이지만 냉방시설이 완비되어 있고 남녀가 구분되므로 심적으로 더 편안하고 한식으로 차려진 조식도 제공하니 비싸다는 생각은 들지 않는다. 또한 개인실은 저렴한 호텔이 많지 않은 류블랴나에서 가격 경쟁력까지 갖는다. 정감 넘치는 내부의 인테리어 역시 편안한 하룻밤을 돕는다. 예약은 홈페이지 또는 카카오톡(아이디 LKS3117)로 신청할 수 있다.

Data 지도 ● 휴대지도 류블랴나-B, 106p-B
가는 법 중앙역에서 도보 7분
주소 Kersnikova ulica 3A
전화 386 31 365 531
가격 도미토리 32유로~, 개인실 74유로~
홈페이지 www.goodlebang.com

류블랴나 최대 호스텔
트레조르 호스텔 Hostel Tresor

규모로 따지면 단연 류블랴나에서 톱을 달리는 호스텔. 프레셰렌 광장 바로 옆에 있고 같은 건물에 슈퍼마켓도 있어 위치도 아주 좋다. 전반적으로 통로나 화장실 등의 공간이 좁은 편이기는 하지만 엘리베이터도 있고 객실은 여유 공간이 넓어 숙박에 불편이 없다. 10인실의 도미토리는 자기 침대를 커튼으로 가릴 수 있어서 사생활 보호 차원에서도 훌륭하다. 보증금을 내면 수건도 무료로 대여해준다. 단, 체크인은 밤 10시에 마감되고 밤중에는 건물 보안을 위해 카드키 소지자만 출입할 수 있으니 류블랴나에 늦게 도착할 경우 반드시 참조하기 바란다.

Data 지도 ● 휴대지도
류블랴나-1, 107p-1
가는 법 프레셰렌 광장 옆
주소 Čopova ulica 38
전화 386 1 200 90 60
요금 도미토리 19유로~
홈페이지 www.hostel-tresor.si

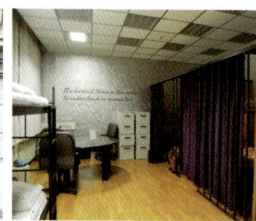

친구 집에 들어온 기분
플럭서스 호스텔 Fluxus Hostel

간판도 없는 옛 건물에 초인종을 눌러 들어간다. 엘리베이터가 없어 열심히 걸어 3층(한국식으로 4층)까지 올라간 뒤 또 초인종을 누른다. 내부에는 2층 침대가 멀찍이 떨어진 큰 침실 2개와 아담한 주방, 적당한 크기의 화장실이 전부. 남는 공간은 푹신한 소파, 빈티지한 화장대 등이 채우고 있다. 마치 적당히 어질러진 친구 집에 놀러와 잠을 자는 것 같은 플럭서스 호스텔이다. 체크인은 저녁 8시까지만 가능하고 이후에는 리셉션에 직원이 없으며, 건물 열쇠를 주고, 호스텔 출입 비밀번호를 알려준다.

Data 지도 ● 휴대지도
류블랴나-F, 106p-F
가는 법 프레셰렌 광장에서 도보 2분
주소 Tomšičeva ulica 4
전화 386 1 251 57 60
요금 도미토리 20유로~
홈페이지 www.fluxus-hostel.com

신나는 파티 호스텔
호스텔 24 Hostel 24

호스텔을 택하는 이유 중 여러 여행자와 어울리는 체험을 중요시하는 타입이 선호할 만한 곳. 로비의 휴게공간이나 지하 식당에서 자연스럽게 소소한 파티가 열린다. 이를 적극 장려하고자 매주 금요일에는 프론트에 이야기하면 맥주도 공짜로 준다. 저자가 방문했을 때에는 맥주가 떨어졌다며 슈납스(오스트리아의 증류주)를 공짜로 주었다. 직원도 매우 친절하고 유쾌하며 자유로운 분위기. 8인실이 도미토리는 2층 침대 하나씩 영역이 구분되어 있어 다인실의 불편은 없지만 개인 공간이 좁다는 단점이 있다. 가장 큰 단점은 좁은 계단. 만약 1층(한국식으로 2층)의 방에 묵으면 혼자서 짐을 들고 오르내리기 힘들 정도로 좁고 가파른 계단에 난감할 것이다. 물론 친절한 직원이 기꺼이 도와주겠지만 말이다. 체크인은 밤 11시까지 가능하고, 그 이후에는 뒷문으로 출입한다.

Data 지도 ● 휴대지도 류블랴나-G, 107p-G 가는 법 드래곤 다리에서 도보 5분 주소 Poljanska cesta 15 전화 386 40 780 036 요금 도미토리 23.5유로~ 홈페이지 www.hostel24.si

깨끗하게 관리되는 게스트하우스
룸스 신시어 1830 Rooms Sincere 1830

어둑한 골목에 허름한 건물의 외관에 놀라겠지만 내부는 깔끔하고 시설도 훌륭한 게스트하우스. 바로 옆 H2O 호스텔H2O Hostel에서 운영하는 곳이어서 세탁 등 기본적인 관리는 숙박업소와 동급으로 이루어지고 있다. 체크인 역시 H2O 호스텔의 리셉션에서 이루어진다. 게스트하우스에는 이렇다 할 간판이 없으니 곧장 H2O 호스텔 (주소 : Petkovškovo nabrežje 47)을 찾아가도록 하자.

Data 지도 ● 휴대지도 류블랴나-G, 107p-G 가는 법 드래곤 다리에서 도보 2분 주소 Petkovškovo nabrežje 41 전화 386 51 665 544 요금 더블룸 62유로~ 홈페이지 www.sincere1830.com

가격 하나로 설명 끝
심플 어코모데이션 보드마트 Simple Accommodation Vodmat

중앙역에서도 멀고 관광지에서는 더욱 멀다. 주택가 한복판에 있어 주변에 이렇다 할 편의시설도 보이지 않는다. 객실을 단정하게 꾸미려는 노력 자체도 보이지 않는다. 체크인 시간(15~22시)도 제한적이어서 시간을 맞춰 짐을 놓고 다시 나오기도 애매하다. 그럼에도 불구하고 이곳을 추천할 수 있는 이유는 오로지 가격. 쉽게 이야기해서 호스텔 가격으로 개인실에서 잘 수 있다. 공동 객실이 아무래도 신경 쓰이고 불편한데 숙박비는 절약하고 싶은 여행자에게 적합하다(욕실은 공용이다). 수련원을 연상케 하는 큰 건물에 다닥다닥 객실이 있어 성수기에도 방을 구하기 어렵지 않다.

Data 지도 ● 휴대지도 류블랴나-D, 107p-D **가는 법** 중앙역에서 도보 15분 또는 Bolnica 정류장에서 도보 7분 **주소** Sketova ulica 4 **전화** 386 1 520 01 90 **요금** 싱글룸 20유로~, 더블룸 30유로~ **홈페이지** www.facebook.com/Simple.budget.friendly.rooms

초보운전자에게 안성맞춤
BIT 센터 호텔 BIT Center Hotel

운전에 능숙하지 않다면 류블랴나 시내의 복잡한 도로가 겁나는 것이 인지상정. 그렇다면 고속도로 진입로가 가깝고 한산한 외곽에 위치해 있으며 무료 주차장도 널찍한 BIT 센터 호텔을 권할 수 있다. 블레드 등 근교를 여행할 때에는 여기 묵으며 자동차로 편하게 이동하면 초보운전자도 애로 사항을 줄일 수 있을 것이다. BIT 센터 호텔은 류블랴나의 공식 유스호스텔이기도 하다. 규모도 크고 깨끗하게 관리되며 조식도 무료로 제공한다. 도미토리뿐 아니라 깔끔한 개인실도 저렴하다.

Data **지도** 지도 밖 **가는 법** Emona 정류장에서 도보 7분 **주소** Litijska cesta 57 **전화** 386 1 548 00 55 **요금** 싱글룸 35유로~, 더블룸 40유로~, 도미토리 15.5유로~ **홈페이지** www.bit-center.net

구시가지 메인 스트리트
스타리 광장 Stari trg

시청사부터 쭉 이어지는 구시가지의 메인 스트리트. 이름은 광장이지만 실제로는 약 400m 거리의 긴 쇼핑가라고 보면 된다. 자동차가 들어올 수 없는 좁은 도로 양편에 레스토랑과 상점이 줄지어 있다. 그중에는 선불로 유심을 구입할 수 있는 이동통신 대리점, 드러그 스토어 데엠 등 생활밀착형 상점이 있고, 슬로베니아의 특산품인 소금이나 꿀, 유리 공예품 등을 판매하는 여러 상점도 있어 기념품 쇼핑하기에도 좋다. 대개 평일 저녁 8시 이후 또는 일요일에는 문을 닫지만, 문 닫은 뒤에도 쇼윈도를 구경하는 것이 즐거운 정감 넘치는 번화가의 매력이 펼쳐진다.

Data **지도** ● **휴대지도** 류블랴나-J, 106p-J **가는 법** 시청사와 성 야코바 교회 사이

실내와 실외의 콤비네이션
중앙시장 Glavna ljubljanska tržnica

낯선 곳에서 전통시장 구경하는 재미를 빼놓을 수 없다. 류블랴나에서는 중앙시장이 그 역할을 담당한다. 야외의 식료품 시장은 과일이나 채소 등을 판매하고, 강변을 따라 길게 연결된 시장 홀에서는 고기나 빵 등을 판매한다. 시장 구석구석 색다른 재미가 있다. 특히 시장 홀은 요제 플레치니크가 만들어 플레치니크의 아케이드 Plečnikove arkade라는 별명으로 불린다.

Data 지도 ● 휴대지도
류블랴나-2, 107p-2
가는 법 드래곤 다리에서 도보 2분 주소 Adamič-Lundrovo nabrežje 6
전화 386 1 42 594 37
영업 시간 월~금 06:00~18:00, 토·일 06:00~16:00(동절기에는 일요일 휴무)
홈페이지 www.lpt.si

프레셰렌 광장의 쇼핑몰
엠포리움 백화점 Galerija Emporium

프레셰렌 광장 주변은 큰 상업시설이 즐비하며 패스트 패션 의류 매장 등 우리에게도 낯익은 패션잡화 매장이 많으니 가볍게 둘러보며 쇼핑하기에 좋다. 1903년 문을 연 엠포리움 백화점은 그중에서도 가장 유명한 쇼핑몰이라 할 수 있다. 아르누보 양식의 아름다운 건축미를 자랑하는 큰 백화점에 수십 곳의 패션 브랜드가 입점 되어 있다.

Data 지도 ● 휴대지도
류블랴나-1, 107p-1
가는 법 프레셰렌 광장에 위치
주소 Prešernov trg 4b
전화 386 41 377 500
영업 시간 월~금 10:00~21:00, 토 10:00~20:00, 일 11:00~19:00
홈페이지 www.galerijaemporium.si

매주 일요일 앤티크 페스티벌
벼룩시장 Bolšji sejem

매주 일요일 트리플 다리와 코블러 다리 부근에서 벼룩시장이 열린다. 강변과 구시가지의 좁은 길 한 쪽에서 갖가지 물건을 들고 나와 판매하는데, 주로 골동품이 많이 보인다. 벼룩시장이 으레 그러하듯 정찰제가 아니므로 상인과 흥정하는 것도 재미. 날씨가 좋을 때에는 거리의 악사들이 나와 음악을 연주하며 분위기를 돋운다. 소소한 앤티크 페스티벌이다.

Data 지도 ● 휴대지도
류블랴나-1, 107p-1
가는 법 트리플 다리 부근
영업 시간 일 08:00~14:00

초대형 쇼핑 파라다이스
BTC 시티 BTC City Ljubljana

무려 450개의 매장이 모여 있는 초대형 쇼핑몰이 류블랴나 외곽에 있다. 창고형 매장을 연상케 하는 큰 홀이 10개 이상, 워낙 넓어 평일에는 쇼핑몰 내를 순회하는 셔틀버스가 다닐 정도다. 대형마트, 가전 매장, 패션 매장, 공구 매장, 아동 매장 등 생활에 필요한 모든 대형 매장이 여기에 모여 있고 실내 워터파크도 있으며 차량 관리와 세차도 가능해 류블랴나 시민의 사랑을 듬뿍 받고 있다. 여행자의 입장에서는 패스트 패션이나 스포츠 의류 등 대중적인 브랜드의 쇼핑이 편리하다. 렌터카로 여행 중이라면 찾아가기 쉽고(주차 공간도 넓고 주차비도 무료다), 대중교통으로 여행 중이라면 중앙역 앞에서 27번 버스를 이용(30분 소요)한다.

Data 지도 ● 휴대지도 류블랴나-D 지도 밖, 107p-D 지도 밖 **가는 법** BTC-Emporium 정류장 하차
주소 Šmartinska cesta 152 **전화** 386 1 585 22 22 **영업 시간** 월~토 09:00~20:00, 일 휴무 (일부 매장은 일요일에도 영업함) **홈페이지** www.btc-city.com

크란
Kranj

류블랴나 북쪽 20km 근교에 있는 위성 도시. 오스트리아의 지배를 받은 크라인Krain 지방의 슬로베니아어 명칭이 크란스카Kranjska, 그리고 여기의 중심도시가 바로 크란이었다. 이후 크라인 공국이 생기면서 수도를 류블랴나로 정해 오늘날까지 류블랴나가 슬로베니아의 수도로 이어지고 있으나 크란 역시 만만치 않은 역사적인 중심지로서 아름다운 구시가지를 자랑한다.

크란 찾아가기

어떻게 갈까?

비용은 기차가, 편의성은 버스가 우수하다.
- **버스** 류블랴나 ↔ 크란 : 편도 37분(5.1유로)
- **기차** 류블랴나 ↔ 크란 : EC/MV 편도 20분(4.38유로), LP/LPV 편도 34분(2.58유로)
- **렌터카** 류블랴나 ↔ 크란 : 편도 30분

어떻게 다닐까?

전 일정을 도보로 여행할 수 있다. 기차역과 버스터미널 모두 구시가지까지 도보로 10분 정도 소요되는데, 구시가지까지 이동하기에는 버스가 보다 편리하다. 또한 일부 버스는 슬로베니아 광장 앞 글로부스Globus 정류장에서 하차할 수 있다. 자동차 이용 시 가장 가까운 주차장(1시간 2유로)은 중앙 광장 인근에 있다. 주차장 옆 음식점 (주소 : Cesta 1. maja 1a)으로 내비게이션으로 찍고 이동하면 편리하다.

기차역

버스터미널

*** Plus Info ***

관광안내소

크란 관광안내소TIC Kranj는 중앙 광장의 옛 건물 크란스카 하우스Kranjska hiša에 위치하고 있다. 관광안내소에서 무료 와이파이 핫스폿도 제공한다.

Data 지도 145p-D **가는 법** 중앙 광장에 위치
주소 Tavčarjeva ulica 12
전화 386 4 238 04 50
영업 시간 월~토 08:00~19:00, 일 09:00~18:00
홈페이지 www.visitkranj.com

크란
♥ 당일 추천 코스 ♥

버스터미널에서 시작하고 끝내는 것을 기준으로 아래와 같은 코스가 무난하다. 만약 기차역에서 여행을 시작한다면 프레셰렌 광장을 지나 중앙 광장으로 이동한다. 그곳에서부터 주변의 스폿을 하나씩 관광하면 된다.

SEE

화사한 중심가
중앙 광장 Glavni trg 글라브니 트르그

구시가지의 중심가. 이름은 광장이지만 길게 뻗은 거리에 가깝다. 16~17세기경 지어진 옅은 톤의 건물들, 그 너머로 삐죽 솟은 교회의 첨탑, 쉼터 역할을 겸하는 분수 등 중세 시가지의 모범을 보여준다. 중세 시가지의 분위기가 매우 화사하게 느껴지면서도 일부 건물은 오랜 세월의 흔적을 감추지 못하는 등 수백 년의 시간이 광장에 그대로 박제된 모습이 강한 인상을 남긴다. 관광안내소가 있는 크란스카 하우스, 프레셰렌상(매년 슬로베니아의 가장 주목할 예술가와 과학자에게 수여하는 상) 수상작을 무료로 전시하는 갤러리가 있는 파브슐라르 하우스Pavšlar hiša 등이 광장에서 유명한 건물이다.

Data 지도 145p-D 가는 법 버스터미널에서 도보 10분 또는 슬로베니아 광장에서 도보 5분

파브슐라르 하우스

지금은 민속 박물관
시청사 Mestna hiša 메스트나 히샤

중앙 광장의 소박한 건물 중 특별히 기억할 곳은 크란 시청사다. 노란 건물과 하얀 건물 두 채가 붙어 특이한 외관을 갖추었다. 오늘날 내부에는 크란이 속했던 고렌스카Gorenjska(크란스카 지역 중에서도 알프스에 가까운 지방)의 민속자료를 전시하는 작은 박물관이 마련되어 있다. 또한 건물 로비 층에 마련된 작은 갤러리에서 크란 지역 화가의 작품을 소소하게 전시 중이다.

Data 지도 145p-F 가는 법 중앙 광장에 위치
주소 Glavni trg 4
전화 386 4 201 39 80
운영 시간 화~일 10:00~18:00, 월 휴관
요금 성인 2.5유로, 학생 1.7유로
홈페이지 www.gorenjski-muzej.si

크란의 땅굴 탐험
크란 지하터널 Rovi pod starim Kranjem 🔊 로비 포드 스타림 크라녬

정겨운 구시가지 아래 땅 속, 전혀 상상도 할 수 없는 지하터널이 있다. 제2차 세계대전 중 방공호 목적으로 만들었다고 한다. 1.3km 길이의 지하터널은 가이드투어로 관광할 수 있으며, 터널의 건설과정, 땅 밑에서의 피난 생활, 크란의 지하 광물에 대한 내용 등이 전시되어 있다. 실제 땅 위에 폭탄이 떨어질 때 지하터널에서 어떤 충격을 느끼는지 체험할 수 있는 공간도 있다. 가이드투어는 중앙광장의 관광안내소에서 신청하고, 가이드의 인솔 하에 터널로 이동한다.

Data 지도 145p-D 가는 법 관광안내소에서 투어 신청 전화 386 4 2380 450
운영 시간 화·금 17:00, 토·일 10:00 투어 시작, 월·수·목 휴관 요금 3유로 홈페이지 www.visitkranj.com

도심 속 녹색 쉼터
코크라강 계곡 Kanjon reke Kokre 🔊 카뇬 레케 코크레

높은 지대에 위치한 크란 구시가지 아래로 두 강이 흐른다. 그 중 코크라강Kokra은 좁지만 물살이 센 편인데다가 강변에 울창한 숲이 우거져 있어 도심 바로 옆에서 전혀 다른 분위기의 쉼터 역할을 한다. 중앙 광장의 시청사 옆에서 연결되는 다리 위에서 보이는 풍경도 시원하고, 계단을 따라 다리 밑으로 내려가면 깨끗한 계곡을 보다 가까이에서 바라볼 수 있다.

Data 지도 145p-F 가는 법 중앙 광장에서 도보 2분

민족시인의 숨결
프레셰렌 하우스 Prešernova hiša

🔊 프레셰르노바 히샤

류블랴나의 프레셰렌 광장의 바로 그 주인공, 슬로베니아의 민족시인 프란체 프레셰렌(109p)은 크란에서도 잠시 살았다. 프레셰렌이 살았던 중앙 광장 뒤편 골목의 낡은 건물은 그의 기념관으로 단장하여 공개 중이다. 프레셰렌의 생애와 작품, 원고 원본, 그리고 그가 살았던 시절의 모습으로 재현한 내부 공간 등을 만날 수 있다.

Data 지도 145p-D 가는 법 중앙 광장에서 도보 2분
주소 Prešernova ulica 7 전화 386 51 615 388
운영 시간 화~일 10:00~18:00, 월 휴관 요금 2.5유로
홈페이지 www.gorenjski-muzej.si

극장의 앞마당
프레셰렌 광장 Prešernov trg 🔊 프레셰르노브 트르그

크란은 프란체 프레셰렌과의 인연을 기념하며 그의 이름을 딴 프레셰렌 극장Prešernovo gledališče를 만들었다. 주로 연극 공연이 열리는 크란의 예술의 전당이며, 극장 옆에 프레셰렌의 동상을 크게 만들고 프레셰렌 광장이라 이름 붙였다. 극장 맞은편의 성 칸치얀 교회Cerkev sv. Kancijana는 중앙 광장에서 보이는 가장 높은 첨탑의 바로 그 장소이며, 종교행사가 없는 시간(주로 평일 오전부터 오후)에 내부 입장이 가능하다.

Data 지도 145p-F 가는 법 중앙 광장에서 연결

프레셰렌 동상

도시를 지키는 요새
키젤슈타인성 Grad Kieselstein 🔊 그라드 키젤슈타인

13세기에 지어진 도시의 방어 요새. 이후 16세기에 크란의 남작 얀지 키즐Janž Khisl이 매입하여 자신의 거성으로 사용하면서 이름을 고쳤다. 공식 명칭인 키젤슈타인성은 당시 이 지역을 다스린 오스트리아의 독일어 명칭이며, 얀지 키즐의 이름을 그대로 붙여 키즐슈타인Khislstein이라고 부르기도 한다. 황폐해진 성을 다시 재건한 것은 1952년. 류블랴나에 많은 건축물을 남긴 요제 플레치니크가 복원을 지휘했다. 수백 년 전의 방어 요새로서의 모습은 많이 사라졌지만 여전히 단단한 성채와 주변의 성벽을 확인할 수 있으며, 오늘날 내부는 시청사와 마찬가지로 고렌스카 지역의 민속박물관으로 사용된다.

Data 지도 145p-F 가는 법 중앙 광장에서 도보 2분 주소 Tomšičeva ulica 44
전화 386 59 096 631 운영 시간 화~일 10:00~18:00, 월 휴관 요금 성인 3유로, 학생 2.3유로
홈페이지 www.gorenjski-muzej.si

거장의 세심한 손길
플레치니크의 계단 Plečnikovo stopnišče 🔊 플레치니코보 스토프니시체

만약 기차역에서 구시가지까지 걸어온다면 높은 지대로 언덕을 올라와야 한다. 그러다 구시가지 초입에 다다르면 아담한 정교회 예배당이 모습을 드러낸다. 키젤슈타인성의 재건을 지휘한 요제 플레치니크는 기왕이면 시가지의 관문이 될 기념물이 있으면 좋겠다고 생각하여 작은 기념비 분수를 만들고, 그것을 꾸며주는 아치형 계단을 함께 조성하였다. 이곳을 플레치니크의 계단이라 부르는데, 번화가 안쪽의 조용한 골목에서 분위기 좋은 포토존이 되어준다.

Data 지도 145p-F 가는 법 프레셰렌 광장에서 도보 2분 주소 Cankarjeva ulica 14

성탑과 함께 휴식
푼게르트 Pungert 🔊 푼게르트

독일어로 '나무 정원'을 뜻하는 바움가르텐Baumgarten에서 유래한 푼게르트는, 그 이름 그대로 나무가 울창한 공원이다. 구시가지의 끝, 옛 방어성벽이 있던 자리에 싱그러운 쉼터가 조성되었고, 옛 성탑이 남아 있어 색다른 느낌을 준다. 여기서 코크라강 계곡을 내려다보는 전망도 매우 상쾌하다.

Data 지도 145p-F 가는 법 프레셰렌 광장에서 도보 2분 주소 Trubarjev trg 6 운영 시간 종일개방 요금 무료

계곡 전망대

동구권 분위기가 물씬
슬로베니아 광장 Slovenski trg 🔊 슬로벤스키 트르그

제2차 세계대전 후 도시를 새롭게 설계하는 과정에서 도시의 실질적인 중심가로 개발된 곳. 주변에 큰 시청사와 도서관 등이 둘러싸고 있으며, 동구권 국가에서 흔히 발견되는 이데올로기 성향이 강한 조각이 높은 곳에 자리를 잡았다. 원래 자유 광장 또는 혁명 광장 등으로 불리었으나 1991년 슬로베니아가 유고슬라비아로부터 독립한 뒤 슬로베니아 광장으로 이름을 고쳤고, 이후 자유와 해방을 표현하는 조형물이 추가되어 광장을 채우고 있다.

Data 지도 145p-B 가는 법 버스터미널에서 도보 5분

EAT

정감 있는 슬로베니아 요리
코트 Kot

마치 시골 여관 같은 고풍스럽고 정감 넘치는 레스토랑. 주로 슬로베니아 향토요리를 판매한다. 가격은 부담 없고 양도 푸짐해 크란에서 식사할 곳으로는 첫 손에 꼽을 수 있다. 대표 메뉴는 소스에 따라 여러 방식으로 변형되는 스테이크로, 소스와 사이드디쉬의 종류에 따라 가격의 편차가 크다. 10~12유로 정도면 충분히 배부른 식사가 가능하다. 날씨가 좋을 때에는 레스토랑 앞 광장의 야외 테이블에서 먹어도 분위기가 좋다.

Data 지도 145p-D
가는 법 중앙 광장에서 도보 2분
주소 Maistrov trg 4
전화 386 4 202 61 05
운영 시간 월~금 07:00~22:00, 토 07:00~18:00, 일 휴무
가격 스테이크 8~16유로
홈페이지 www.gostilnakot.si

스테이크

맥주 한 잔으로 마무리
마티아즈 Matjaz

중앙 광장 인근에 있는 펍. 간판이 작아서 그냥 지나치기 십상이지만, 간판보다 더 큰 하이네켄과 기네스 맥주 상표가 붙어있어 식별을 돕는다. 음식 없이 주류만 판매하며, 볼륨 큰 대중음악을 틀거나 스포츠 경기가 열릴 때에는 큰 TV로 틀어주는 등 딱 동네 펍과 같은 친근한 공간이다. 조그마한 메뉴판이 붙어 있는 바의 직원에게 직접 주문한다.

Data 지도 145p-D 가는 법 대성당 옆 주소 Tavčarjeva ulica 2-22
운영 시간 월~토 10:00~21:00(7·8월 ~23:00), 일 10:00~15:00 가격 맥주 2~3유로

SLEEP

사실상 유일한, 그러나 훌륭한 선택
호스텔 추크라르나 Hostel Cukrarna

크란은 숙박업소가 많지 않다. 그마저도 관광지가 밀집한 구시가지 안쪽에는 더더욱 드물다. 그런데 딱 한 곳, 호스텔 추크라르나가 있다. 중앙 광장에서 가까운 17세기에 지어진 낡은 건물의 내부를 현대식으로 깨끗하게 재단장하고 도미토리와 개인실을 넉넉히 갖추었다. 트윈룸과 더블룸 등 개인실은 방이 넓고 깨끗하여 공동욕실의 불편만 감수할 수 있다면 저렴한 가격에 호텔에서 묵는 것과 다름이 없으므로 숙박업소 구하기 어려운 크란에서 충분히 훌륭한 대안이다. 누워서 TV를 볼 수 있는 소파까지 구비된 라운지, 코크라강 계곡이 보이는 실외 테라스 등 편안하게 쉬어갈 수 있는 공용 공간이 잘 갖추어져 있는 것도 큰 장점이다. 빵과 주스 등으로 가볍게 차린 조식도 무료로 제공한다. 체크인 시간이 제한적(15:00~22:00)이고 엘리베이터가 없다는 것 정도만 고려하기 바란다.

Data 지도 145p-D
가는 법 중앙 광장에서 도보 2분
주소 Tavčarjeva ulica 9
전화 386 51 788 887
요금 개인실 30유로~, 도미토리 13유로~
홈페이지 www.cukrarna.si

BUY

섬 위의 대형 쇼핑몰
사브스키 오톡 Savski otok

크란 구시가지를 감싸 흐르는 두 강 중 하나인 사바강Sava의 섬 전체에 대형 쇼핑몰 사브스키 오톡이 있다. 직역하면 '사바강의 섬'이라는 뜻. 드러그 스토어 뮐러Müller, 아웃도어 인터스포르트 Intersport, 슈퍼마켓 메르카토어Mercator의 대형 매장이 독립되어 한 자리에 모여 있다. 특히 위 세 매장은 여행 중 필요한 물품이나 식재료를 구매할 수 있어 여행자도 편리하게 이용할 수 있다. 각각의 매장은 영업시간도 독립적으로 적용하지만 대개 오전 8시부터 저녁 8시까지 문을 열고, 슈퍼마켓은 일요일에도 영업한다. 섬의 주차장도 매우 넓고 주차비도 무료.

Data 지도 145p-C 가는 법 도보로 여행할 경우 중앙 광장과 슬로베니아 광장 사이 교차로에서 류블랴나스카 체스타Ljubljanska cesta 거리로, 다시 교차로에서 체스타 이바 슬라브차Cesta Iva Slavca 거리로 걸으면 사바강을 건너는 다리가 나온다. 다리를 건너는 도중 섬으로 내려가는 계단이 보인다. 주소 Stara cesta 25

사바강

이드리야
Idrija

우리에게는 생소하지만 무려 세계에서 두 번째로 큰 수은 광산이 있어 수세기 동안 번영하였고 유네스코 세계문화유산으로도 등록된 이드리야. 도시 규모는 작아도 오랫동안 고유의 문화를 발전시켰으며, 특히 미식과 레이스 공예에 있어서는 슬로베니아 전체에 큰 영향을 끼쳤다.

이드리야 찾아가기

어떻게 갈까?

이드리야까지 기차는 가지 않는다. 류블랴나에서 찾아갈 때 대중교통은 버스가 유일한 선택.
버스 류블랴나 ↔ 이드리야 : 편도 1시간 15분(6.3유로)
렌터카 류블랴나 ↔ 이드리야 : 편도 1시간 10분

어떻게 다닐까?

버스터미널은 수은 광산 박물관에서 도보 5분 거리에 있고, 공영주차장(무제한 무료, 주차권 불필요)은 박물관 바로 옆에 있다. 수은 광산에서 모든 관광지까지 도보 5~10분 거리에 있다.

공영주차장

일부 거리는 인도와 차도의 구분이 모호하다.

*** Plus Info ***

관광안내소

이드리야 관광안내소TIC Idrija는 메스트니 광장에 위치하고 있다. 이 책에 소개하지 않은 이드리야 근교의 생태공원이나 전쟁 병원 등 다른 관광지 정보를 얻으려면 관광안내소를 이용하도록 하자.

Data 지도 156p-A **가는 법** 메스트니 광장에 위치
주소 Mestni trg 2
전화 386 5 374 39 16
영업 시간: 4·10월 월~금 09:00~16:00, 토·일 10:00~15:00,
5·9월 월~금 09:00~18:00, 토·일 09:00~17:00, 7·8월 월~금 09:00~19:00, 토·일 10:00~18:00,
11~3월 월~금 09:00~16:00(12:00~13:00 휴무), 토 10:00~15:00, 일 휴무
홈페이지 www.visit-idrija.si

이드리야
📍 당일 추천 코스 📍

수은 광산을 보기 위해 이드리야에 간다고 해도 과언이 아니다. 일단 수은 광산 박물관 홈페이지에서 계절별, 요일별로 투어 시간을 확인한 뒤 그에 맞춰 시간을 정하자. 광산 박물관 투어에 약 1시간, 전체 3~4시간 정도 소요된다.

버스터미널 또는 공영주차장에서 여행 시작 → 도보 5분 → 수은 광산 박물관 투어하기 → 도보 5분 → 게베르케네그성에서 이드리야의 역사를 정복 → 도보 5분 → 메스트니 광장과 전쟁 박물관 둘러보기 → 도보 5분 → 버스터미널 또는 공영주차장으로 이동

💬 | TALK | 이드리야의 만두, 슬로베니아 대표 향토요리

이드리야에서 탄생한 '이드리야 쥴리크로피Idrijski žlikrofi', 줄여서 쥴리크로피라 부르는 음식은 슬로베니아를 대표하는 향토요리 중 하나다. 슬로베니아에서 연간 소비되는 쥴리크로피가 50톤에 달한다고 한다. 냉동식품으로 만들어 집에 비축해둘 정도로 슬로베니아인의 평범한 일상식이다. 감자가 들어간 반죽을 얇게 펴서 다진 고기, 양파, 허브 등을 넣고 조리한다. 쉽게 말해 이드리야 스타일의 만두와 같다. 이때 돼지 비곗살이나 베이컨을 넣으니 '기름진 맛'을 싫어하는 여행자라면 주의가 필요할 수 있다. 작은 만두를 한 접시 가득 담고 소스를 부어 완성한다.

이드리야
Idrija

- 게베르케네그성 — Grad Gewerkenegg
- 레이스 아트 2000 — Čipka Art 2000
- 프리 슈카파류 — Pri Škafarju
- 관광안내소
- 메스트니 광장 — Mestni trg
- 전쟁 박물관 — Vojni muzej Idrija
- 이드리야 수은 광산 박물관 — Rudarski muzej Antonijev Rov
- 주차장
- 슈퍼마켓
- 슈퍼마켓 — Carl Jakoba ulica
- 버스터미널

Študentovska ulica, Prelovčeva ulica, Kosovelova ulica, Rožna ulica, Lapajnetova ulica

0 200m

© Idrija Tourist Board / Jani Peternelj

메스트니 광장

거대한 추모관
메스트니 광장 Mestni trg ◀)) 메스트니 트르그

제2차 세계대전 당시 이드리야는 이탈리아와 독일군에 점령당했을 뿐만 아니라 오랫동안 레지스탕스의 집결지로 치열한 전투가 벌어졌던 곳이기도 하다. 그래서 이드리야에는 유독 전쟁 기념비가 많이 보인다. 시청이 있는 메스트니 광장 역시 마찬가지. 탁 트인 광장 곳곳에 추모와 위령의 손길이 가득하다. 광장 지하에도 전쟁에서 죽은 이들을 기리는 납골당이 있다.

Data 지도 156p-C 가는 법 버스터미널에서 도보 5분

밀리터리 마니아에게 추천
전쟁 박물관 Vojni muzej Idrija ◀)) 보이니 무제이 이드리야

제2차 세계대전 당시 격전지였던 이드리야에 어울리는 작은 전쟁 박물관이 있다. 20세기 군인의 군복과 무기, 장비 등을 전시하였으며, 특히 제2차 세계대전의 실제 참전 군인이 남긴 유품 등을 보관 중이다. 슬로베니아 독립 시기의 유고슬라비아 내전에 관한 자료도 있다. 전시품의 설명이 슬로베니아어 위주라는 점이 아쉽지만 밀리터리 마니아에게는 흥미로운 경험이 될 것이다.

Data 지도 156p-C 가는 법 메스트니 광장 옆 주소 Trg Sv. Ahacija 4 전화 386 41 407 651
운영 시간 화~일 10:00~12:00·13:00~17:00, 월 휴관 요금 성인 3유로, 학생 2유로
홈페이지 vojni-muzej-idrija.weebly.com

오리지널 광산 탐험
이드리야 수은 광산 박물관 Rudarski muzej Antonijev Rov

🔊 루다르스키 무제이 안토니예브 로브

원래 이름은 '안토니의 광산 박물관'이라는 뜻. 500년 이상의 역사를 가진 세계에서 두 번째로 큰 수은 광산의 이름이 '안토니의 광산'이기 때문이다. 이드리야 지하에 약 700km 길이의 갱도가 있으며 오늘날까지도 채광이 이루어지고, 유네스코 세계문화유산으로 등록되어 있다. 관광객은 이 '살아 있는 문화유산 박물관' 속으로 들어가 수백 년 전의 광부들이 어떤 도구를 가지고 어떤 방식으로 수은을 얻었는지, 또 그것이 인류의 역사에 어떻게 사용되었는지 등을 만나게 된다. 시청각 자료를 먼저 시청한 뒤 광산에서 지급하는 작업복과 헬멧을 착용하고 약 1시간 동안의 가이드투어로 지하 100m 깊이의 광산에 내려가 약 1.2km의 갱도를 걸으며 탐험한다. 만약 영어 가이드투어 시간에 맞추지 못하면 슬로베니아어 가이드투어에 참여한 뒤 영어 오디오 가이드 기기를 받을 수 있다.

Data **지도** 156p-D **가는 법** 버스터미널에서 도보 5분 **전화** 386 31 810 194
운영 시간 연중무휴이지만 시즌과 요일에 따라 투어 시각은 차이가 있으므로 홈페이지에서 확인
요금 광산 13유로, 공장견학 8유로, 통합권 18유로 **홈페이지** www.cudhg-idrija.si

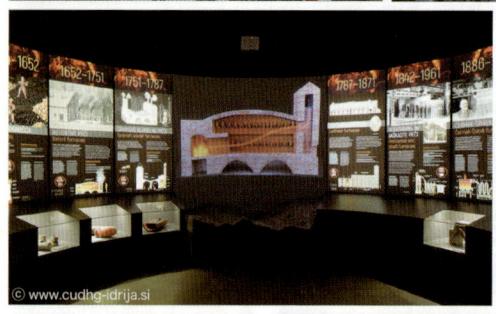

TIP 관람 전에 꼭 챙기세요!
보온용 점퍼와 편한 운동화가 필요해요
광산 내부는 연중 13도 정도로 쌀쌀하니 작업복 안에도 점퍼를 입는 게 좋다. 슬로베니아의 어린 학생들도 단체 관람을 많이 하는 곳인 만큼 광산 내부는 위험하지 않지만 바닥이 질척거리니 '더러워져도 괜찮은' 운동화 착용을 강력히 권장한다. 광산 바로 옆에 있는 공장의 견학도 가능하다.

이드리야의 A to Z
게베르케네그성 Grad Gewerkenegg 🔊 그라드 게베으케네그

언덕배기에 높고 웅장한 자태를 드리워 굉장히 강력한 권력을 가진 영주가 살았을 것 같은 느낌을 주는 게베르케네그성의 안주인은 봉건영주가 아니라 수은 광산의 관리자였다. 즉, 광산의 관리를 위해 지은 성. 거대한 성의 모습은 수은 광산의 막대한 부와 권력을 이야기해주는 셈이다.
이 성은 수은 광산과 같은 시기인 16세기에 건축되었고 이후 계속 확장되어 오늘날의 모습을 갖추었다. 성의 내부는 1954년부터 시립 박물관으로 사용되는데, 수은 광산의 역사, 이드리야의 특산품인 레이스 공예의 역사, 도시의 역사 등을 충실히 전시하여 이드리야를 전체적으로 이해하는 데에 큰 도움을 준다. 그야말로 이드리야의 모든 것이 게베르케네그성에 담겨 있다.

Data 지도 156p-C 가는 법 메세트니 광장에서 도보 5분 주소 Prelovčeva ulica 9 전화 386 5 372 66 00 운영 시간 09:00~18:00 요금 성인 7유로, 학생 5유로 홈페이지 www.muzej-idrija-cerkno.si

© www.slovenia.info / Tomo Jeseničnik

© Mestni Muzej Idrija

이드리야 만두를 먹으려면
프리 슈카파류 Pri Škafarju

이드리야 쥴리크로피를 본토에서 먹고자 할 때 가장 훌륭한 선택은 여관 겸 식당인 프리 슈카파류이다. 돼지고기, 양고기, 버섯 등 메인 재료에 따라 구분되는 5~6가지의 쥴리크로피를 판매한다. 점원과 영어로 의사소통이 어려울 수 있으나 메뉴판에 영어가 병기되어 있어 취향에 따라 쉽게 선택할 수 있다. 주말에는 화덕에 직접 구운 몇 가지 종류의 피자도 주문할 수 있다.

Data 지도 156p-C
가는 법 중앙 광장에서 도보 2분
주소 Ulica Sv. Barbare 9
전화 386 5 377 32 40
운영 시간 월 10:00~16:00, 화~목 10:00~21:00, 금 10:00~22:00, 토 11:00~22:00, 일 11:00~21:00
가격 쥴리크로피 10유로 안팎
홈페이지 www.skafar.si

섬세한 레이스의 세계
레이스 아트 2000 Čipka Art 2000

이드리야 특산품인 전통 레이스 공예품이 지적재산권을 인정받은 2000년을 기념하여 만든 레이스 아트 2000 갤러리가 메스트니 광장에 있다. 여기서 이드리야 레이스의 섬세한 표현력을 직접 눈으로 보고, 그 과거와 현재를 만날 수 있다. 물론 기념품으로 구매하는 것도 가능하다. 메스트니 광장 주변에 전통 레이스 공예 상점과 갤러리가 많이 있다.

Data 지도 156p-C
가는 법 메스트니 광장에 위치
주소 Mestni trg 14
전화 386 41 259 306
운영 시간 09:00~18:00
홈페이지 www.idrijskacipka.si

노보 메스토
Novo Mesto

크로아티아에 가까운 슬로베니아 남부의 도시. 강폭에 싸인 운치 있는 도시이며, 교통의 요지로 발달하였다. 원래 이름은 독일어에서 유래한 루돌프스베르트Rudolfswerth였으나, 제1차 세계대전이 끝난 뒤 발칸반도에서 유고슬라비아 왕국이 독립할 때 '새로운 도시'라는 뜻의 노보 메스토라는 이름을 얻었다.

ⓒ www.slovenia.info / Jošt Gantar

노보 메스토 찾아가기

어떻게 갈까?

비용은 엇비슷하지만 소요시간은 40% 단축되는 버스가 압도적으로 편리하다. 만약 기차를 이용할 경우 노보 메스토 센터Novo Mesto c.역에서 하차한다.

버스 류블랴나 ↔ **노보 메스토** : 편도 1시간 5분(7.2유로)
기차 류블랴나 ↔ **노보 메스토** : LP 편도 1시간 40분(6.59유로)
렌터카 류블랴나 ↔ **노보 메스토** : 편도 55분

어떻게 다닐까?

기차역은 구시가지 바로 바깥에, 버스터미널은 기차역에서 다리만 건넌 맞은편에 있다. 버스나 기차로 도착하여 전 일정 걸어서 여행할 수 있다. 렌터카로 방문하면 기차역 부근의 주차타워 (1시간 0.8유로, **주소** : Rozmanova ulica 32)를 이용하면 편리하다.

류블랴나에서 출발하는 노보 메스토행 버스

노보 메스토 센터역

✱✱✱ Plus Info ✱✱✱

관광안내소

노보 메스토 관광안내소TIC Novo Mesto는 중앙 광장의 시청사 옆 건물에 있다. 날씨 좋을 때 관광안내소에서 자전거를 빌려 강변을 질주해보면 어떨까? 관광안내소 내부는 기념품숍을 겸하여 가볍게 둘러보아도 좋다.
Data 지도 164p-B
가는 법 중앙 광장에 위치 **주소** Glavni trg 11 **전화** 386 7 39 39 263
영업 시간 4~10월 월~금 08:00~19:00, 토 09:00~15:00, 일 09:00~14:00, 11~3월 월~금 09:00~17:00, 토 09:00~14:00, 일 휴무
홈페이지 www.visitnovomesto.si

노보 메스토
📍 당일 추천 코스 📍

버스터미널 또는 기차역에서 여행을 시작하여 구시가지를 한 바퀴 도는 데에 약 3~4시간 소요된다. 기왕이면 조금 더 여유를 가지고 강변을 산책하다가 경치 좋은 레스토랑에서 식사를 해결하면 좋다.

버스터미널 또는
센터역에서 여행 시작

→ 도보 5분 →

전쟁 기념비 나 브라티를
지나 구시가지로 진입

→ 도보 5분 →

중앙 광장과
시청사 관광

↓ 도보 2분

버스터미널 또는
센터역으로 돌아오기

← 도보 7분 ←

다시 중앙 광장으로 나와
대성당으로 이동

← 도보 7분 ←

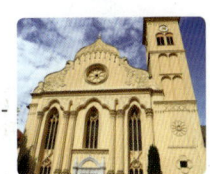

골목 안쪽에 있는
프란치슈칸 수도원 둘러보기

TIP 노보 메스토를 버스로 찾아오면 더 좋은 이유

시간 절약하면서 근사한 경치 즐기는 방법
버스터미널에서 노보 메스토 여행을 시작하면 슈미헬 다리를 건너 구시가지로 들어가는데, 여기서 보이는 풍경이 매우 근사하다. 기차역에서 여행을 시작하면 일부러 다리로 갔다가 다시 되돌아와야 한다. 따라서 노보 메스토의 멋진 풍경을 동선의 낭비 없이 즐기기 위해서도 기차보다 버스로 찾아가면 더욱 편리하다.

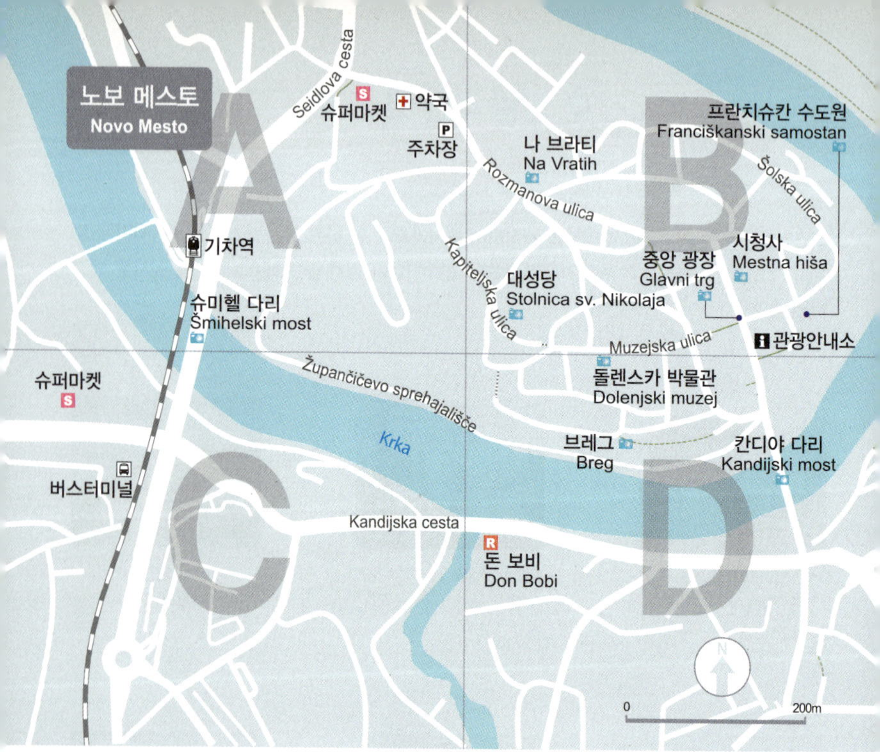

노보 메스토
Novo Mesto

- Seidlova cesta
- 슈퍼마켓
- 약국
- 주차장
- 나 브라티 / Na Vratih
- 프란치슈칸 수도원 / Franciškanski samostan
- Rozmanova ulica
- Šolska ulica
- 기차역
- 대성당 / Stolnica sv. Nikolaja
- 중앙 광장 / Glavni trg
- 시청사 / Mestna hiša
- 슈미헬 다리 / Šmihelski most
- Kapiteljska ulica
- Muzejska ulica
- 관광안내소
- 슈퍼마켓
- Župančičevo sprehajališče
- 돌렌스카 박물관 / Dolenjski muzej
- Krka
- 브레그 / Breg
- 칸디야 다리 / Kandijski most
- 버스터미널
- Kandijska cesta
- 돈 보비 / Don Bobi

0　200m

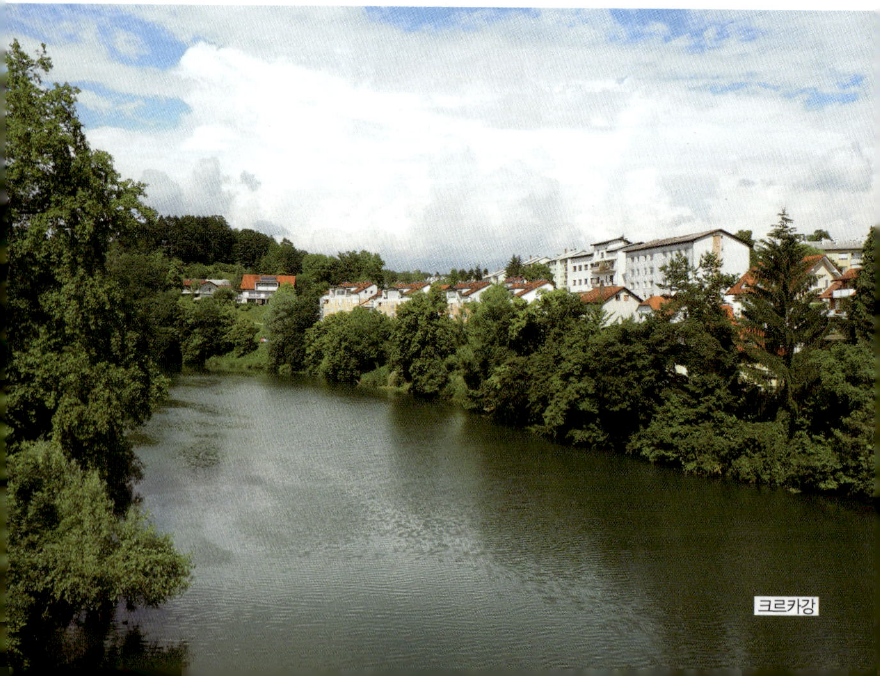

크르카강

SEE

낭만적인 뷰포인트
슈미헬 다리 Šmihelski most 🔊 슈미헬스키 모스트

노보 메스토를 감싸 흐르는 크르카강Krka을 건너는 다리. 버스터미널에서 시가지로 가려면 이 다리를 건너야 한다. 다리 자체는 큰 특색이 없지만 여기서 보이는 크르카강과 시가지의 전망이 낭만적이다. 시간이 잘 맞으면 다리 옆으로 기차가 지나가는 모습도 볼 수 있는데, 주변과의 조화가 은근히 산뜻하다.

Data 지도 164p-A **가는 법** 버스터미널 또는 기차역에서 도보 2분

> **TIP** 놓치기 아까운 칸디야 다리 전망
>
> 중앙 광장에서 이어지는 또 다른 다리, 칸디야 다리 Kandijski most에서 보이는 노보 메스토 풍경도 놓치지 아깝다.

슈미헬 다리에서 바라본 전망

슈미헬 다리 옆 철교를 지나는 기차

강변의 동화 거리
브레그 Breg 🔊 브레그

강변을 따라 놓인 성벽이 해체된 후 그 자리에 새로 건물을 지으며 거리가 생겨났다. 여기가 브레그. 각각을 떼어놓고 보면 크게 대단할 것 없는 건물들이다. 하지만 강변에 줄지어 있는 건물들의 모습은 마치 동화 속 한 장면을 보는 것처럼 아름답다. 날씨가 좋을 때에는 브레그의 반대편에서 크르카강과 함께 건물들을 바라보면 더욱 아름답다.

Data 지도 164p-D **가는 법** 슈미헬 다리와 칸디야 다리 사이

노보 메스토의 중심
시청사 Mestna hiša 🔊 메스트나 히샤

중앙 광장의 동쪽에 있는 궁전처럼 웅장한 건물은 노보 메스토의 시청사다. 네오르네상스 양식의 시청사는 1905년 재건된 모습으로 오늘날까지 이어진다. 중앙의 아치형 입구 위를 장식하는 문장紋章은 14세기에 도시를 만든 오스트리아의 대공 루돌프 4세Rudolf IV를 형상화 한 것이다. 노보 메스토의 첫 이름이 루돌프스베르트였던 이유가 바로 루돌프 4세에서 기인한다.

Data 지도 164p-B **가는 법** 중앙 광장에 위치

언덕의 큰 광장
중앙 광장 Glavni trg 🔊 글라브니 트르그

중세 노보 메스토에 터를 잡은 상인과 장인이 모여 살았던 곳. 울퉁불퉁한 돌바닥이 깔린 경사진 언덕지형에 길게 형성되어 중세의 건물들이 높고 낮은 곳에서 아름다운 풍경을 만드는 중앙 광장은 단연 노보 메스토의 중심으로 손색이 없다. 현지인은 '큰 광장'이라는 뜻의 벨리키 광장Veliki Trg이라고 부르기도 한다.

Data 지도 164p-B **가는 법** 기차역에서 도보 10분 또는 버스터미널에서 도보 15분

언덕 위 높은 곳에
대성당 Stolnica sv. Nikolaja 🔊 스톨니차 스베티 니콜라야

정식 명칭은 성 니콜라야 대성당. 노보 메스토에서도 가장 높은 지대에 있으며 높은 첨탑까지 세우고 있어 강변에서도 대성당의 첨탑만큼은 잘 보인다. 말하자면, 노보 메스토의 랜드마크인 셈. 15세기에 건축된 고딕 양식의 교회는 화려한 장식 없이 단조롭지만 중앙 제단을 장식하는 이탈리아 베네치아의 화가 틴토레토Tintoretto의 그림은 걸작으로 인정받는다.

Data 지도 164p-B 가는 법 중앙 광장에서 도보 5분 주소 Kapiteljska ulica 20 전화 386 7 484 44 13
운영 시간 하절기 07:00~19:00(토 09:00~), 동절기 07:00~18:00(토 09:00~) 요금 무료

청동기까지 포괄하는 지역 박물관
돌렌스카 박물관 Dolenjski muzej 🔊 돌렌스키 무제이

노보 메스토가 위치한 지역은 돌렌스카Dolenjska 지방이라 부른다. 공식 행정명칭은 아니지만 크르카강 유역의 역사적인 지명이다. 돌렌스카 박물관은 바로 이 지역의 고고학적 자료나 예술, 민속, 역사 등을 전시하는 곳이다. 특히 고고학적인 유물은 멀리 청동기 시대까지도 거슬러 올라갈 정도로 높은 역사성을 갖추고 있다.

Data 지도 164p-D 가는 법 대성당에서 도보 2분 주소 Muzejska ulica 7 전화 386 7 373 11 11
운영 시간 화~토 09:00~18:00(11~3월 ~16:00), 일 14:00~18:00(11~3월 ~17:00), 월 휴관
요금 성인 5유로, 학생 3유로 홈페이지 www.dolenjskimuzej.si

종교시설 그 이상

프란치슈칸 수도원 Frančiškanski samostan 프란치슈칸스키 사모스탄

겉에서 보기에는 아담한 교회 같지만 슬로베니아 역사를 통틀어 매우 중요한 의미를 갖는 곳이다. 15세기에 보스니아에서 찾아온 프란체스코회 수도사들이 터를 잡고 수도원을 지었으며, 17세기 온 도시를 덮친 대화재로 인해 크게 파괴되었다가 다시 복원되었다. 수도원이 복원되면서 도서관과 고등교육시설을 함께 만들었는데, 이는 슬로베니아 전국에서 가장 오래된 도서관과 학교로 기록되어 있다. 특히 교육시설은 당시 슬로베니아를 지배하였던 오스트리아의 마리아 테레지아 여왕의 명으로 만들어 오스트리아에 견줄 만큼 높은 수준을 자랑하기도 했다. 오늘날 베이지색의 화사한 교회만 남아있으며, 내부에서는 격조 높은 네오고딕 양식의 건축미를 느낄 수 있다. 입구 앞 동상의 주인공은 노보 메스토 출신의 프란체스코회 수도사이자 작곡가인 후골린 사트너Hugolin Sattner다.

Data 지도 164p-B 가는 법 중앙 광장에서 도보 2분 주소 Frančiškanski trg 1 전화 386 7 338 14 70 운영 시간 종교행사가 없는 평일 낮 시간 위주로 개방 요금 무료 홈페이지 www.nm-kloster.si

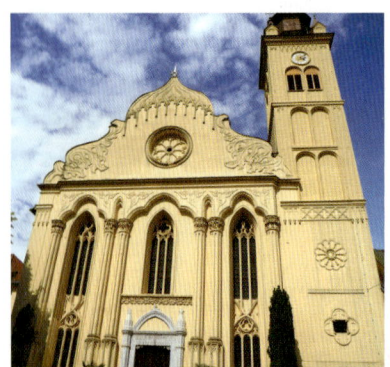

후골린 사트너

모든 영웅에게 바치는 헌시
나 브라티 Na Vratih 🔊 나 브라티

제2차 세계대전 이후 도시를 다시 복구할 때 만든 기념비. 모든 전쟁 희생자가 자유를 위해 싸운 영웅이었음을 이야기하며 그들을 기억하고자 만든 시설이다. 나 브라티를 직역하면 '문 앞'라는 뜻. 중세 성벽이 있던 시절 도시로 출입하는 성문 앞 교회가 있던 자리이기 때문에 이런 이름을 붙였다. 기념관 앞의 동상은 '억압'을, 맞은편 동상은 '자유'를 상징한다.

Data 지도 164p-B
가는 법 기차역에서 도보 5분 또는 버스터미널에서 도보 10분

자유를 상징하는 동상

🍽 EAT

강변에서 점심식사
돈 보비 Don Bobi

크르카 강변에 있는 아담한 레스토랑. 창가에 앉으면 강변의 전망이 좋다. 스테이크와 슈니첼 등 육류 요리를 선택의 폭이 넓은 와인과 함께 먹을 수 있다. 고급 레스토랑으로 가격대가 높은 편이지만 점심시간(12:00~15:00)에는 한 가지 메뉴를 합리적인 가격에 판매하는 런치 메뉴가 제공되며, 평일에 브런치(10:00~12:00)로 주문할 수 있는 파스타는 훨씬 더 저렴한 가격으로 먹을 수 있다.

Data 지도 164p-D
가는 법 버스터미널에서 도보 7분
주소 Kandijska cesta 14
전화 386 7 338 24 00
운영 시간 월~금 10:00~23:00, 토 12:00~22:00, 일 휴무
가격 런치 메뉴 13~15유로, 파스타 6유로
홈페이지 www.don-bobi.si

Slovenia By Area

02

율리안 알프스
Julian Alps

천혜의 대자연이 그대로 보존된 청정
슬로베니아의 핵심. 슬로베니아까지 줄기를
뻗친 알프스를 율리안 알프스라고 부르며
트리글라우 국립공원으로 보호된다.
높은 산과 맑은 호수, 상쾌한 계곡과
시원한 폭포가 경쟁하듯 아름다움을 뽐낸다.

율리안 알프스
한눈에 보기

큰 산과 넓은 호수가 펼쳐지는 알프스 지역이다. 산악 지형에 속하는 만큼 슬로베니아의 다른 지역들과 이곳은 문화적 차이를 보인다. 대자연이 숨쉬는 트리글라우 국립공원이 이 지역에 있다.

블레드 Bled

관광지는 딱 둘이다. 블레드섬과 블레드성. 하지만 그게 전부가 아니다. 블레드 호수와 그 주변의 풍경은 보는 각도와 하늘빛에 따라 완전히 다른 매력을 선사하여 하염없이 빠져들게 만든다. 숙박 옵션이 많으므로 예산에 맞춰 블레드 호수를 즐길 수 있다.

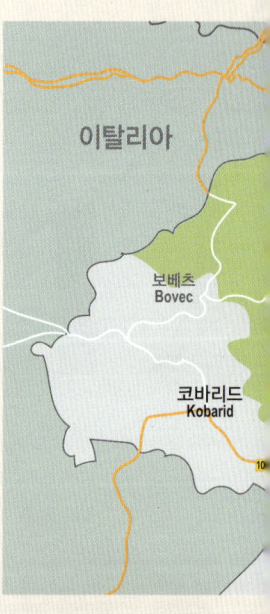

보힌 Bohinj

보힌 관광의 세 가지 키워드. 산 위, 산 속, 산 아래. 산 위에서 전망을 즐기고, 산 속에서 시원한 폭포를 마주하고, 산 아래에서 호수의 풍경에 푹 빠져들 수 있기 때문. 이 세 가지를 골고루 즐기고 보힌 여행을 완성해보자.

트리글라우 국립공원 Triglavski narodni park

슬로베니아 알프스의 최고봉 트리글라우산(2,864m)이 속한 국립공원이다. 트리글라우라는 산 이름의 유래에 대해서는 크란스카 지역에서 이 산을 바라보면 산봉우리가 3개로 보이는 착시현상이 생기기 때문이라는 설이 전해진다. 이 산의 모습이 슬로베니아 국기, 국장, 동전에 사용되고 있다.

톨민 계곡 Tolminska Korita

1시간 반 정도 부담 없이 걸으며 알프스를 만나는 트레킹 코스. 잘 닦인 트레일을 따라 시원하게 산책하고, 경쾌하게 흐르는 계곡물에 발도 담가보자. 필요한 준비물은 편안한 신발이 전부다.

코바리드 Kobarid

코바리드 여행은 뭐니 뭐니 해도 카포레토 전투로 대변되는 전쟁의 흔적을 순례하는 것이 하이라이트. 밀리터리 마니아 또는 소설가 헤밍웨이의 팬에게 특히 즐거운 경험이 될 것이다.

율리안 알프스
키워드

1 절경

블레드와 보힌에서는 맑고 깨끗한 호수를, 트리글라우 국립공원에서는 눈 덮인 알프스 산맥을, 톨민 계곡과 소차강 계곡에서는 에메랄드빛으로 흐르는 강을 볼 수 있다. 모두 대자연의 위엄이 느껴지는 절경이다.

보힌 호수

블레드 크림케이크

2 크림 케이크

블레드 특산품인 크림 케이크는 반드시 먹어보아야 한다.

3 호숫가 레스토랑

블레드 호수와 보힌 호수 주변에 레스토랑이 즐비하다. 호수의 풍경을 바라보며 먹고 마시는 순간은 영락없는 신선놀음이다. 때로는 너무 관광객을 상대하려는 듯한 '영리한' 장삿속도 보이지만, 그것 또한 여행의 재미라 생각하자.

블레드 카틀라디슬로베니에

4 기념품

블레드에는 관광객을 상대로 하는 기념품 가게가 많다. 특산품보다는 관광지 기분을 내는 갖가지 기념품을 구입하기 좋다.

5 뱃놀이

뱃사공이 손으로 노 저어 느릿느릿 나아가는 블레드 호수의 플레트나 보트는 슬로베니아에서도 손꼽히는 액티비티다. 보힌 호수에서도 호수의 양쪽을 가로지르는 보트가 운행된다. 눈으로만 보지 말고 배를 타고 직접 호수를 체험하며 재미를 느껴보자.

블레드 플레트나

6 드라이브

렌터카를 빌려 여행하면 트리글라우 국립공원을 가로지르는 고갯길 브르시치 패스를 직접 달릴 수 있다. 알프스 산길을 드라이브하며 시원한 경치를 즐기면서 곳곳에 숨겨진 비경을 감상해보자.

7 전쟁

소박한 구시가지에 있는 코바리드 박물관은 전쟁 박물관, 언덕 위의 성 안토나 교회는 전쟁 기념관이다. 코바리드 외곽에 있는 나폴레옹 다리 역시 전쟁과 무관치 않은 장소. 코바리드의 볼거리 키워드는 '전쟁'이다.

코바리드 성 안토나 교회

코바리드 치즈 박물관

8 유제품

코바리드에 슬로베니아의 유명 유제품 회사가 있다. 치즈 등 간단한 유제품을 검역 기준에 어긋나지 않는 선에서 기념품으로 구매할 만하다.

블레드
Bled

'슬로베니아의 진주'라 불리는 블레드. 알프스가 만든 호수 마을이다. 사방을 병풍처럼 두른 산과 호수, 그리고 절벽 위의 성 등 그림 같은 풍경을 만들 모든 조건을 갖추고 있다. 슬로베니아에서 단연 가장 유명한 관광지로 이곳 블레드를 꼽을 수 있다.

블레드 찾아가기

어떻게 갈까?

블레드에서 가까운 기차역은 레스체-블레드Lesce-Bled역. 블레드 호수에서 멀다. 블레드를 찾아갈 때에는 버스를 이용하도록 하자. 물론 렌터카도 매우 편리하다. 산골 지역이지만 고속도로에서 멀지 않아 스트레스 없이 운전하며 찾아갈 수 있다.

버스 류블랴나 ↔ 블레드 : 편도 1시간 19분(7.8유로)
렌터카 류블랴나 ↔ 블레드 : 편도 42분

> **TIP 어디에 주차하면 좋을까?**
> 호숫가 도로변에 주차장이 있으나 자리가 부족한 편이다. 일부 구역은 60분 무료주차가 가능하기도 하지만 안내가 충분하지 않아 초행길에 쉽게 식별하기는 어렵다. 만약 반나절 이상 주차할 계획이라면 사설 주차장 (주소 : Prešernova cesta 23, 종일 5유로)을 이용하는 게 가장 편리하고 경제적이다.

어떻게 다닐까?

블레드 호수를 완전히 둘러싼 둘레길이 있다. 총 길이 약 6km. 가장 좋은 것은 두어 시간 천천히 걸으며 호수를 한 바퀴 도는 것이다. 그 사이에 배 타고 블레드섬에 가는 선착장도 있고, 더 좋은 풍경이 펼쳐지는 언덕 위 전망대로 오르는 진입로도 있으며, 호수에 들어가 수영할 수 있는 구역도 표시되어 있다. 체력적으로 부담되면 자전거를 빌려도 좋지만 일부 구간은 자동차 도로로 달려야 한다. 둘레길은 전체적으로 경사가 평지에 가까워 남녀노소 누구나 자전거 이용에 부담이 덜하다. 버스터미널 부근에 자전거 렌탈숍이 여럿 있으며, 대개 1시간에 10유로 안팎으로 빌릴 수 있다. 단, 100~200유로의 보증금(반납 시 전액 환불)을 요구할 수 있다. 렌터카로 여행할 때는 호수의 반대편에 주차장이 충분치 않으니 일단 자동차는 세워놓고 부지런히 호수 주변을 걸으며 그 분위기에 빠져보는 것을 권장한다.

수영 가능 구역 표시

블레드
📍 당일 추천 코스 📍

블레드에서 속성으로 섬과 성만 여행하고 떠나는 사람도 있지만, 이 아름다운 여행지를 그렇게 전투적으로 '정복'하는 건 너무 아깝다. 블레드를 제대로 즐기려면 '호수 한 바퀴'를 꼭 기억하자.

버스터미널에서 여행 시작

→ 도보 5분 →

블레드 호수에 도착하여 선착장까지 산책하기

→ 도보 5~20분 (산책 코스별로 소요시간 다름) →

선착장에서 블레드섬 가는 보트 탑승

↓ 보트 10~20분

호수를 한 바퀴 돌며 블레드성 구경하기

← 도보 2시간 ←

다시 선착장으로 돌아와 호수 산책 시작

← 보트 10~20분 ←

블레드섬 구석구석 관광하기

↓ 도보 15분

처음 도착했던 호숫가로 돌아오며 여행 마무리

*** Plus Info ***

관광안내소

블레드 관광안내소TIC Bled는 호숫가의 메인 스트리트에 있다. 호수 한 바퀴 트레킹할 계획이라면 관광안내소에서 지도를 얻을 수 있다.

Data 지도 ● 휴대지도 블레드-D, 179p-D 가는 법 버스터미널에서 도보 10분 주소 Cesta svobode 10 전화 386 4 574 11 22 영업 시간 08:00~18:00(10월16일~4월14일 ~16:00) 홈페이지 www.bled.si

블레드 6가지 미션

아름다운 풍경을 눈으로 보고, 깨끗한 자연 속에서 쉼도 얻고, 그러면서 몸을 쓰고 재미도 느끼는 블레드의 6가지 미션! 이걸 다 완수하면 당신은 블레드를 확실히 '정복'한 것이다. 체크 박스에 펜으로 직접 표시해가며 미션을 달성해보자! 각 미션에 대한 설명과 여행정보는 다음 페이지부터 확인할 수 있다.

☐ **플레트나 보트 타기**

☐ **블레드섬 계단 오르기**

☐ **종 치며 소원 빌기**

☐ **성에서 호수 바라보기**

☐ **호수 한 바퀴 돌기**

☐ **크림케이크 먹기**

 **SEE**

한국인에게 친절한 박물관
블레드성 Blejski grad 🔊 블레이스키 그라드

훗날 신성로마제국의 황제가 되는 독일왕 하인리히 2세Heinrich II가 이탈리아 진출을 위해 남하하면서 블레드 지역을 주교 알부인Albuin에게 주었다. 주교는 1011년 블레드의 130m 높이 절벽 위에 성을 쌓았으니 이것이 슬로베니아에서 가장 오랜 역사를 가진 고성 블레드성의 출발이다. 이후 오랜 세월에 걸쳐 성이 증축되었으나 군주가 머물지는 않았던 군사 목적의 요새였기 때문에 화려함과 거리가 멀고 단단한 성채만 확인할 수 있다. 내부는 블레드와 주변 지역의 역사 및 식생을 확인할 수 있는 박물관으로 충실하게 꾸며져 있으며, 곳곳에 설치된 QR코드를 스마트폰으로 스캔하면 모든 장소의 자세한 설명을 한국어로 확인할 수 있어 더더욱 한국인 여행자에게 편리하다(성 전역에서 와이파이가 무료로 제공되어 QR코드 이용이 가능하다). 또한 호수 방향의 성벽 위는 블레드 호수를 바라보는 넓은 테라스나 마찬가지. 이 전망 때문에라도 블레드성은 올라가볼 가치가 있다.

Data **지도** ● **휴대지도** 블레드-C, 179p-C **가는 법** 블레드 호수에서 등산로를 따라 도보 20분 **주소** Grajska cesta **전화** 386 4 572 97 82 **운영 시간** 08:00~20:00(7·8월 ~21:00, 11~3월 ~18:00) **요금** 성인 11유로, 학생 7유로 **홈페이지** www.blejski-grad.si

테라스 전망

> **TIP** 걸어서 가거나 차를 타거나
>
> 성 앞까지 운행하는 버스가 있지만 시간표를 확인하기 어려우니 고려하지 않는 게 좋다. 이정표가 잘 보이는 등산로를 따라 약 20분 올라가면 된다. 자세한 방향은 지도(179p)를 참조. 렌터카로 여행하면 성 앞 주차장(2시간 3유로, 티켓 머신이 없으며 직원에게 바로 지불)을 이용할 수 있어 등산이 필요없다.

블레드성 방향 이정표

독재자도 사랑했던 그곳
블레드 호수 Blejsko jezero 🔊 블레이스코 예제로

알프스 빙하가 만든 면적 1.45km²의 청정 호수. 어찌나 풍광이 아름다운지 무려 27년 동안 유고슬라비아 대통령으로 집권한 티토Josip Broz Tito가 블레드 호수에 별장을 짓고 종종 휴식을 즐겼다고 한다. 당시 유고슬라비아와 우호 관계에 있던 공산주의 국가의 지도자가 블레드 호수에 여럿 다녀갔는데, 김일성도 그중 한 명이다. 독재자도 사랑할 만큼 아름다운 풍경은, 이제 모든 사람에게 개방되어 슬로베니아의 최고 인기 관광지가 되었다. 보는 각도에 따라 호수의 느낌이 달라지는 '마력'을 가진다. 조정 경기장이 설치되어 있어 가끔 호수에서 조정 경주하는 모습도 볼 수 있다.

Data 지도 ● 휴대지도 블레드-C, 179p-C **가는 법** 버스터미널에서 도보 5분

알프스의 눈동자
블레드섬 Blejski Otok 🔊 블레이스키 오톡

블레드의 또 하나의 별명이 '알프스의 눈동자'다. 둥근 호수에 점처럼 존재하는 블레드섬이 마치 눈동자처럼 보이기 때문이다. 블레드섬은 내륙국 슬로베니아에 존재하는 유일한 섬이기도 하다. 섬에 도착하면 99개의 계단이 맞이하는데, 블레드에서는 결혼식을 마치고 신부가 신랑을 업고 이 계단을 오르는 전통이 있다(신랑이 신부를 업는 게 아니다). 그래서 오늘날 수많은 신혼부부가 서로의 행복을 다짐하며 계단에 오른다. 소중한 사람과 함께 여행한다면 (업지는 못해도) 함께 계단을 오르며 사랑을 속삭여보자.

Data 지도 ● 휴대지도 블레드-E 지도 밖, 179p-E 지도 밖 **가는 법** 호숫가의 선착장에서 보트를 이용

소원을 이루어드립니다

성모 승천 교회 Cerkev Marijinega Vnebovzetja

🔊 체르케브 마리이네가 브네보브제티아

블레드섬에서 이 교회가 없었다면 지금의 풍경은 나오지 않았을 것이다. 숲 위로 삐죽 솟은 성모 승천 교회의 탑이 블레드섬과 호수의 풍경에 마지막 점을 찍는다. 성모 승천 교회에는 전설이 내려온다. 남편과 사별한 한 여인이 예배당에 종을 설치하려고 배를 타고 가다가 그만 종을 빠트리고 말았다. 낙담하고 섬을 떠나 수녀가 된 여인의 사연을 알게 된 교황이 종을 설치해주었고, 그래서 이 종을 치면 소원이 이루어진다고 한다. 교회 내의 굵은 동아줄을 당기면 종이 울린다. 소원을 빌고 종을 세 번 치면 끝. 그러다 보니 블레드섬에는 늘 종소리가 울려 퍼진다. 교회의 첨탑도 계단을 빙글빙글 돌아 올라갈 수 있다.

Data 지도 ● 휴대지도 블레드-E 지도 밖, 179p-E 지도 밖
가는 법 블레드섬 내에 위치 전화 386 4 572 93 80
운영 시간 09:00~19:00(4·10월 ~18:00, 11~3월 ~16:00)
요금 성인 6유로, 학생 4유로 홈페이지 www.zupnija-bled.si

등산에 자신 있다면 도전

오이스트리차 Ojstrica 🔊 오이스트리차

어디서 봐도 예쁜 블레드 호수이지만 독보적으로 아름다운 '뷰'를 보장하는 전망대가 있다. 바로 블레드의 뒷산인 오이스트리차. 블레드섬이 가까이, 블레드성이 멀리, 그렇게 한눈에 포개지는 전망은 그야말로 일품이다. 단, 30여 분 등산이 필요하다. 등산로가 잘 닦인 한국의 동네 뒷산을 생각하면 안 된다. 날 것 그대로의 산을 오르는 셈이므로 등산에 자신 있는 분들만 운동화 등의 기본 장비를 갖추고 도전하기 바란다. 별도의 조명이나 안전시설도 없다. 전망대로 오르는 이정표는 길목마다 존재한다.

Data 지도 ● 휴대지도 블레드-E 지도 밖, 179p-E 지도 밖 가는 법 블레드 호수에서 등산로를 따라 30분

블레드섬으로 가는 두 가지 방법

섬을 방문하기 위해서 뱃사공이 노를 젓는 배를 탈 것인가, 모터보트를 탈 것인가, 뱃사공의 배를 타고 운치를 즐기는 것과 빠르게 달리는 배를 타고 시간을 절약하는 것 중에 하나를 선택하도록 하자.

블레드 호수에서는 플레트나를!

호수를 눈으로만 보기는 아깝다. 블레드 호수의 명물 플레트나 Pletna 보트를 타보자. 목적지는 블레드섬. 플레트나는 뱃사공이 노 저어 느릿느릿 운행하는 평저선平底船(배의 밑바닥이 평평한 배)이다. 약 20명이 탈 수 있으며, 좌우의 균형을 맞춰야 전복되지 않으니 탑승 후에는 뱃사공의 지시를 잘 따라야 한다. 천막으로 된 지붕이 있어 비가 오거나 햇살이 강해도 탑승객은 불편하지 않다. 물론 악천후 중에는 안전을 위해 운행을 중단한다. 지정된 선착장에 뱃사공이 항시 대기하다가 손님이 어느 정도 모이면 출발한다. 블레드섬에 도착 후 약 30~40분의 시간을 준다. 그 사이에 성모승천교회 등 섬의 관광을 마치고 다시 내가 탔던 보트에 오른다. 왕복 요금(14유로)은 이때 뱃사공에게 현금으로 지불한다.

플레트나 타는 곳 찾아가기

플레트나 선착장은 크게 두 곳이다. 호텔 파크Hotel Park 앞 호숫가 선착장은 섬까지 거리가 멀어 배를 오래 타야 하는 대신 버스터미널에서 가까운 곳에 있다. 펜션 밀노Penzion Mlino 앞 선착장은 섬까지 거리가 가까운 대신 선착장까지 20~30분 더 걸어가야 한다. 어디서 탑승하든 요금은 동일하다. 플레트나는 느릿느릿 운행하니 배를 오래 타고 싶지 않으면 펜션 밀노 앞에서, 많이 걷고 싶지 않으면 호텔 파크 앞에서 탑승하자.

모터보트 타고 블레드섬 가기

호텔 파크 앞 선착장에서는 1시간에 1회꼴로 모터보트도 운행(왕복 11유로)한다. 플레트나가 선물하는 운치는 느낄 수 없지만 오래 걷지 않고 배도 오래 타지 않는 유일한 방법이다.

블레드 근교 숨은 명소
빈트가르 협곡 Soteska Vintgar 🔊 소테스카 빈트가르

블레드 서북쪽 4km 떨어진 포드홈Podhom 지역에 길이 1.6km의 협곡이 있다. 1890년까지도 사람이 접근하기 어려운 험준한 지역이었는데 지금은 트레킹 트레일이 설치되어 누구나 거센 물살 소리가 들리는 협곡을 쉽게 여행할 수 있다. 오랫동안 사람의 손길이 닿지 않았던 만큼 청정 자연의 매력이 그대로 살아있어 블레드 근교 여행지로 인기가 높다. 가장 대중적인 코스는 입구부터 슘 폭포 Slap Šum까지 약 1.5km 구간을 왕복하는 것. 넉넉하게 1시간이면 충분하다. 알프스 특유의 에메랄드빛 강물이 작은 폭포를 만들며 거세게 흘러가는 것을 구경하며 걷다 보면 16m 높이에서 떨어지는 슘 폭포의 거대한 스케일에 압도된다. 안전이 중요한 협곡인 만큼 비가 내리거나 유량이 많을 때에는 입장이 통제되며, 겨울철에도 폐쇄된다.

Data 지도 ● 휴대지도 블레드-A 지도 밖, 179p-A 지도 밖
가는 법 블레드에서 차량으로 10분
전화 +386 51 621 511
운영 시간 4·5월 08:00~18:00, 6월 07:00~19:00, 7·8월 07:00~19:00, 9월 08:00~18:00, 10·11월 09:00~16:00, 12~3월 휴무(기상 사정에 따라 폐쇄기간이 변동될 수 있다)
요금 10유로
홈페이지 www.vintgar.si

TIP 셔틀버스 타고 협곡 속으로

성수기 시즌에 한하여 블레드에서 빈트가르 협곡까지 버스가 다니는데, 사실상 기대하지 않는 편이 좋다. 렌터카로 여행할 때 가장 편리하고(협곡 입구 앞에 주차 무료), 대중교통 이용 시에는 블레드 버스터미널의 마무트Mamut 여행사 사무실에서 셔틀버스(5유로)를 신청할 수 있다.

주차장

EAT

호수를 바라보며 휴식
파크 카페 Park Café

바로 이웃한 호텔 파크의 레스토랑이다. 호텔보다 레스토랑이 더 유명해지면서 아예 분리하여 호수에서 더 가까운 곳에 큼직한 레스토랑을 만들었다. 날씨가 좋을 때에는 실외 좌석에서 블레드 호수를 바라보며 식사를 하거나 커피를 마시며 수다 떨기 딱 좋다. 다 먹고 일어서면 어느새 참새가 달려들어 찌꺼기를 처리해주는 모습도 보게 될 것이다. 특히 블레드의 특산품인 크림 케이크가 탄생한 '오리지널'이기도 하여 관광객에게는 필수 코스나 마찬가지이며, 케이크가 유명하여 파크 레스토랑이 아닌 파크 카페라는 이름으로 불린다.

Data 지도 ● 휴대지도 블레드-D, 179p-D 가는 법 버스터미널에서 도보 10분 주소 Cesta svobode 10 전화 386 4 579 18 18 운영 시간 08:00~22:00 가격 크림 케이크 4.7유로 홈페이지 www.sava-hotels-resorts.com

💬 |TALK | 블레드 크림 케이크

세르비아 보이보디나식 정육면체 케이크를 아시나요?

호텔 파크에서 1953년부터 판매를 시작한 블레드 크림 케이크 Blejska kremna rezina는 7X7X7cm 크기의 정육면체 모양으로 층층이 재료를 쌓아 완성한다. 당시 케이크를 고안한 제빵사 이슈트반 루카체비치Ištvan Lukačević는 세르비아 보이보디나 Vojvodina 출신이었다. 보이보디나에서 즐겨 먹는 방식을 토대로 개량하여 크림 케이크를 만들었는데, 이게 일약 인기를 끌면서 지  금은 슬로베니아 전체를 대표하는 먹거리 중 하나가 되었다. 어디를 가도 블레드 크림 케이크를 판매하지만 '오리지널'은 블레드의 파크 카페다. 지금까지 파크 카페(이전의 호텔 파크 레스토랑 포함)에서 판매된 크림 케이크가 1천만 개 이상이라고 하니 그 명성은 입증된 것이나 마찬가지라 하겠다.

피자 한 판으로 든든하게
루스티카 Rustika

30여 가지 종류의 피자를 판매하는 피자 전문점. 많은 종류의 피자를 해물, 채소, 햄, 스파이시 등으로 구분하여 메뉴판에 친절히 안내하기 때문에 어렵지 않게 선택할 수 있다. 주문 후 조리를 시작해 화덕에 구워 완성하므로 시간이 조금 소요되는 것은 감안해야 한다. 재료가 풍성히 들어가고 크기도 큼직해 피자 한 판으로 든든히 배를 채우고 호수 한 바퀴 돌 체력을 충전한다. 생맥주와 와인도 다양하게 구비하고 있다.

Data **지도** ● **휴대지도** 블레드-A, 179p-A **가는 법** 버스터미널에서 도보 5분 **주소** Riklijeva cesta 13 **전화** 386 4 576 89 00 **운영 시간** 12:00~23:00 **가격** 피자 8~10유로 **홈페이지** www.pizzeria-rustika.si

슬로베니아 전통요리가 먹고 싶다면
무르카 Murka

슬로베니아의 유명 관광지에 왔으니 슬로베니아 전통요리를 먹으며 분위기를 한껏 올려보아도 좋겠다. 그러려면 단연 무르카가 가장 좋은 선택. 1909년부터 여관 겸 레스토랑으로 문을 연 유서 깊은 곳이다. 슈트루클리와 크란스카 클로바사 등 전형적인 슬로베니아 향토요리와 체밥치치 등 발칸 요리, 시원한 생맥주 등을 판매한다.

Data **지도** ● **휴대지도** 블레드-A, 179p-A **가는 법** 버스터미널에서 도보 5분 **주소** Riklijeva cesta 9 **전화** 386 4 574 33 40 **운영 시간** 월~금 10:00~22:00, 토·일 12:00~22:00 **가격** 슈트루클리 8.5유로, 크란스카 클로바사 9유로 **홈페이지** www.gostilna-murka.com

블레드의 젊은 사랑방
아트 카페 Art Café

관광지 느낌이 전혀 느껴지지 않는, 그냥 동네 젊은이들이 모여 낮이고 밤이고 떠들고 한 잔 하며 시간을 보내는 것 같은 느낌의 아담한 카페. 다양한 커피 메뉴를 부담 없는 가격에 마실 수 있다. 밤에는 위스키, 브랜디 등을 파는 바로 변신한다.

Data **지도** ● **휴대지도** 블레드-B, 179p-B **가는 법** 버스터미널에서 도보 2분 **주소** Cesta svobode 7a **전화** 386 4 574 34 11 **운영 시간** 08:00~02:00(금·토 ~03:00) **가격** 커피 1.2유로~ **홈페이지** www.facebook.com/artcafebled

SLEEP

성 아래 교회 옆에
올드 패리쉬 하우스 Old Parish House - Stari farovž

성 마르티나 교회Župnijska cerkev sv. Martina에 딸린 옛 교구관(교구 목사의 주거지)을 숙소로 개조하여 2015년 새로 문을 연 호텔이다. 창문을 열면 호수와 교회가 보이는 전망이 일품이고, 블레드성 바로 아래에 있어 등산로가 가까워 성 관광에도 이점이 있다. 무료 주차공간이 넓다는 것도 장점이다.

Data **지도** ● **휴대지도** 블레드-A, 179p-A **가는 법** 버스터미널에서 도보 7분 **주소** Slovenski trg 3 **전화** 386 70 865 738 **요금** 싱글룸 45유로~, 더블룸 98유로~ **홈페이지** www.blejskiotok.si/hotel

성 마르티나 교회

호수 전망이 뛰어난 고급 호텔
호텔 파크 Hotel Park

블레드 크림 케이크가 탄생한 곳이기도 한 호텔 파크는 블레드에서 단연 첫 손에 꼽히는 고급 호텔이다. 오래전에 생겨 외관은 옛날 콘도를 보는 듯 투박하지만 내부는 현대식으로 정갈하게 재단장을 마쳐 고급 호텔의 분위기를 충분히 즐길 수 있다. 특히 객실마다 테라스가 있어 '레이크 뷰'로 예약하면 객실에서 블레드 호수의 전망을 만끽할 수 있고, 호텔 최상층의 수영장에서도 호수의 전망이 매우 근사하다. 호텔 내에 피트니스 센터, 사우나, 수영장 등 편의시설이 완비되어 있어 가족 여행에도 적합하다.

Data 지도 ● 휴대지도 블레드-D, 179p-D 가는 법 버스터미널에서 도보 7분 주소 Cesta svobode 15 전화 386 4 579 18 00 요금 더블룸 133유로~ 홈페이지 www.sava-hotels-resorts.com

저렴한 가격으로 승부하는
호텔 야드란 Hotel Jadran

블레드의 호텔 중에서는 가장 저렴한 편에 속하는 3성급 호텔이다. 건물이 꽤 낡았고 가구도 오랜 흔적이 보이는 등 아주 쾌적하고 편안하다고 하기는 어렵다. 그러나 호수 바로 옆에 있어 전망이 좋고, 주차가 무료이며 조식도 제공하는 등 '가성비'를 충족하는 여러 장점이 있다. 플레트나 선착장 부근이어서 여행하기에도 편리하다. 버스터미널에서 걸어서 가기에는 무리가 있으며, 렌터카 여행 중이라면 고려할 만하다. 고급 호텔인 호텔 파크와 같은 체인에서 운영한다.

Data 지도 ● 휴대지도 블레드-F, 179p-F 가는 법 호텔 파크에서 도보 7분 주소 Cesta svobode 23 전화 386 4 579 13 65 요금 더블룸 70유로~ 홈페이지 www.sava-hotels-resorts.com

할인까지 더해주는 호스텔
캐슬 호스텔 1004 Castle Hostel 1004

4인실부터 10인실까지 총 9개의 도미토리 공동객실로 운영되는 호스텔이다. 객실도 적당히 넓고, 휴게공간은 훨씬 넓다. 주방과 게임 도구 등 다른 여행자와 어울려 놀 수 있는 충분한 시설도 갖추어져 있어 매우 활기차고 시끄럽다. 단, 객실과 휴게실이 같은 층에 있어 시끄러운 소리가 방까지 들리는 것, 1층(한국식으로 2층)에 호스텔이 있는데 좁은 계단으로만 오르내릴 수 있다는 것이 단점이라면 단점이다.

서양에서는 보기 드물게 신발을 벗고 비치된 슬리퍼를 신고 내부로 들어가는 것은 획기적인 장점. 또한 투숙객에게 손목 밴드 형태의 슬립 위드 미sleep with me 패스를 주는데, 제휴된 레스토랑에 제시하면 주문 금액의 10%를 할인해준다. 이 책에 소개된 루스티카와 무르카도 제휴 레스토랑이다.

호스텔 바로 부근에 슈퍼마켓 메르카토어Mercator(주소 : Prešernova cesta 48)가 휴일 없이 영업하니 식재료를 구입해 호스텔에서 간단히 먹기에도 아주 편리하다. 무료 주차장이 있으나 3~4대 정도만 주차할 수 있다. 주차 공간이 꼭 필요하면 사전에 문의해 두어야 한다. 호스텔 리셉션은 건물 맞은편에 있으며, 여기서 캐슬 호스텔 1004 외에도 바로 이웃한 2개의 호스텔 리셉션을 겸하고 있다.

Data 지도 ● 휴대지도 블레드-A, 179p-A 가는 법 버스터미널에서 도보 5분 주소 Grajska cesta 22 전화 386 70 732 799 요금 도미토리 18유로~ 홈페이지 www.hostel1004.com

리셉션

슬립 위드 미 패스

대형 기념품 가게
자클라디 슬로베니에 Zakladi Slovenije

직역하면 '슬로베니아의 보물'이라는 뜻. 관광지에 하나씩 있을 법한 센스 있는 대형 기념품 가게다. 버섯, 오일, 꿀 등 슬로베니아의 특산품도 종류별로 모아 두었고, 엽서나 자석 등 보편적인 기념품, 인형 등 아이들이 좋아할 만한 선물까지 두루두루 판매한다. 물론 가격이 저렴하다는 보장은 없으나 한 장소에서 특산품과 기념품을 함께 구경하며 고를 수 있다는 것은 분명한 장점이다.

Data **지도** ● **휴대지도** 블레드-D, 179p-D **가는 법** 관광안내소 맞은편 **주소** Cesta svobode 15 **전화** 386 838 24180 **영업 시간** 09:00~20:00(비수기에는 변동될 수 있음) **홈페이지** www.facebook.com/treasures.of.slovenia

블레드섬에서 시간을 보낼 때
블레드섬 세일즈 갤러리 Prodajna galerija Blejski otok

블레드섬에 있는 프로보스트(수도원장 다음 가는 직책)의 건물은 오늘날 전시회장과 기념품 숍으로 사용된다. 이걸 합쳐 세일즈 갤러리라는 이름으로 부르는데, 블레드섬에서 자체 제작한 기념품도 있어 시내의 평범한 기념품 숍과는 차별화 된다. 블레드섬에서 보트 시간을 기다릴 때 젤라토(2유로)를 먹으며 시간을 보내도 좋지만, 기왕이면 세일즈 갤러리에서 독특한 기념품도 한 번 구경해 보아도 좋을 것이다.

Data **지도** ● **휴대지도** 블레드-E 지도 밖, 179p-E 지도 밖 **가는 법** 블레드섬 내에 위치 **영업 시간** 09:00~19:00(4·10월 ~18:00, 11~3월 ~16:00) *성모승천 교회와 동일

보힌
Bohinj

블레드와 함께 율리안 알프스의 쌍벽을 이루는 호수 마을 보힌. 블레드보다 더 깊은 산속에서 관광지보다는 레저·휴양지에 어울리는 조용하고 깨끗한 매력을 선보인다. 또한 슬로베니아 알프스 최고봉을 여행자가 눈으로 볼 수 있는 사실상 유일한 전망대이기도 하여 산과 호수의 매력 속에 골고루 빠져든다.

찾아가기
보힌

어떻게 갈까?

보힌 기차역은 호수와 거리가 멀다. 따라서 보힌 여행을 위해서는 버스와 렌터카 중 선택한다. 사비차 폭포까지 가려면 렌터카 이용이 필요하다.

버스 류블랴나 ↔ 보힌(호수) : 편도 1시간 57분(9.8유로)
렌터카 류블랴나 ↔ 보힌(호수) : 편도 1시간 7분

어떻게 다닐까?

이 책에 소개할 보힌 호수, 보겔산, 사비차 폭포 모두 떨어져 있어 각각의 지점마다 차량 이동이 필요하다. 각각의 지점마다 주차 공간은 충분하다.

버스 이용 시

류블랴나에서 버스로 이동할 때, 보힌 호수는 Bohinjsko Jezero 정류장에서, 보겔산은 두 정거장 더 지나 종점인 Vogel križišče 정류장에서 하차한다. 아쉽지만 류블랴나에서 사비차 폭포까지 가는 버스는 없다.

보겔산 정류장

렌터카 이용 시

보힌 호수는 관광안내소(주소 : Ribčev Laz 48) 바로 앞 주차장을 이용한다. 요금은 1시간에 1.5유로. 주차장에 설치된 티켓 머신에 동전을 넣고 티켓을 발권한다. 보겔산은 케이블카 승강장 바로 앞에, 사비차 폭포는 매표소 건너편에 무료 주차장이 있다.

관광안내소 앞

사비차 폭포 앞

보힌
♀ 당일 추천 코스 ♀

보힌은 한 지역 내에서 여행하는 게 아니라 각각 떨어진 스폿 세 곳을 취향에 따라 여행하므로 일정한 코스를 정리하기는 어렵다. 일단 보힌에 왔다면 보힌 호수는 꼭 구경하고, 개인의 취향과 일정에 따라 보겔산과 사비차 폭포의 추가 여부를 결정한다. 버스 이용 시 보힌 호수와 보겔산 사이 구간의 요금은 1.3유로. 시내버스가 아니라 류블랴나에서 출발한 고속버스를 타는 것이니 정류장에서 시간표를 잘 확인한 뒤 여행하자. 티켓은 기사에게 구매할 수 있다.

TIP 블레드와 보힌 하루에 돌아볼 수 있다!
호수 주변 중심으로 돌아보고 식사는 간단히 해야
류블랴나에서 보힌까지 이동하는 버스는 중간에 블레드를 지나친다. 다소 빡빡한 여행이기는 하지만 하루 동안 블레드와 보힌 호수를 모두 여행하는 것도 불가능하지는 않다. 이 경우 블레드와 보힌 모두 호수 주변 정도를 관광하면서 간단히 식사를 해결하는 것으로 계획을 세우면 적당하다. 블레드와 보힌 사이의 버스 요금은 편도 3.6유로.

〈류블랴나~블레드~보힌 버스 시간표〉

	류블랴나 Ljubljana	블레드 Bled	보힌 호수 Bohinjsko jezero	보겔산 Vogel križišče
첫차	06:00 (출발)	07:15	07:52	07:58 (도착)
막차	21:47 (도착)	20:30	19:47	19:41 (출발)
정거장 수	■―― 25정거장 ――■―― 17정거장 ――――■―― 2정거장 ――■			

*** Plus Info ***

관광안내소
보힌 관광안내소Turistično društvo Bohinj는 버스정류장 바로 옆 건물에 있다. 같은 건물에 슈퍼마켓 메르카토어도 있어 보힌에서 숙박할 때 간단한 식재료나 간식거리를 구입하기 편리하다.

Data 지도 195p-D 가는 법 버스정류장에서 도보 2분 주소 Ribčev Laz 48 전화 386 45 746 010 영업 시간 7·8월 월~토 08:00~20:00, 일 08:00~18:00, 5·6·9월 월~토 08:00~19:00, 일 09:00~15:00, 1~4·10월 월~토 08:00~18:00, 일 09:00~15:00, 11·12월 월~토 09:00~17:00, 일 09:00~15:00 홈페이지 www.tdbohinj.si

 SEE

슬로베니아에서 가장 큰 호수
보힌 호수 Bohinjsko jezero 보힌스코 예제로

호수의 면적 3.18km². 슬로베니아에서 가장 큰 보힌 호수는 율리안 알프스가 만들었다. 높은 산맥 사이로 길게 형성된 호수의 모습은 마치 피오르를 연상케 하며, 슬로베니아에서 휴양지로 큰 사랑을 받는다. 관광지의 분주함이 느껴지는 블레드와 달리 정말 조용하고 평온한 분위기가 가득하며, 간간히 플라이 낚시를 즐기는 강태공의 여유도 엿볼 수 있다. 호숫가의 조각은 트리글라우 국립공원에 전해지는 전설의 동물 '황금 뿔Zlatorog'을 형상화 한 것이다. 돌로 만든 다리와 성 야네자 교회 Cerkev sv. Janeza Krstnika가 포개지는 전망은 놓치지 말자.

Data **지도** 195p-B **가는 법** Bohinj Jezero 정류장 하차

황금 뿔

성 야네자 교회

TIP 보힌 호수를 완전히 가로질러 반대편까지 다녀오는 보트 투어도 있다. 요금은 왕복 10.5유로. 약 1시간 정도 소요된다. 시즌별로 스케줄이 변동되니 운항사 홈페이지(www.bohinj.si/en/experiences/panoramic-boat) 참고.

용감한 탐험가의 영웅담
네 영웅 기념비
Spomenik štirim srčnim možem

🔊 스포메니크 슈티림 스르치님 모젬

보힌 호수 주변은 전체가 공원처럼 깔끔하게 단장되어 있다. 그리고 곳곳에 기념비가 보이는데, 그중 가장 눈에 띄는 것은 단연 네 영웅 기념비다. 네 명의 사람이 서로 어깨를 맞대고 있는 모습을 하고 있다. 이들이 바로 1778년에 슬로베니아 알프스 최고봉인 트리글라우를 최초로 정복한 주인공이며, 모두 보힌에 살았다고 한다. 나름 보힌에 큰 의미가 있는 기념비인 셈이다.

Data 지도 195p-D 가는 법 버스정류장 옆

💬 | Talk | 황금 뿔의 전설
미녀와 사냥꾼, 그리고 보물

보힌 호숫가에서 상당한 존재감을 드러내는 알프스 산양(샤무아) '황금 뿔'은 오랜 전설의 주인공이다. '황금 뿔'은 문자 그대로 황금빛 뿔을 가진 산양으로 트리글라우산에 숨겨진 보물을 찾는 열쇠였다. 산에 사는 젊은 사냥꾼이 한 아름다운 여인에게 호감을 표시했으나 그녀는 베네치아에서 온 부유한 상인에게 마음을 빼앗겨 사냥꾼을 무시했다. 낙담한 사냥꾼은 마을을 떠났다가 다른 사냥꾼을 만나 '황금 뿔'을 잡고 트리글라우의 보물을 빼앗기로 하였다. 그들은 '황금 뿔'의 사냥에 거의 성공했으나 '황금 뿔'의 피가 묻은 마법의 꽃의 힘으로 '황금 뿔'은 되살아났고, 사냥꾼은 절벽 아래로 밀려 떨어졌다. 트리글라우에서 발원하여 흐르는 소차강이 사냥꾼의 시체를 그가 떠나온 곳으로 되돌려 놓았다.

990km의 시작

사비차 폭포 Slap Savica 🔊 슬랍 사비차

보힌 호수 서쪽 산기슭의 사비차 폭포는 사바강Sava의 시작점이다. '사비차'라는 이름이 '작은 사바'라는 뜻. 사비차 폭포에서 흘러나온 물은 보힌 호수를 이루고, 다시 사바강이 된다. 사바강은 슬로베니아를 가로질러 흘러 크로아티아, 보스니아 헤르체고비나를 거쳐 세르비아로 흘러 베오그라드에서 다뉴브강과 만난다.

무려 2,850km를 흐르는 다뉴브강의 지류인 사바강은 길이만 990km. 이 장대한 물줄기의 시작점인 사비차 폭포를 만나려면 매표소부터 약 20~30분의 등산이 필요하다. 등산로는 오직 한 방향이어서 길을 잃을 염려가 없다. 550개 이상의 계단으로 깨끗하게 정비되어 운동화만 갖춰 신으면 누구나 오를 수 있다. 하지만 다소 경사가 있는 편이어서 중간 중간 휴식이 필요하다. 그렇게 오르다가 느닷없이 눈앞에 등장하는 폭포수를 마주하면 모든 피로가 한 순간에 씻겨 내려간다.

여름 성수기에는 보힌 호수의 서쪽 우칸츠Ukanc 마을에서 매표소 앞까지 다니는 버스가 있지만 사실상 대중교통으로 찾아가기에는 무리가 있다.

Data 지도 195p-A 가는 법 사비차 산장(Planinski dom Savica) 앞 주차장에서 매표소까지 도보 2분, 매표소에서 폭포까지 도보 20~30분 주소 Ukanc 102(주차장) 전화 386 4 574 60 10
운영 시간 일출~일몰 요금 성인 3유로, 학생 2.5유로

사비차 산장

등산로

구름에 가린 트리글라우 봉우리

파노라마 카페 이정표

트리글라우를 보기 위하여
보겔산 케이블카 Žičnice Vogel Bohinj 지치니체 보겔 보힌

해발 1,922m의 보겔산은 보힌 호수의 남쪽 산맥의 이름이며, 율리안 알프스에 속한다. 슬로베니아 최대 규모의 스키 리조트가 여기에 있고, 케이블카를 타고 올라가면 누구나 보힌 주변의 전망을 즐길 수 있다. 물론 알프스의 이름난 전망대에 비하면, 솔직히 이야기하여 보겔산 스키 리조트에서 보이는 전망이 대단히 아름답다고 하기는 어렵다. 그럼에도 불구하고 보겔산이 갖는 가장 큰 장점, 바로 슬로베니아 알프스 최고봉 트리글라우가 육안으로 보이는 사실상 유일한 장소라는 점이다. 케이블카에서 내린 뒤 정거장 밖으로 나가 건물을 돌아가면 파노라마 카페Panorama Cafe로 올라가는 이정표가 보인다. 트리글라우가 보이는 전망대가 바로 파노라마 카페의 발코니. 카페는 성수기(한여름과 스키 시즌) 위주로만 영업하며, 영업 중에는 음료 한 잔이라도 시켜야 발코니에서 전망을 즐길 수 있다. 물론 영업을 하지 않을 때에는 얼마든지 자유롭게 출입이 가능하다. 여름에는 한 번 올라갔다가 내려오는 왕복권을, 겨울에는 스키를 타기 위해 하루 동안 무제한 탑승 가능한 1일권을 판매한다.

Data 지도 195p-A 가는 법 Vogel križišče 버스정류장에서 도보 7분 주소 Ukanc 6
전화 386 4 572 97 12 운영 시간 08:00~18:00(시즌에 따라 변동되므로 홈페이지에서 확인)
요금 하절기 성인 24유로, 학생 21유로, 동절기 성인 32유로, 학생 28유로 홈페이지 www.vogel.si

> **TIP** 체어리프트 타고 탁 트인 조망 즐기기
>
> 보겔산까지 올라온 김에 조금 더 높은 곳에서 탁 트인 전망을 보고 싶다면 오를로베 글라베Orlove Glave까지 체어리프트를 타고 올라가도 된다. 단, 트리글라우에서 더 멀어지기 때문에 트리글라우 봉우리를 보기 위한 목적으로는 부적절하다. 케이블카 왕복 티켓에 오를로베 글라베 왕복 체어리프트가 포함되어 있다.
>
>
> 오를로베 글라베 이정표

호숫가 호텔 레스토랑
브로토빈 Vrtovin

보힌 호숫가에 있는 호텔 예제로 Hotel Jezero의 레스토랑. 호수 가까운 쪽에 있어 테이블 위치에 따라 호수 전망도 바로 보인다. 고급스러운 분위기 속에서 슬로베니아 향토요리를 포함한 다양한 서양식 요리를 먹을 수 있다. 물론 가격은 평균보다 비싼 편. 그러나 좋은 분위기로 충분히 가격을 납득시킨다. 기왕 분위기 있게 먹으려면 송어구이 Grilled trout를 선택하자. 보힌 주변에서 잡은 싱싱한 송어로 만든다고 한다.

Data **지도** 195p-D
가는 법 버스정류장 옆 **주소** Ribčev Laz 51 **전화** 386 4 572 91 00
운영 시간 시즌에 따라 변동. 오전은 주로 호텔 투숙객의 조식 뷔페로 운영되고, 점심부터 저녁까지 식사 가능 **가격** 송어구이 13.8유로
홈페이지 www.hotel-jezero.si

송어구이

두툼한 수제 버거
폭스너 Foksner

식사 중 호수가 보이는 전망을 포기할 수 있다면 부담 없는 가격과 풍성한 재료로 입소문 난 폭스너의 수제 버거에 관심을 가질 만하다. 비프 버거, 치킨 버거, 베지 버거 등 종류는 기본에 충실하지만 두툼한 패티와 흘러넘치는 소스로 보힌의 인기 레스토랑이 되었다. 늦은 밤까지 문을 열어 밤에는 맥주 등으로 간단히 한 잔 하며 시간을 보내는 젊은이들이 가득하다.

Data **지도** 195p-F
가는 법 버스정류장에서 도보 5분
주소 Ribčev Laz 42
운영 시간 16:00~22:00
가격 햄버거 7유로 안팎
홈페이지 www.facebook.com/foksner

SLEEP

가장 저렴한 호숫가 유스호스텔
호스텔 포드 보글롬 Hostel pod Voglom

레저를 즐기는 휴양지 보힌에서 가장 저렴한 가격에 숙박할 수 있는 곳은 단연 호스텔 포드 보글롬이다. 청소년 단체 여행객에 최적화 된 일종의 유스호스텔에 가까운데, 나이에 상관없이 개별 여행자도 '산장' 같은 호스텔에서 자연을 벗하며 하룻밤 보내기에 무리 없다. 최대 4인실의 도미토리뿐 아니라 싱글룸과 더블룸도 있으니 저렴한 호텔 대용으로 생각해도 괜찮다.

리셉션과 식당이 있는 본관, 객실만 있는 별관으로 구성되며, 별관은 와이파이를 사용할 수 없는 것이 단점. 호스텔 바로 앞에 버스정류장이 있으며, 보힌 호수 앞 정류장과 보겔산 정류장의 중앙에 위치하고 있다. 숙소에서 보겔산 등 관광지까지 걸어서 가기에는 무리가 있어 대중교통 이용보다는 렌터카 이용 시 숙박을 권장한다. 주차는 무료. 체크인 시간이 제한적(14:00~18:00)이라는 점도 주의가 필요하다. 국제 유스호스텔 회원증 소지자는 10% 할인을 받을 수 있다.

Data **지도** 195p-B **가는 법** Pod Voglom 정류장 앞 **주소** Ribčev Laz 60 **전화** 386 40 864 202 **요금** 싱글룸 23유로~, 도미토리 16유로~ **홈페이지** www.pac.si

트리글라우 국립공원
Triglavski narodni park

슬로베니아에 단 하나뿐인 국립공원. 트리글라우 봉우리를 중심으로 한 거대한 율리안 알프스의 청정 자연 지역이다. 국립공원으로 보호되는 면적만 880㎢. 이는 서울보다 넓은 면적이며, 슬로베니아 영토의 4%에 해당된다. 지금도 개발을 최소화하며 깨끗한 대자연 본연의 모습을 지켜나가고 있다.

트리글라우 국립공원
찾아가기

어떻게 갈까?

류블랴나에서 블레드를 지나 고속도로와 국도를 계속 달려 크란스카 고라Kranjska Gora에 도착하면 야스나 호수가 나온다. 여기가 브르시치 패스의 관문. 이후 외길을 열심히 달리며 율리안 알프스의 풍경을 즐기다 맞은편 보베츠Bovec로 내려온다. 이후 코바리드(214p)나 톨민(210p)으로 이동하기 편하고, 여기서 다시 류블랴나로 돌아온다.

렌터카 : 류블랴나 ↔ 크란스카 고라 : 편도 1시간
보베츠 ↔ 류블랴나 : 편도 2시간

트리글라우 국립공원
📍 당일 추천 코스 📍

산악열차나 케이블카가 다니는 전망대가 아니다. 대중교통으로 편하게 연결되지 않는다. 현지인은 트리글라우산에 오르기 위해 몇 날 며칠 걷는다. 우리는 그렇게 할 수 없으니 아쉬운 대로 자동차를 타고 국립공원을 가로지르며 그 매력을 곁눈질하자. 브르시치 패스가 이 여행의 핵심이다.

크란스카 고라 지나
야스나 호수에서 출발

→ 자동차 5분 →

브르시치 패스 올라가며
드라이브 시작

→ 자동차 30~40분 →

브르시치 패스 정점 도착
페이건 걸 뷰포인트까지 걷기

↓ 도보 10분 ↓

페이건 걸 뷰포인트에서
풍경 감상하기

← 도보 10분 ←

다시 자동차를 타고
브르시치 패스 내려오기

← 자동차 30~40분 ←

산 반대편 소차강 계곡 지나
보베츠에서 마무리

 SEE

슬로베니아 알프스 최고봉

트리글라우 Triglav 트리글라우

해발 2,864m. 슬로베니아에서 가장 높은 곳이고, 독립 이전에도 유고슬라비아에서 가장 높은 곳이었다. 한국으로 비유하면 백두산과 같은 민족의 영산靈山인 셈. 현지 발음은 트리글라우. 국내에서는 영어식 발음인 '트리글라브'라고도 적는다. 그 이름은 슬라브어로 '세 개의 머리'라는 뜻. 크란스카 지역에서 트리글라우를 바라보면 마치 봉우리가 세 개인 것처럼 착시현상이 생기기 때문이라고 한다. 오늘날 트리글라우에 오르려면 두 다리로 걸어 올라가는 방법밖에 없다. 멀리서라도 트리글라우 봉우리의 온전한 형태를 보려면 보힌의 보겔산이 최선의 선택이다.

Data **가는 법** (전망대) 보겔산 케이블카(199p) 내용 참고 **홈페이지** www.tnp.si

© www.slovenia.info / Jošt Gantar

에메랄드빛 계곡

소차강 계곡 Dolina Soče 돌리나 소체

사비차 폭포(198p)에서 발원하는 사바강과 함께 트리글라우가 만든 슬로베니아의 젖줄 소차강Soča의 상류 계곡은 슬로베니아의 유명 레포츠 휴양지로 꼽힌다. 마치 한국의 내린천과 같은 존재. 현지인은 에메랄드빛을 머금고 흐르는 소차강 계곡에서 래프팅과 카약 등 수상스포츠를 즐기고, 주변의 아름다운 풍경을 바라보며 계곡물에 발을 담그고 휴식을 즐긴다. 소차강은 트리글라우의 남서쪽으로 흘러 이탈리아를 지나 아드리아해로 흘러 들어간다. 따라서 이손초강Isonzo이라는 이탈리아어 이름도 가지고 있다.

Data **가는 법** 브르시치 패스의 종점 부근 **홈페이지** www.soca-valley.com

알프스를 두 개로 만들기
야스나 호수 Jezero Jasna 🔊 예제로 야스나

브르시치 패스에 진입하기 전, 깊은 산 속으로 들어가기에 앞서 아담한 호수에서 시원하게 워밍업할 수 있다. 오로지 전망과 휴식을 위해 만든 인공호수인 야스나 호수가 바로 그 장소. 높이 솟은 산봉우리가 잘 보이는 지점에 사바강의 지류인 피슈니차강Pišnica의 깨끗한 물을 끌어와 호수를 만들었다. 웅장한 산맥이 호수에 반영을 만드는 전망은 블레드 호수나 보힌 호수와는 또 다른 매력을 가졌다. 대중교통이 다니지 않는 관계로 브르시치 패스를 여행하는 '드라이빙 여행자'에게만 허락된 아름다운 풍경이다. 호수가에는 '알프스 염소' 아이벡스의 조형물이 있다.

Data **가는 법** 크란스카 고라 마을에서 자동차로 5~10분 **주소**(주차장) Vršiška cesta 41, Kranjska Gora

아이벡스

구불구불 급커브 산길
브르시치 패스 Prelaz Vršič 🔊 프레라즈 브르시치

율리안 알프스를 완전히 종으로 가로지르는 산길. 제1차 세계대전 당시 독일-오스트리아 동맹군이 이탈리아로 진격하기 위해 급하게 닦은 군사도로였다. 급하게 만든 탓에 길은 좁고 구불구불하여 '헤어핀 커브' 구간이 50개에 달한다. 그러나 그 덕분에 헤어핀 구간은 전망이 탁 트여 트리글라우 국립공원을 바라보는 좋은 전망대가 되어주고, 오늘날에도 수많은 사람들이 자동차나 오토바이를 가지고 와서 급커브 산길을 달리며 전망을 즐긴다. 간혹 자전거를 타고 산을 넘는 사람들도 마주친다.

Data **가는 법** 야스나 호수에서 자동차로 5분

브르시치 패스 하이라이트

브르시치 패스의 헤어핀 커브 구간은 총 50곳. 일단 길에 들어서면 왕복 2차선 도로 외에 아무 것도 없다. 각각의 구간마다 번호표가 붙어있어 내 위치를 식별할 수 있다. 24번 커브를 지나면 도로의 가장 높은 곳이 나오고, 여기서부터 다시 내리막이 시작되어 50번 커브까지 이어진다. 그중 잠시라도 차를 멈추고 풍경을 즐기기 좋은 7곳, 그리고 운전 시 주의할 점을 소개한다.

커브 번호 표시

도로변 공간에 주차할 수 있다

운전 주의사항

먼저 브르시치 패스에서 운전할 때 주의할 점. 수시로 급커브가 나오며 좁은 왕복 2차선 도로인 만큼 운전자는 절대 전망에 한눈을 팔아서는

자전거의 행렬

헤어핀 급커브 구간

곤란하다. 전망이 괜찮은 곳은 도로변에 자동차를 세울 수 있는 공간이 있으니 주차 후 차에서 내려 전망을 즐기도록 하자. 자전거는 느릿느릿 올라가니 자동차가 앞질러 가야 하는데 급커브 구간에서 반대편 차로의 시야 확보를 주의할 것. 기본적으로 아스팔트로 깨끗하게 포장되어 있어 주행에 스트레스는 덜하지만 급커브 구간은 감속을 유도하기 위해 바닥이 벽돌로 되어 있다.

내비게이션

깊은 산속에서는 휴대폰이 잘 안 터진다. 만약 스마트폰으로 내비게이션을 활용할 경우 브르시치 패스에서 먹통이 될 수 있으니 사전에 지도를 다운로드하여 오프라인 상태로 이용해야 한다.

도로 폐쇄 확인

안전을 위해 눈이 쌓이거나 도로가 결빙되는 겨울에는 폐쇄된다. 또한 유지보수 공사가 진행되거나 가끔 열리는 레이싱 대회 개최로 인해 도로가 통제될 수 있다. 만약 브르시치 패스 드라이빙을 위해 자동차를 빌릴 계획이라면 반드시 사전에 렌터카 업체에 문의하기 바란다. 브르시치 패스를 포함한 슬로베니아의 모든 고속도로와 국도의 폐쇄 여부를 공지하는 교통정보센터 홈페이지(www.promet.si)도 참조할 수 있다.

8번 커브

마치 숲 속 쉼터처럼 앙증맞게 생긴 나무로 만든 러시아 예배당Ruska kapelica이 있다. 보기와 달리 슬픔이 서린 장소. 제1차 세계대전 중 전투를 위해 험준한 산 속에 브르시치 패스를 닦은 건 수천 명의 러시아 포로들이었다. 건설 과정에서 수많은 사망자가 발생한 것은 당연지사. 살아남은 포로들은 동료의 시신을 묻고 작은 예배당을 지었다. 피라미드 모양의 비석이 바로 옆에 있다. 8번 커브 직후 도로변에 널찍한 주차장에 차를 대고 길을 건너 계단을 올라간다.

16번 커브 직후

16번 커브와 17번 커브 사이 도로변에 약간의 주차공간이 있다. 여기서 보이는 알프스의 풍경이 아름답다.

17번 커브

17번 커브 구간에 누군가가 돌을 쌓아두었다. 마치 한국의 산 속에서 발견되는 돌탑처럼 정성스레 쌓은 돌을 구경하자. 타인의 정성을 망가트리지 않는 범위 내에서 정성스럽게 돌멩이 하나를 얹어도 재미있겠다. 바로 부근에 주차공간이 있다.

22번 커브 직후

17번 커브 구간을 돌자마자 전망 좋은 장소가 나온다. 도로변에 약간의 주차 공간이 있으니 차를 멈추고 잠시 풍경을 즐겨보자.

24번 커브 직후

24번 커브를 지나면 계속 산길을 오르다 가장 정점에 서게 된다. 이제부터는 내려갈 일만 남았다. 정점에 도착했으니 주변 넓은 공간 아무 데나 차를 세워두고 잠깐 걸어보자. 티차르 산장 Tičarjev dom 옆길을 따라 산길을 걷다보면 전쟁 당시의 폐허로 보이는 잔해가 보인다. 계속 길을 따라 가면 포슈타 산장 Poštarski dom이 나온다. 그리고 포슈타 산장이 나오기 전 계곡 맞은 편 절벽에 한 여인의 얼굴의 형상이 보인다. 트리글라우의 전설을 품고 있는 페이건 걸이다. 이것 때문에 왕복 30분 정도의 산행을 강력히 추천한다. 경사가 완만해 평지를 걷는 기분이다.

티차르 산장

포슈타 산장

페이건 걸

제1차 세계대전의 폐허

TALK | 페이건 걸

한 편의 영화 같은 '황금 뿔' 전설의 '프리퀄'

브르시치 패스의 유명 인사인 이교도 소녀, 즉 페이건 걸Ajdovska deklica에 얽힌 전설이 있다. 트리글라우산에 이교도 여자 거인이 살았다. 그녀는 산을 오가는 행인에게 길을 알려주고 위험에서 구해주며 궂은 날씨에 쉴 곳도 마련해주었다. 사람들은 그녀에게 감사하는 의미로 길 구석에 먹을 것과 마실 것을 놔두곤 했다. 또한 신생아의 운명을 점 쳤는데, 인근에서 한 사내아이가 태어나자 '황금 뿔(197p)'을 잡고 부자가 될 것이라 예언하였다. 하지만 이 예언을 들은 다른 이교도 거인이 격분하여 그녀를 절벽에 가두어버렸다는 스토리다. 예언을 받은 아이는 실제로 '황금 뿔'을 잡을 뻔한 사냥꾼으로 성장했다. 말하자면, 페이건 걸의 전설은 '황금 뿔' 전설의 '프리퀄'이다.

28번 커브 직후

내리막 구간에는 상대적으로 볼거리는 부족하다. 이제 운전에 집중하며 하산할 시간. 그런데 28번과 29번 커브 사이에서는 잠시 도로변에 차를 대고 계단을 올라 제1차 세계대전 당시의 유적을 살짝 구경할 수 있다.

49번 커브 직후

산을 다 내려와 49번 커브를 돌면 소차강이 바로 옆을 흐른다. 소차강을 건너는 작은 다리 부근에서 소차강 계곡의 전망이 매우 시원하다.

TIP 49번 급커브는 브르시치 패스의 유일한 교차로다. 쭉 한 방향으로 달리다가 여기서 처음 갈림길에 서게 되는데, 보베치 방면으로 좌회전한다.

50번 커브

대망의 마지막 커브. 오른쪽 방향으로 크게 회전하는데 왼쪽으로 들어가는 작은 샛길이 보인다. 샛길로 들어가면 트레킹 코스가 시작되며, 여기서부터 며칠 동안 걸어 올라가면 트리글라우 봉우리까지 길이 연결된다. 등산객이 아닌 이상 굳이 정차할 이유는 없으나 브르시치 패스와의 작별을 아쉬워하며 마지막으로 산 공기를 마시는 시간을 가져 보면 어떨까.

톨민 계곡
Tolminska Korita

트라글라우산 아래의 톨민Tolmin은 산에서 흘러나온 톨민카강Tolminka이 소차강으로 흘러들어가는 지역에 생긴 도시다. 제1차 세계대전의 격전지 중 하나로 전쟁 박물관과 옛 고성 등 볼거리가 골고루 있으나 무엇보다 톨민 계곡이 하이라이트. 이 책에서는 톨민 계곡 여행정보를 준비하였다.

톨민 계곡
찾아가기

어떻게 갈까?

톨민 계곡은 톨민 시내에서 멀리 떨어져 있다. 성수기에는 셔틀버스가 운행하지만 류블랴나에서 여행하기에는 편하지 않다. 렌터카로 여행할 때 방문을 고려해보자.

렌터카 류블랴나 ↔ **톨민 계곡** : 편도 2시간

어떻게 다닐까?

계곡 내의 트레킹 코스는 매우 편안한 산책로와 약간의 계단으로 구성되어 있다. 각 코스별로 이정표가 잘 되어 있어 간편한 도보 여행이 가능하다. 주차장은 매표소 앞에 있다. 단, 슬로베니아 내에서 워낙 유명한 관광지이다보니 성수기나 휴일에는 주차장이 부족할 수 있다. 최근 톨민 시내에 제2 주차장이 만들어졌고, 성수기에는 톨민 계곡까지 무료 셔틀버스도 운행한다.

매표소
주차장

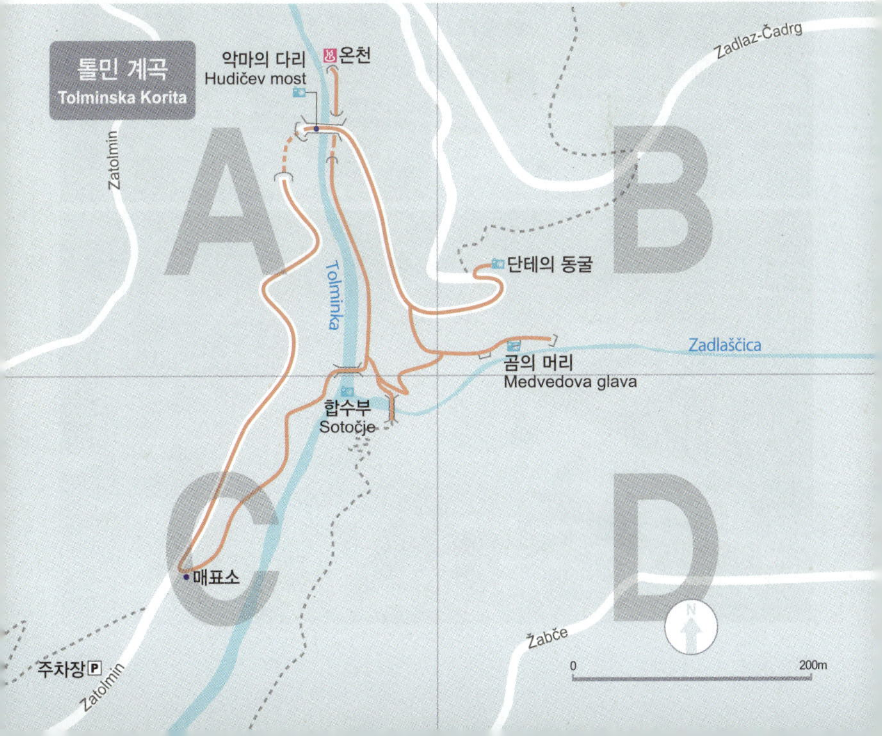

 **SEE**

사방이 온통 초록빛
톨민 계곡 Tolminska Korita 🔊 톨민스카 코리타

알프스 특유의 에메랄드빛 강물이 산을 타고 급류로 흐른다. 오랜 세월 급류에 다듬어졌을 동글동글한 바위에 초록색 이끼가 꼈다. 하늘이 보이지 않을 정도로 빽빽한 나뭇잎이 머리 위를 뒤덮는다. 톨민 계곡은 문자 그대로 사방이 초록빛이다. 보기만 해도 허파가 건강해질 것 같은 녹색 공간에서 가볍게 걸으며 자연의 에너지를 들이마신다. 모든 트레킹 코스는 걷기 편한 길과 계단으로 되어 있어 휠체어나 유모차만 아니면 누구나 전 구간을 편하게 여행할 수 있다. 그러다 힘들면 물가에 앉아 시리도록 찬물에 발을 담그고 쉬어도 된다.

입장 전 직원으로부터 트레킹 코스에 대한 설명을 듣고 지도를 받는다. 계곡에서 권장하는 트레킹 코스대로 충실히 걸으면 약 1시간 반 후에 다시 출발점으로 되돌아오고, 바쁜 여행자는 코스를 단축하여 1시간 이내의 짧은 트레킹도 가능하다. 일단 안으로 들어가면 어떠한 편의시설도 없는 청정 자연 그 자체. 따라서 물이나 간식 등은 미리 챙기는 게 좋다.

Data 지도 211p-C 가는 법 톨민 시내에서 자동차로 7분 주소 (주차장) Zatolmin 66a 전화 386 5 380 04 80
운영 시간 6~8월 08:30~20:00, 나머지 09:00~일몰, 11월 초~3월 말 폐쇄
요금 7·8월 8유로, 5·6·9월 7유로, 나머지 6유로, 학생은 1유로 할인

톨민 계곡 포토존 베스트 3

만약 바쁜 일정으로 톨민 계곡에서 1시간 미만 체류해야 할 경우 최소한 세 곳의 포토존만이라도 눈으로(또는 사진으로) 담아두도록 하자.

합수부 Sotočje

톨민 계곡에서 톨민카강과 자들라슈치차강 Zadlaščica이 만난다. 두 급류가 한 데 만나 흘러 내려가는 합수부는 작은 나무다리와 어우러져 매우 아름다운 풍경을 완성한다. 특히 이 합수부까지가 딱 트리글라우 국립공원의 경계에 해당된다. 여기를 기준으로 더 깊은 곳은 국립공원에 속하고, 계곡 입구 쪽은 국립공원에 속하지 않는다.

악마의 다리 Hudičev most

강 위 60m 지점에 놓인 다리. 20세기 초 건설된 작은 다리가 개량된 것으로, 슬로베니아에서는 깊은 협곡에 놓인 좁은 다리를 '악마의 다리'라고 부르는 것이 일반적이라고 한다. 다리 위에서 보이는 계곡의 전망도 물론 훌륭하고, 다리 아래에서는 온천(수온 20도 안팎, 톨민카강의 다른 부분은 평균 수온 10도 미만)이 샘솟는다.

곰의 머리 Medvedova glava

톨민 계곡에서 가장 유명한 스폿은 '곰의 머리'라 불리는 바위다. 계곡 사이에 큰 바위가 끼었는데, 역삼각형 모양에 이끼로 뒤덮인 그 모습이 마치 털이 많은 곰의 머리처럼 보인다고 하여 이렇게 재미있는 이름이 붙었다.

코바리드
Kobarid

어니스트 헤밍웨이의 소설 《무기여 잘 있거라 A Farewell to Arms》는 제1차 세계대전 당시 카포레토 전투를 배경으로 한다. 카포레토의 슬로베니아 이름이 바로 코바리드. 율리안 알프스 남쪽의 이 작은 도시는 두 차례의 세계대전을 거치는 동안 늘 치열하게 싸우며 많은 상처를 입었다.

코바리드
찾아가기

어떻게 갈까?

기차가 다니지 않으므로 버스로 찾아가야 한다. 그런데 류블랴나에서 저녁에 한 편만 버스가 운행하여 당일치기 여행은 몹시 어렵다. 코바리드 여행은 렌터카 이용이 가장 편리하다.

버스 류블랴나 ↔ 코바리드 : 편도 3시간 14분(11.4유로)
렌터카 류블랴나 ↔ 코바리드 : 편도 2시간

어떻게 다닐까?

코바리드 박물관과 시내는 도보로 여행할 수 있다. 시내에서 가장 큰 주차장은 관광안내소 부근(주소 : Stresova ulica 2)에 있다. 주차선이 하얀색인 공간은 무료, 파란색인 공간은 최대 120분만 무료다. 그 외에 거리 곳곳에 유료 주차장이 조금씩 있다. 시내의 광장과 박물관 등 주요 볼거리는 모두 주차장에서 걸어서 이동할 수 있는 거리에 있다. 성 안토나 교회와 나폴레옹 다리는 걸어서 가기에는 무리가 있으므로 자동차로 이동한다. 성 안토나 교회 앞에 넓은 무료 주차장이 있고, 나폴레옹 다리 인근에 유료 주차장이 있다.

공영주차장이 딸린 건물

✦✦✦ Plus Info ✦✦✦

관광안내소

코바리드 관광안내소 TIC Kobarid는 자유 광장 뒤편 건물에 있다.
Data 지도 217p-A 가는 법 자유 광장에서 도보 2분
주소 Trg svobode 16
전화 386 5 38 00 490
영업 시간 7·8월 09:00~20:00, 10월 월~금 09:00~16:00, 토·일 10:00~14:00, 11~4월 중순 월~금 09:00~16:00, 토 10:00~14:00, 일 휴무, 나머지 기간 09:00~18:00(6·9월 ~19:00), 7·8월을 제외하면 평일 12:00~13:00, 주말 13:00~15:00 휴무
홈페이지 www.dolina-soce.si

코바리드
📍 당일 추천 코스 📍

차량을 이용해 시내부터 나폴레옹 다리까지 여행하는 일반적인 코스는 아래와 같다. 버스로 찾아가려면 자유 광장의 버스정류장에서 여행을 시작한다. 성 안토나 교회와 나폴레옹 다리는 코바리드 박물관에서 각각 도보 10~20분 거리에 있으나 걷기에 좋은 길은 아니다.

관광안내소 부근
주차장에서 여행 시작

도보 2분 →

자유 광장에서 코바리드
분위기 느끼기

도보 2분 →

전쟁의 아픔이 깃든
코바리드 박물관 관람

자동차 2분 ↓

나폴레옹 다리에서
소차강 바라보기

← 자동차 5분

시가지 뒤편 언덕 위
성 안토나 교회로 이동

© www.slovenia.info / Jošt Gantar

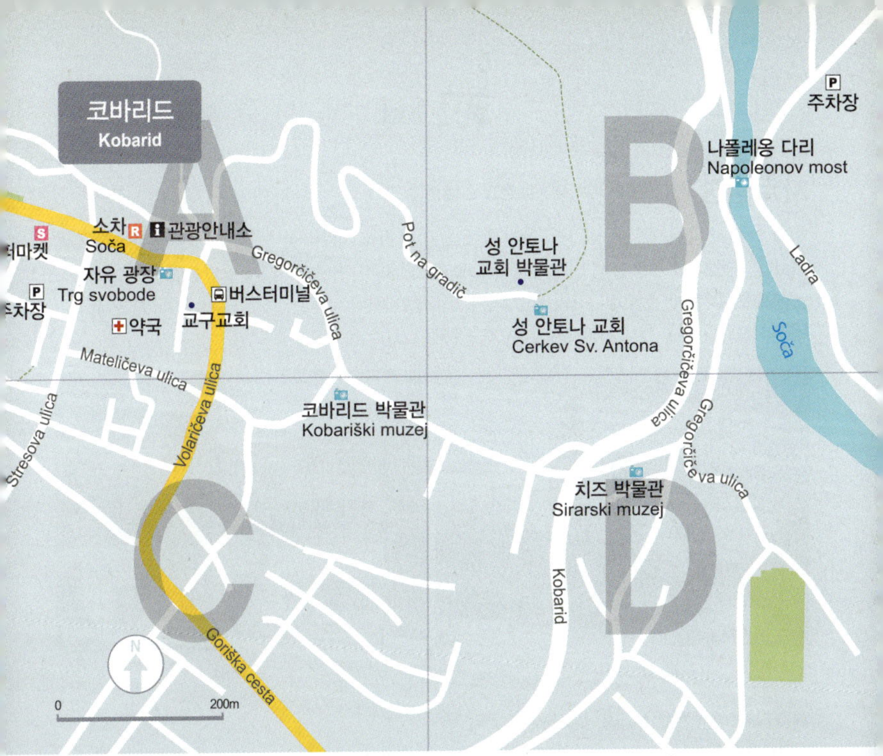

코바리드
Kobarid
A
B
C
D
소차
Soča
관광안내소
마켓
자유 광장
Trg svobode
주차장
버스터미널
교구교회
약국
Gregorčičeva ulica
Pot na gradič
성 안토나
교회 박물관
성 안토나 교회
Cerkev Sv. Antona
나폴레옹 다리
Napoleonov most
주차장
Ladra
Soča
Matelíčeva ulica
Stresova ulica
Volaričeva ulica
코바리드 박물관
Kobariški muzej
Gregorčičeva ulica
Gregorčičeva ulica
치즈 박물관
Sirarski muzej
Kobarid
Goriška cesta
N
0
200m

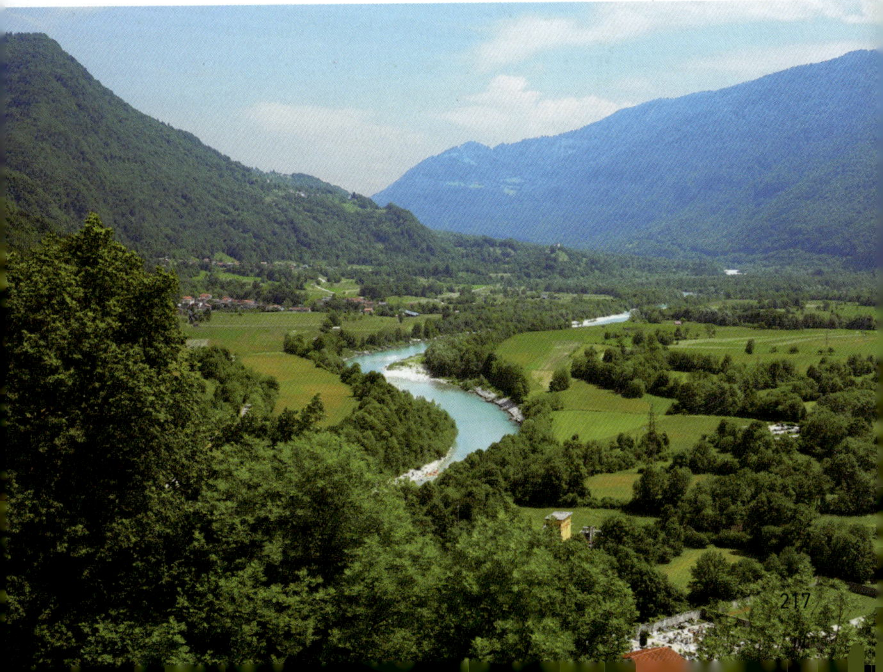

SEE

어느 읍내 중심가
자유 광장 Trg svobode 🔊 트르그 스보보데

시청Občina Kobarid이 있는 코바리드의 중심가. 마치 어느 시골의 읍내를 보는 것처럼 푸근하고 활기차다. 광장에서 가장 눈에 띄는 건축물은 교구교회Župnijska cerkev Device Marije Vnebovzete. 또한 교회 맞은편에 슬로베니아의 시인 시몬 그레고르치치Simon Gregorčič의 기념비도 보인다.

Data 지도 217p-A **가는 법** 시내 주차장에서 도보 2분

교구교회

시몬 그레고르치치 기념비

제1차 세계대전 전장 속으로
코바리드 박물관 Kobariški muzej 🔊 코바리슈키 무제이

코바리드에서 벌어졌던 카포레토 전투를 기리며 1990년 문을 연 전쟁 박물관이다. 제1차 세계대전과 관련된 장소로는 유럽 전체를 통틀어 명성이 높다. 카포레토 전투뿐 아니라 율리안 알프스 부근에서 벌어졌던 수많은 격렬한 전투에 관한 사진, 문헌, 모형 등을 전시하고 있고, 실제 군인이 사용한 무기나 군복 등도 확인할 수 있다. 박물관 주변 도로에 주차할 수 있으나 주차 공간이 많지 않으니 시내 주차장을 이용하고 걸어서 이동하는 것을 추천한다.

Data 지도 217p-C **가는 법** 자유 광장에서 도보 2분 **주소** Gregorčičeva ulica 10 **전화** 386 5 389 00 00 **운영 시간** 4~9월 09:00~18:00(7·8월 ~20:00), 10~3월 10:00~17:00 **요금** 성인 7유로, 학생 5유로 **홈페이지** www.kobariski-muzej.si

© www.slovenia.info / Boris Pretnar

| TALK |
제1차 세계대전의 최전선, 카포레토 전투

코바리드(카포레토) 인근에서 벌어진 제1차 세계대전의 가장 큰 분수령이 된 전투. 당초 이탈리아는 오스트리아-독일과 함께 삼국동맹의 일원이었음에도 불구하고 제1차 세계대전이 발발하자 연합군의 편에 서서 오스트리아의 적군이 되었다. 이에 오스트리아는 알프스를 넘어 이탈리아를 공격했는데, 알프스라는 지리적인 장애물 때문에 양측의 공방은 지리멸렬했다.

독일·오스트리아군과 이탈리아군 사이의 처절한 전투

당시 슬로베니아(크라인 공국)는 오스트리아-헝가리 이중제국의 일부였고, 이탈리아와의 경계인 슬로베니아의 소차강 부근이 전쟁의 최전방이었다. 그런데 독일군이 오스트리아군과 합세하면서 전세가 기울었고, 코바리드 전선에서 독일-오스트리아 연합군이 이탈리아군을 궤멸시키면서 이탈리아의 방어선이 완전히 뚫려버렸다. 이후 이탈리아군은 정신없이 퇴각하며 베네치아 부근까지 밀렸고, 이탈리아군이 어찌나 빨리 도망가는지 독일-오스트리아군이 쫓아가지 못하는 기이한 현상까지 발생했다. 결국 이 과정에서 이탈리아군 27만 명이 포로로 잡힌다. 후퇴하는 이탈리아군은 완전히 전열이 붕괴되어 소속 부대와 계급이 무의미한 대혼란을 겪었고, 반역자로 몰려 아군의 손에 처형당하는 군인도 적지 않았다고 한다.

보름 만에 병력 30만을 상실한 이탈리아는 영국·프랑스군과 연합하여 방어 전선을 구축하다가 차츰 힘이 떨어진 오스트리아에 역습을 가해 이번에는 오스트리아군 45만 명을 포로로 잡는 대승리를 거둔다. 이 패배로 인해 오스트리아는 저항할 힘을 완전히 상실하였고 곧 제1차 세계대전은 종료되었다.

헤밍웨이, 전쟁의 '카오스'를 이야기하다

〈무기여, 잘 있거라〉는 실제 카포레토 전투에 미국의 종군기자로 참전한 어니스트 헤밍웨이Ernest Miller Hemingway가 직접 목격한 극심한 '카오스'를 소재로 하는 소설이다. 작품 속 주인공 헨리 중위는 미국인 의무장교로 이탈리아군에 복무하며 오스트리아 전선에 배치되었다가 큰 부상을 입게 되고, 전 병력이 후퇴하는 과정에서 처형당할 위기를 벗어나 스위스(중립국으로 전쟁에서 자유로운 유일한 지역)로 탈출하는 대목이 나오는데, 이것이 바로 카포레토 전투의 실제 상황에 바탕을 두고 있다.

© www.slovenia.info / Jost Gantar

코바리드 인근에 남은 제1차 세계대전의 흔적

알프스 치즈의 역사
치즈 박물관 Sirarski muze 🔊 시라르스키 무제이

1957년 코바리드에 설립된 유제품 회사 플라니카Planika에서 만든 박물관이다. 알프스는 예부터 낙농업이 발달해 유제품(특히 치즈)의 수준이 높기로 유명하다. 율리안 알프스 역시 마찬가지. 역사적으로 율리안 알프스의 농민들이 어떻게 치즈를 만들고 보관했는지 다양한 시청각 자료를 통해 이야기해준다. 유제품을 살 수 있는 숍도 운영한다.

Data 지도 217p-D 가는 법 코바리드 박물관에서 도보 5분
주소 Gregorčičeva ulica 32 전화 386 5 384 10 18
운영 시간 5~9월 월~토 10:00~12:00, 16:00~18:00, 10~4월
월~토 10:00~12:00, 일 휴관 요금 성인 3유로, 학생 2유로
홈페이지 www.mlekarna-planika.si

7천 명의 안식처
성 안토나 교회 Cerkev sv. Antona 🔊 체르케브 스베티 안토나

코바리드 시가지 뒤편 언덕 위, 마치 피라미드처럼 쌓은 6층 높이 팔각형 제단 위에 작은 예배당이 있다. 흡사 신비로운 신전을 보는 듯한 성 안토나 교회의 정체는 전몰장병 위령비. 제1차 세계대전이 끝나고 코바리드는 이탈리아의 영토가 되었다. 1938년 이탈리아의 무솔리니 정권은 제1차 세계대전 중 사망한 7014명의 이탈리아 병사의 넋을 기리고자 성 안토나 교회를 세웠으며, 이내 이탈리아의 중요한 민족주의 성지가 되었다.

오늘날에는 전쟁의 참상을 증언하는 기념관으로 슬로베니아인에게도 많은 귀감이 되고 있으며, 언덕 위에 또 높이 쌓은 피라미드에 오르다 보면 소차강 방면의 탁 트인 전망이 매우 빼어나다. 예배당 옆에 작은 건물을 지어 박물관(입장료 3유로)으로 사용 중이다. 교회 앞 넓은 공터에 무료로 주차할 수 있다.

Data 지도 217p-B 가는 법 중앙 광장에서 자동차로 2분 또는 도보 15분
주소 Pot na gradič 5 운영 시간 기념관 부지는 종일개방 요금 무료

소차강 전망

박물관

나폴레옹이 건넜던 다리
나폴레옹 다리 Napoleonov most 나폴레오노브 모스트

코바리드 옆을 흐르는 소차강에 놓인 다리. 오늘날과 같은 석교 형태의 다리는 1750년에 건설되었으며, 1797년 나폴레옹이 알프스를 넘어 오스트리아로 원정을 떠날 때 프랑스 군대가 이 다리를 지나갔다고 하여 나폴레옹 다리라 불린다. 제2차 세계대전 당시 이탈리아의 지배를 받던 코바리드의 슬로베니아인이 이 다리에서 방어선을 치고 이탈리아와 싸웠다. 이래저래 큰 전쟁과 인연이 많은 셈. 다리 아래로 흐르는 소차강 계곡의 풍경이 매우 아름답다. 다리 주변에는 차를 세울 곳이 없으니 약 150m 떨어진 유료 주차장(1시간 1유로)을 이용하자.

Data 지도 217p-B 가는 법 코바리드 박물관에서 자동차로 2분 주소 (주차장) Ladra 1

주차장

골라 먹는 이탈리아 요리
소차 Soča

자유 광장 부근에 있는 이탈리아 레스토랑. 총 20종 이상의 피자와 파스타를 판매한다. 시골 마을이어서인지 영어가 잘 안 통하지만, 메뉴판에 영어로 재료가 병기되어 있어 어렵지 않게 주문이 가능하다. 토마토, 버섯, 양파 등 몇 가지 재료는 토핑도 추가할 수 있어 양과 맛을 내 마음대로 조율할 수 있는 게 장점이다.

Data 지도 217p-A
가는 법 자유 광장 옆
주소 Markova ulica 10
전화 386 5 389 00 50
운영 시간 06:00~23:00(금·토 ~24:00)
가격 피자 5.5~7.5유로, 토핑 추가 1유로, 파스타 5.8~7.2유로
홈페이지 www.socakobarid.com

© www.slovenia.info / Nejc Pernek

Slovenia By Area

03

아드리아 & 카르스트
Adria & Karst

슬로베니아에서 드물게 바다를
만날 수 있는 지역, 그리고 슬로베니아의
'시그니처'인 카르스트 지형이 넓게 펼쳐지는
곳이 서로 맞닿아 있다. 이 지역에서는
지중해의 일부인 아드리아해의
푸른 매력에 빠지고, 땅 속에서
오색찬란하게 펼쳐지는 신비로운
매력에 또 한 번 빠진다.

아드리아 & 카르스트
한눈에 보기

이스트라 반도에 속해 있으며 아드리아해를 마주하고 있는 지역이다. 코페르, 이졸라, 피란 등 항구도시가 이 반도에 발달해 있다. 카르스트는 율리안 알프스의 남쪽, 국토의 중앙 지역과 해안이 있는 이스트라 반도의 사이에 위치해 있다. 석회 지대가 발달한 이 지역에는 큰 동굴이 발달해 있다.

포스토이나 동굴 Postojnska jama

카르스트 지형의 전형적인 모습이 황홀하게 펼쳐지는 곳. 왜 '동굴의 여왕'이라 찬사를 받는지 직접 보면 금세 수긍된다. 유모차와 휠체어도 접근할 수 있어 남녀노소 온 가족이 함께 관람할 수 있다는 장점도 있다.

슈코챤 동굴 Škocjanske jame

기원전부터 슈코챤 지역의 땅 밑으로 강이 흐르는 것이 목격되었다고 한다. 슈코챤은 선사시대부터 인류가 살았던 흔적이 남아있는 곳. 외딴 슈코챤까지 찾아가 동굴을 탐험해야 할 이유는 충분하다.

코페르 Koper

슬로베니아에서 보기 힘든 바다가 있는 이스트라 지방의 중심지. 해수욕을 즐길 해변은 없지만 탁 트인 바다를 산책하며 일몰을 감상하고 해산물을 먹으며 분위기 있는 밤을 보낼 수 있다.

이졸라 Izola

슬로베니아에서 바닷가에 자리 잡은 도시가 몇 없는데, 그 중에서도 모래사장에서 일광욕과 해수욕을 즐길 수 있는 도시는 더더욱 없다. 이졸라는 그 희소성 있는 곳. 바닥이 들여다보이는 깨끗한 바다에서 뜨거운 햇살을 받으며 멋진 휴가를 즐길 수 있다.

피란 Piran

피란은 코페르, 이졸라와 함께 아드리아해의 풍경을 볼 수 있는 3대 도시다. 피란 여행의 주인공은 역시 바다. 코발트빛 푸른 바다를 배경으로 하얗고 빨갛게 색칠한 피란의 좁은 골목을 열심히 걷다 보면 드라마의 주인공이 될지도 모른다.

아드리야&카르스트
키워드

1 카르스트

세계지리 수업 중 들어보았을 카르스트Karst는 석회 지대가 빗물 등에 용식되어 생성된 지형을 뜻한다. 슬로베니아의 크라스Kras 지방은 석회 지대가 많아 강물에 의해 형성된 동굴이 수없이 많았다. 포스토이나 동굴도 그중 하나. 카르스트는 크라스의 독일어식 지명이며, 이후 이러한 형태의 지대를 지칭하는 용어가 되었다.

땅속의 강물이 만든 포스토이나 동굴

포스토이나 동굴

2 포스토이나 동굴 & 슈코챤 동굴

두 곳의 거대한 석회 동굴을 모두 관광하면 좋겠지만 만약 일정상 하나만 선택해야 한다면, 가족 여행이나 가벼운 마음의 여행 중이면 포스토이나로, 카르스트 석회 동굴 본연의 아름다움을 마주하려면 슈코챤으로 가자!

3 한국어 안내

슬로베니아 대표 관광지인 포스토이나 동굴에서는 한국어 오디오 가이드 기기를 제공한다. 지질학적인 전문 용어가 한국어로 잘 정리되어 친절히 안내되기에 카르스트 지형의 특성을 더욱 확실히 이해할 수 있다. 포스토이나 동굴에서 산 위로 올라가면 나오는 프레드야마성에서도 한국어 안내를 지원한다.

4 언덕 위 구시가지

해변 도시 코페르와 이졸라는 높은 언덕 위가 구시가지의 중심이다. 낮은 곳부터 높은 곳까지 미로처럼 연결된 좁은 골목 사이사이로 인상적인 건축물들이 등장한다. 그 모습이 마치 크로아티아의 해변 도시를 연상케 한다.

체블라르스카 거리

5 해산물

바다에 왔으면 해산물을 먹어야 하는 게 예의. 코페르, 이졸라, 피란 모두 해산물 레스토랑이 지천에 가득하다. 세 곳 모두 이탈리아의 영향을 받은 역사적 배경으로 인해 이탈리아 요리가 본토에 뒤지지 않는 수준으로 제공되기도 한다.

6 아드리아해

코페르, 이졸라, 피란에서 보이는 바다가 지중해의 일부인 아드리아해다. 코페르와 피란에서는 해변을 산책하며 분위기 있는 레스토랑이나 카페에서 휴식을 취하고, 이졸라에서는 바다에 들어가 해수욕을 즐겨도 좋다.

이졸라 해변

7 게스트하우스

아드리아해 연안 도시는 슬로베니아의 유명 휴양지이지만 규모가 크지 않다보니 숙박시설이 충분하지 않다. 그 대신 게스트하우스가 크게 발달해 저렴한 가격으로 숙박할 수 있다. 코페르에서는 저렴한 호스텔도 찾아볼 수 있다.

피란 포르나체

8 전망대

피란에서는 언덕 위 성 유리야 교회 부근에서 도시를 내려다보는 풍경이 일품이다. 뿐만 아니라, 포르나체를 산책하며 피란 시가지를 멀리서 바라보는 풍경 역시 피란의 베스트 포토존이다.

9 휴양지

유서 깊은 호텔과 최근 새로 단장한 호텔 등 저마다의 개성을 가진 숙박업소가 휴양도시 피란의 여행을 돕는다. 또한 안쪽 골목마다 가득한 게스트하우스는 저렴한 숙박을 제공하며 균형을 이룬다.

10 소금

피란 소금은 슬로베니아에서도 알아주는 특산품이다. 내가 사용할 용도로도 좋고, 슬로베니아에 다녀왔다는 흔적을 보관하는 기념품으로도 좋고, 주변에 선물하기에도 좋다.

피란 소금

포스토이나 동굴
Postojnska jama

단일 장소로는 슬로베니아에서 가장 많은 방문객이 찾는 곳. 슬로베니아는 물론 유럽 어디에도 꿀리지 않는 거대한 동굴은 보는 순간 "와" 하는 탄성을 자아낸다. 그래서 사람들은 포스토이나 동굴을 일컬어 '동굴의 여왕'이라 부른다. 과연 그 별명이 잘 어울리는 땅속으로 탐험을 떠날 시간이다.

포스토이나 동굴 찾아가기

어떻게 갈까?

류블랴나에서 여행할 때 가장 편리한 건 동굴 바로 앞까지 바로 연결되는 버스다. 기차역은 조금 멀지만 동굴까지 걷는 도중에 포스토이나 마을을 구경할 수 있어 나름의 장점이 있다. 류블랴나에서 포스토이나로 갈 때에는 버스로, 돌아올 때에는 기차로 이동하면 두 가지 이동수단의 장점을 모두 취할 수 있다. 렌터카 여행 시 포스토이나 동굴 주차비는 하루에 5유로.

버스 류블랴나 ↔ 포스토이나(동굴) : 편도 53분(6유로)
기차 류블랴나 ↔ 포스토이나 : RG 편도 56분(5.8유로), MV/IC 편도 56분(7.6유로)
렌터카 류블랴나 ↔ 포스토이나(동굴) : 편도 40분

포스토이나 동굴 버스정류장

포스토이나 기차역

어떻게 다닐까?

프레드야마성을 가지 않는다면 모든 여행은 두 다리로 가능하다. 포스토이나에 시내 대중교통은 사실상 없는 셈이므로 기차역과 동굴 사이의 이동 역시 도보(30~40분)로 이동한다. 무거운 짐을 가진 여행자는 주차장의 버스정류장 부근과 엑스포 건물 내에 설치된 소수의 코인라커가 도움이 된다. 9km 떨어진 프레드야마성은 걸어갈 수 없는 거리이므로 렌터카 여행이 기본이다. 포스토이나 동굴의 가이드투어는 시작 시간이 정해져 있지만, 오디오 가이드 기기를 신청하면 가이드의 속도에 맞추지 않고 동굴 내부에서 자유롭게 충분히 구경할 수 있다. 또는 그 반대로, 가이드보다 더 빠른 속도로 관람하고 나오는 것도 가능하다.

> **TIP 성수기 셔틀버스 이용하기**
> 여름 성수기에 한해 포스토이나 동굴과 프레드야마성을 연결하는 셔틀버스가 다닌다. 두 관광지의 티켓을 가진 사람에 한하여 무료로 탑승할 수 있고, 약 20분 소요된다. 2019년 셔틀버스 운행기간은 7월 5일부터 9월 1일까지. 매표소 앞에서 1시간에 1대씩 출발한다.

동굴의 여왕을 알현하다
포스토이나 동굴 Postojnska jama 포스토인스카 야마

깊이 115m, 길이 24km. 세계에서 두 번째로 큰 동굴로 꼽히는 슬로베니아의 포스토이나 동굴은 엄청난 규모와 아름다운 비주얼로 관람객을 압도한다. 피브카강Pivka이 석회암 재질의 지하로 흐르면서 거대한 석회 동굴이 생겼다. 1818년 오스트리아 황제가 방문하기로 하여 동굴 내부를 정비하던 도중 인부 루카 체치Luka Čeč가 우연히 동굴의 숨어 있는 광활한 부분을 발견하여 오늘날에 이르게 되었다. 19세기부터 유명한 관광지가 되어 1872년 세계에서 처음으로 지하에 열차(당시에는 사람의 힘으로 운전)가 놓이고 1884년 전기 조명이 설치되었다. 오늘날 일반인의 출입이 가능한 구간은 전체의 일부인 5.3km. 꼬마열차를 타고 땅 속 깊은 곳으로 들어가 약 90분 동안 동굴을 탐험한 뒤 다시 열차를 타고 밖으로 나온다.

종유석(고드름 모양의 석회 물질), 석순(바닥에서 위로 솟은 석회 물질), 석주(종유석과 석순이 연결되어 형성된 기둥) 등 석회 동굴에서 볼 수 있는 모든 것이 어마어마한 스케일로 펼쳐진다. 아이스크림이라는 별명을 가진 거대한 석순, 동굴 속에 만든 다리, 1만 명이 들어가는 거대한 동굴 속 콘서트홀 등 여러 볼거리가 가득하며, 오직 동굴 속에서만 살아가는 올름Olm이 서식하는 수족관도 구경할 수 있다. 올름은 발견 당시 기이한 모습으로 '아기 용'이라 불리었고, 피부색과 팔 다리가 마치 사람 같다고 하여 슬로베니아어로 '인간 물고기'라는 뜻의 칠로베슈카 리비차Človeška ribica라고 부른다.

Data 지도 230p-A 가는 법 기차역에서 도보 40분 또는 Postojnska jama 버스정류장 하차 주소 Jamska cesta 30 전화 386 5 700 01 00 운영 시간 연중무휴, 오픈 시간은 시즌에 따라 변동되므로 홈페이지에서 확인 요금 235p 참고 홈페이지 www.postojnska-jama.eu

꼬마열차

아이스크림 석순

카르스트를 제대로 공부하는 시간

카르스트 동굴 엑스포 Expo jama kras 🔊 엑스포 야마 크라스

포스토이나 동굴을 창조한 카르스트 지형이 과연 어떤 것인지 어린아이도 이해할 수 있는 눈높이로 친절히 설명해주는 박물관이다. 2014년 문을 열었으며, 카르스트라는 이름을 만든 크라스(카르스트) 지역의 대표 동굴에서 훌륭한 공부의 시간을 제공한다.

Data 지도 230p-A
운영 시간 포스토이나 동굴과 비슷하며 자세한 시간은 홈페이지에서 확인 요금 235p 참고

💬 | Talk | 동굴 속 동굴

포스토이나의 비밀스런 동굴로 가는 길

포스토이나 동굴 주변에도 또 다른 동굴이 있다. 마치 포스토이나 동굴 속에 또 다른 동굴이 있는 것처럼 어지럽게 연결되는 동굴들인데, 대표적인 곳이 피브카 동굴Pivka jama과 취르나 동굴Črna jama(영어로는 블랙 케이브Black Cave)이다. 두 곳 모두 성수기에 한하여 전문 가이드와 함께 들어갈 수 있다. 포스토이나 동굴과는 전혀 다른 미지의 세계로 들어가는 기분이 들 것이다. 포스토이나 동굴까지 묶어 세 동굴을 순서대로 관람하는 트레킹 티켓Trek through Three Caves으로 입장 가능하다. 요금은 50유로.

피브카 동굴

올름과 그 비슷한 무엇
비바리움 Vivarium 비바리움

포스토이나 동굴의 투어를 마치고 동굴의 신비로운 '인간 물고기' 올름에 관심이 생겼다면 비바리움을 주목하자. 비바리움은 올름과 같은 동굴 속 생태계를 연구하고 보존하기 위해 만든 연구기관, 그 연구 결과 중 관광객과 나눌 수 있는 것을 공개하는 박물관으로 구성된다. 올름뿐 아니라 그 비슷한 동굴 속 생물들, 우리 주변에서는 볼 수 없는 또 다른 생태계를 흥미롭게 간접 경험하는 공간이다.

Data 지도 230p-A
운영 시간 포스토이나 동굴과 비슷하며 자세한 시간은 홈페이지에서 확인 요금 235p 참고

호텔 속 비밀 공간
호텔 야마 시크릿 룸 Tajni prostori Hotela Jama 타이니 프로스토리 호텔라 야마

포스토이나 동굴에 찾아오는 손님을 맞이하기 위해 1971년 문을 연 호텔 야마는 오늘날까지도 고급스러운 하룻밤을 책임지는 4성급 호텔이다. 그런데 2006년 호텔 리노베이션 과정에서 아무도 모르는 비밀 공간이 발견되었다. 공산국가인 유고슬라비아에서 만들었을 텐데, 누가 무슨 목적으로 만들었는지 밝혀내지 못했다고 한다. 그러나 이 비밀 공간은 지나간 냉전 시대의 '영화 같은' 장소이기에 새로운 투어 코스로 개방되었다. 과거의 실제 도청 음성파일을 들려주는 등 공산국가 시절의 느낌을 재현하며 흥미로운 역사 속으로 인도한다. 90분 소요되는 가이드투어(영어)로만 들어갈 수 있으며, 매표소에서 티켓을 구매한 뒤 호텔 야마 리셉션에서 가이드와 접선한다. 15세 미만은 투어가 제한된다.

Data 지도 230p-A
운영 시간 영어 투어 4~6월 12:00 시작, 7·8월 08:30, 14:00 시작, 9~3월 휴관 요금 24.9유로

절벽 속에 성이 쏙

프레드야마성 Predjamski grad 🔊 프레드얌스키 그라드

깎아지른 바위 절벽 속에 성이 있다. 절벽 위에 지은 성이 아니라 절벽을 깎아 그 속에 성을 지었다. 유례를 찾기 어려운 건축미로 시선을 사로잡는 프레드야마성이 절벽 속에 자리를 잡은 것이 무려 800년 전. 지금 볼 수 있는 르네상스 양식을 갖춘 것은 1570년이다.

오랜 세월 동안 성의 주인은 계속 바뀌었지만 그 중 가장 유명한 영주는 에라젬 프레드얌스키Erazem Predjamski일 것이다. 그는 15세기경 오스트리아의 사령관을 살해한 죄로 신성로마제국 군대의 추격을 받아 프레드야마성에 은둔했다. 제국군은 성을 포위해 에라젬이 식량 부족으로 투항하도록 하였으나 에라젬은 풍족한 생활을 계속하였다. 알고 보니 성에서 반대편 절벽으로 연결된 비밀 동굴이 있었던 것. 그러나 에라젬은 부하의 배신으로 화장실에서 볼일을 보던 중 포탄에 맞아 사망하였다고 한다.

프레드야마성의 내부는 화려하지는 않다. 하지만 이러한 전설적인 스토리가 배어있는 성의 특이한 구조는 한국어로 제공되는 오디오 가이드의 설명과 함께 관람에 몰입하게 만든다. 아쉽게도 성의 특이한 구조의 하이라이트인 동굴은 성수기에 한하여 가이드 투어로 별도 개방(10.9유로)된다.

Data 지도 230p-A 지도 밖 가는 법 포스토이나 동굴에서 자동차로 10분 주소 Predjama 전화 386 5 700 01 00 운영 시간 연중무휴, 오픈 시간은 시즌에 따라 변동되므로 홈페이지에서 확인 요금 235p 참고 홈페이지 www.postojnska-jama.eu

TIP 왜 이름이 프레드야마성일까?

포스토이나 동굴의 한국어 안내에 프레자마성으로 표기된다. 일반적인 슬로베니아어 외래어 표기법으로는 프레마자성이 옳지만, '동굴Jama 앞Pred'이라는 뜻의 지명이므로 프레드야마성이라고 적어야 한다.

포스토이나 동굴 티켓 총정리

포스토이나 동굴과 프레드야마성 등 여러 볼거리를 다 갖춘 관광지인 만큼 티켓 종류도 다양하니 자신의 여행 계획에 맞는 티켓을 고르도록 하자. 통합권은 홈페이지에서 사전 구입하면 좀 더 할인된다. 또한 특정 시즌에만 오픈되는 보다 다양한 체험 티켓을 홈페이지에서 확인할 수 있다.

기본권

입장 장소	성수기 (6.28~9.2)	비수기 (나머지 기간)
포스토이나 동굴	27.9유로	25.8유로
엑스포	10.9유로	9.9유로
비바리움	10.9유로	9.9유로
프레드야마성	14.9유로	13.8유로

통합권

티켓 종류	성수기 (6.28~9.2)	비수기 (나머지 기간)
Two Adventures (포스토이나 동굴 + 프레드야마성)	42.8유로	39.6유로
100% Cave Experience (포스토이나 동굴 + 엑스포 + 비바리움)	49.7유로	45.6유로
Full Park Experience (포스토이나 동굴 + 엑스포 + 비바리움 + 프레드야마성)	64.6유로	59.4유로

오디오 가이드

포스토이나 동굴은 슬로베니아어, 영어, 독일어, 이탈리아어 가이드 투어를 제공하며, 가이드의 인솔 하에 이동한다. 다행히 포스토이나 동굴에서는 한국어 오디오 가이드(3유로)를 제공하므로 가이드 투어 없이 자유롭게 다니며 한국어로 설명을 들을 수 있어 편리하다. 번역한 듯 어색한 한국어가 아닌 진짜 한국인이 작성한 가이드 코멘트가 나온다. 오디오 가이드는 매표소에서 수령하며, 동굴 출구에서 반납한다.

오디오 가이드 소지자 출발장소

포스토이나 시내의 가장 큰 볼거리
카르스트 박물관 Muzej Krasa 무제이 크라사

버스나 렌터카로 포스토이나 동굴만 여행하면 들를 수 없는 포스토이나 시내에서 가장 큰 볼거리는 카르스트 박물관이다. 그 이름처럼 지질학, 생물학, 고고학 등 여러 분야에서 카르스트 지형의 본질을 이해할 단서를 전시하는데, 포스토이나 동굴의 비바리움과 겹치는 전시물도 더러 있지만 프레드야마성의 영주가 사용하던 보물도 함께 전시하고 있어 차별화된 매력을 가진다.

Data 지도 230p-F
가는 법 기차역에서 도보 10분
주소 Kolodvorska cesta 3
전화 386 5 721 10 80
운영 시간 화~일 10:00~18:00 (11~4월 ~17:00), 월 휴관
요금 성인 5유로, 학생 3유로
홈페이지 www.karstmuseum.com

© Notranjska Museum Postojna

포스토이나의 중심 광장
티토 광장 Titov trg 티토브 트르그

포스토이나 시내에서 가장 번화한 중심가다. 호텔 크라스Hotel Kras 등 수십 년 전 스타일의 무미건조한 대형 건물들 속에 성 슈테파나 교회Cerkev sv. Štefana와 같은 중세의 건물이 드문드문 남아 있다. 팬시한 레스토랑이나 카페 등 활기찬 번화가의 분위기 속에서 포스토이나의 또 다른 면을 발견하게 된다.

Data 지도 230p-E 가는 법 카르스트 박물관에서 도보 7분

성 슈테파나 교회

EAT

분위기 좋은 반지하 레스토랑
슈토르야 포드 스토프니차미 Štorja pod stopnicami

입구에서 계단을 내려가면 창문으로 햇빛만 들어오는 아담한 공간에 정겨운 레스토랑이 자리 잡고 있다. 한국식 표현으로 '반지하'라 할 수 있을 이 레스토랑의 이름을 직역하면 '계단 아래 난로'라는 뜻. 과연 계단을 내려가면 난로처럼 포근한 분위기가 느껴지니 그 이름이 잘 어울린다. 스테이크 등 육류 요리를 메인으로, 파스타 등 간단한 이탈리아 요리를 서브로 메뉴 구성을 갖추었다. 트러플 파스타 등 현지에서 부담이 덜한 요리를 공략해보자.

Data 지도 230p-E 가는 법 티토 광장에서 도보 2분
주소 Cankarjeva ulica 2 전화 386 599 27898
운영 시간 07:00~23:00(금·토 ~24:00, 토·일 08:00~)
가격 스테이크 19.9유로~, 파스타 8.9유로~ 홈페이지 www.storja.si

나른한 오후의 브레이크타임
카페 시에스타 Kavarna Siesta

포스토이나 중심가에 있는 카페. 추운 날씨에는 커피 등 따뜻한 음료로, 더운 날씨에는 다양한 맛의 젤라토로 속을 달래며 한가로이 쉬었다 갈 수 있는 곳이다. 만약 포스토이나에서 기차를 타고 돌아간다면 동굴 여행으로 다리가 뻐근한 상태에서 기차역까지 다시 걸어가야 한다. 중간 지점인 티토 광장 부근에서 잠시 쉬며 재충전할 수 있는, '낮잠'이라는 카페 이름이 참 잘 어울리는 곳이다.

Data 지도 230p-E 가는 법 티토 광장에서 도보 2분 주소 Novi trg 8
전화 386 40 223 327 운영 시간 월~토 07:30~21:00, 일 14:00~21:00
가격 커피 1유로~, 젤라토 1.3유로~
홈페이지 www.facebook.com/KavarnaSiesta

슈코챤 동굴
Škocjanske jame

포스토이나 동굴과 함께 슬로베니아 카르스트 지형의 궁극을 만날 수 있는 곳은 슈코챤 동굴이다. 온 가족 여행지처럼 활기차고 시끌벅적한 포스토이나 동굴과 달리, 유네스코 세계문화자연유산으로 등록된 슈코챤 동굴에는 보다 조용하고 원시적인 모습이 가득해 또 다른 느낌을 준다.

© www.slovenia.info / Jošt Gantar

슈코챤 동굴 찾아가기

어떻게 갈까?

인근의 디바차Divača에 기차가 다녀, 류블랴나에서 디바차까지 기차로 편리하게 이동할 수 있다. 디바차에서 슈코챤 동굴까지는 기차 운행 시간에 딱 맞춰 다니는 셔틀버스를 이용하여 크게 불편하지 않다.

기차 류블랴나 ↔ 디바차 : RG/LPV 편도 1시간 28분(7.7유로), IC 편도 1시간 31분(9.5유로)
렌터카 류블랴나 ↔ 슈코챤 동굴 : 편도 45분

기차역의 셔틀버스 정류장 표시

어떻게 다닐까?

슈코챤 동굴은 꼬마열차와 같은 편의시설이 없으며, 동굴 내부에도 계단이 존재한다. 즉, 온 가족이 여행하기 좋은 포스토이나 동굴과 달리 슈코챤 동굴은 열심히 걸을 체력이 있는 사람들에게 개방된 공간이다. 동굴 투어를 마치면 작은 푸니쿨라를 타고 다시 올라오게 된다.

TIP 세 개의 슈코챤 동굴 코스 중에 무엇을 선택할까?

1번 계곡 코스, 2번 강 코스, 3번 산 코스 따라 동굴 탐험
이 책에서는 슈코챤 동굴의 지하 계곡을 탐험하는 1번 코스를 소개한다. 그 외에도 지하의 강을 따라 카르스트 지형을 견학하는 2번 코스, 산을 넘으며 카르스트 지형을 트레킹하는 3번 코스가 있다. 만약 부지런히 여행하면 하루에 1번과 2번 코스 투어가 모두 가능하다. 자세한 소개는 241p 참고.

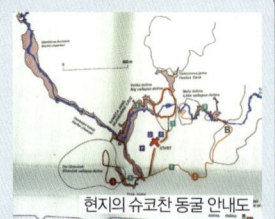
현지의 슈코챤 동굴 안내도

SEE

깜짝 놀랄 지하 세계
슈코챤 동굴 Škocjanske jame 🔊 슈코챤스케 야메

수백만 년의 시간 동안 레카강Reka(레카는 슬로베니아어로 '강'이라는 뜻)이 땅 밑으로 흐르며 석회 지대를 녹여 거대한 슈코챤 동굴을 만들었다. 각양각색의 종유석과 석순, 그리고 석주 등 대자연이 만든 신비로운 풍경이 지하 세계에 펼쳐진다. 1986년 유네스코 세계문화유산이자 자연유산으로 등록되었으며, 세계에서 유네스코 세계유산으로 등록된 동굴은 더 존재하지만 그 중 자연유산은 슈코챤 동굴이 유일할 만큼 카르스트 지대가 만든 석회 동굴의 깜짝 놀랄 위용이 압권이다.

특히 동굴 한복판에 펼쳐지는 거대한 계곡과 그것을 가로지르는 다리는 자연과 인간의 창조력이 함께 빛을 발하며 할 말을 잊게 만든다. 가이드 투어로만 관람할 수 있고, 매표소 앞에서 가이드의 인솔을 따라 산길을 10분 정도 걸어가면 동굴 입구가 나온다. 이후 투어가 끝날 때까지 약 1시간 10분 동안 쉴 틈 없이 걷는다. 동굴 내부에서 사진 촬영은 금지다.

투어가 끝나면 다시 산을 올라와 푸니쿨라를 타고 매표소 근처로 복귀. 원하면 여기서 산길을 올라 산속 한가운데 슈코챤 동굴의 뻥 뚫린 입구가 싱크홀처럼 펼쳐지는 장관을 볼 수 있다. 동굴 내부에 조명도 최소화하여 전반적으로 어둡다. 위에 걸칠 외투와 미끄럽지 않은 편한 신발도 준비해야 한다.

Data **가는 법** 디바차 기차역에서 셔틀버스로 10분 또는 도보 40분 **주소** Matavun 12, Divača **전화** 386 5 70 82 110 **운영 시간** 연중무휴, 오픈 시간은 시즌에 따라 변동되므로 홈페이지에서 확인 **요금** 7·8월 20유로, 3~6·9·10월 18유로, 11~2월 16유로, 학생은 4유로 할인 **홈페이지** www.park-skocjanske-jame.si

전망대에서 보이는 동굴

슈코챤 동굴 한 발 더 들어가기

슈코챤 동굴 탐험 코스

슈코챤 동굴 관람 코스는 크게 세 가지로 나뉜다. 이 중 이 책에 소개된 지하 계곡 탐험Through the underground canyon이 연중 개방되는 1번 기본코스에 해당된다.

레카강 지하탐험 Following the Reka river underground

1번 코스에서 지하로 흐르는 강에 의해 형성된 거대한 동굴을 탐험했다. 2번 코스는 바로 그 지하로 흐르는 강을 따라 걸으며 땅 속의 지질과 지형을 관찰하는 레카강 지하탐험 코스다. 1번 코스와 2번 코스를 함께 관람하면 비로소 카르스트 지형의 처음부터 끝까지 모든 게 완벽하게 이해될 것이다. 단, 2번 코스는 안전을 위해 동절기에 개방하지 않고, 1번 코스에서 1시간 이상 걷고 난 뒤 또 1시간 정도 걸어야 하므로 모두 관람하려면 체력 부담이 만만치 않다. 1번 코스와 마찬가지로 내부 사진촬영은 불가, 그러나 1번 코스와 달리 가이드 없이 단독으로 여행하면서 걷는 속도와 여행 시간을 직접 조절할 수 있다.

시간 6~9월 10:00~15:00, 4·5·10월 11:00·14:00, 11~3월 휴무
요금 성인 12.5유로, 학생 9유로, 1번+2번 코스 통합권 성인 24유로, 학생 18유로

ⓒ Javni zavod Park Škocjanske jame

슈코챤 학습 트레일 Along the Škocjan Education trail

3번 코스는 땅 속이 아닌 산 위의 트레일 루트를 걸으며 눈 아래로 펼쳐지는 카르스트 지형을 이해하는 학습 코스다. 주로 단체 학생을 위한 가이드투어로 약 1시간 정도 걷는다. 개방된 산길이므로 개별 여행자도 가이드 없이 자유롭게 걸을 수 있으며, 따로 입장료도 없다.

시간 종일개방 **요금** 자유여행 무료

슈코찬 탐험의 역사
동굴 박물관 Muzejske zbirke 무제이스케 즈비르케

슈코찬 동굴을 발견하고 미지의 세계를 탐험하며 연구한 뒤 관광지로 개방하기까지의 역사가 총망라된 박물관. 동굴 탐험 당시의 사진과 도구, 옛날 간판과 홍보물 등이 가득 전시되어 있다. 박물관은 매표소의 맞은편 건물 지하에 있으며, 입장료가 없다.

Data 가는 법 매표소 옆
운영 시간 동굴 운영 시간과 동일
요금 무료

TALK | 슈코찬 동굴에서 시간 보내기

투어 대기 시간에는 간식을 먹거나 기념품 쇼핑하세요

가이드투어 시작까지 대기해야 하는 경우가 생길 수 있다. 슈코찬 동굴은 주변에 아무것도 없는 외딴 곳이므로 동굴 내에서 대기할 수밖에 없는데, 매표소 옆 레스토랑에서 햄버거 등 간단한 음식을 먹거나 맥주를 마시며 기다리거나 작은 기념품숍을 구경하는 방법, 그리고 마지막으로 기다리는 시간에 동굴 박물관을 관람하는 방법을 꼽을 수 있다.

매표소

햄버거

기념품

코페르
Koper

슬로베니아에서 유일하게 바다와 통하는 이스트라Istra 지방의 중심도시. 나라에서 가장 큰 항구가 있어 일찍이 무역이 발달하였고 오늘날에도 슬로베니아에서 다섯 번째로 큰 도시가 코페르다. 이탈리아와 바로 국경을 맞대고 있고 크로아티아도 가까이 있다. 여기에 지중해의 풍광이 더해져 이국적인 느낌이 가득하다.

코페르
찾아가기

어떻게 갈까?

류블랴나에서 찾아가려면 버스가 훨씬 편리하다. 하지만 기차를 타면 중간에 포스토이나와 디바차를 거쳐 가므로 도시 간 이동 시 동굴 여행을 추가할 수 있다. 기차를 이용하면 이렇게 여행 계획을 알차게 세울 수 있다는 장점이 있으니 계획에 맞추어 선택하자.

버스 류블랴나 ↔ 코페르 : 편도 1시간 20분(11.1유로)
기차 류블랴나 ↔ 코페르 : RG 편도 2시간 19분(9.56유로), IC 편도 2시간 20분(11.36유로)
렌터카 류블랴나 ↔ 코페르 : 편도 1시간 10분

어떻게 다닐까?

기차역과 버스터미널 사이는 도보 10~15분 거리. 시내버스가 있지만 노선버스가 아니라 주변 도시를 연결하는 시외버스 개념이어서 이용이 쉽지 않다. 무거운 짐이 없다면 걸어서 여행하자. 렌터카로 찾아가면 항구(우크마르 광장) 부근의 대형 주차장(주소: Semedelska cesta; 1시간 1유로)을 이용하는 게 가장 편리하다.

기차역

버스터미널

✦✦✦ Plus Info ✦✦✦

관광안내소

코페르 관광안내소TIC Koper는 프라에토리안 궁전 로비층(한국식으로 1층)에 있다.

Data **지도** 246p-B **가는 법** 티토 광장에 위치 **주소** Titov trg 3
전화 386 5 664 64 03 **영업 시간** 09:00~17:00
홈페이지 www.koper.si

코페르
📍 당일 추천 코스 📍

버스터미널에서 시작하고 끝내는 것을 기준으로 아래와 같은 코스가 무난하다.

기차역 또는 버스터미널에서 여행 시작 → 도보 15분 → 프레셰렌 광장 둘러보기 → 도보 7분 → 언덕을 올라 티토 광장으로 이동 → 도보 5분 → 언덕을 내려와 카르파치오 광장으로 이동 → 도보 2분 → 우크마르 광장 부근 항구에서 바다 보며 마무리

TIP 시내로 이동하기

이졸라 또는 피란행 시외버스 이용하면 편해
기차역 또는 버스터미널에서 버스를 타고 시내로 이동하려면 이졸라 또는 피란행 시외버스를 타고 트르쥬니차Tržnica 정류장에 내린다. 여기서 프레셰렌 광장까지 도보 2분 거리. 요금은 1.3유로, 기사에게 바로 지불한다.

 SEE

코페르의 관문
프레셰렌 광장 Preševernov trg 프레셰르노브 트르그

코페르는 아직도 옛 성벽 또는 성문의 흔적이 드문드문 발견된다. 그중 16세기의 출입문인 무다문(브라타 무다Vrata Muda)은 아치형의 르네상스 양식을 간직한 채 오늘날까지 보존되어 있다. 코페르의 관문인 무다문 너머 프레셰렌 광장이 등장하니 여행자가 코페르를 본격적으로 만나게 될 첫 장소나 마찬가지. 광장에 있는 폰테 분수Da Pontejev vodnjak는 중세 코페르에서 식수 공급을 위해 만들었다.

Data 지도 246p-D **가는 법** 기차역 또는 버스터미널에서 도보 15분 또는 Tržnica 버스정류장에서 도보 2분

폰테 분수

무다문

아담한 산 마르코 광장
티토 광장 Titov trg 티토브 트르그

코페르가 베네치아의 영향권이었음을 가장 잘 보여주는 장소는 언덕 꼭대기의 티토 광장이다. 광장 자체는 아담하지만 광장의 사면을 채우는 건축물은 예사롭지 않다. 특히 성당에 딸린 높은 종탑, 베네치안 고딕 양식의 아름다운 궁전 등 그 건축물의 구성이 마치 베네치아의 산 마르코 광장을 연상케 한다. 물론 산 마르코 광장에 비하면 훨씬 아담하지만 그 정겨운 분위기는 분명 교집합이 느껴진다. 광장 북쪽의 로자Loža 궁전에서 광장을 바라보면 특히 풍경이 근사하다.

Data 지도 246p-B **가는 법** 프레셰렌 광장에서 도보 7분

©www.slovenia.info / Tadej Bernik

코페르 대표 명소
프라에토리안 궁전 Pretorska palača 🔊 프레토르스카 팔라차

티토 광장의 남쪽을 통째로 막고 선 프라에토리안 궁전은 15세기 중반 베네치아 공화국에 속했던 시절 만들어졌다. 베네치안 고딕 양식과 르네상스 양식이 적절히 혼재되어 마치 성을 보는 듯 특이한 건축미를 선사한다. 프라에토리안은 고대 로마의 친위군이나 집정관 등을 뜻하는데, 당시 베네치아 본토와 지리적으로 분리된 이스트라 지역을 다스리는 일종의 총독의 집무실이었다. 오늘날에는 코페르 시청으로 사용되며, 코페르의 역사를 엿볼 수 있는 박물관, 18세기부터 시작된 의약품 컬렉션 등 내부의 전시회를 가이드투어(30분)로 돌아보게 된다. 궁전 바깥에 설치된 계단에 오르면 로쟈를 정면으로 바라보며 티토 광장의 풍경을 감상할 수 있다.

Data 지도 246p-B
가는 법 티토 광장에 위치
주소 Titov trg 3
전화 386 5 664 64 03
운영 시간 10:00~16:00 매시 정각 투어 시작
요금 3.5유로

💬 | TALK | 이스트라 지역에 남아 있는 베네치아 문화

코페르를 중심으로 하는 이스트라 지역을 이야기하려면 베네치아 공화국이 반드시 거론된다. 베네치아 공화국은 오늘날 베네치아를 중심으로 8세기부터 무려 1천 년간 존속한 도시국가였다. 동지중해 무역을 통해 막대한 부를 거머쥐고 주변 강대국 사이에서 전쟁에 승리하며 영토를 넓혔다. 전성기 시절에는 에게해와 키프로스까지 수중에 넣을 정도로 막강했으며, 코페르가 속한 이스트라 역시 베네치아 공화국의 영토였다. 이토록 오랫동안 베네치아 공화국에 속했기 때문에 이스트라의 문화는 베네치아의 영향을 강하게 받았고, 오늘날에도 이탈리아어가 준공용어 수준으로 널리 사용된다.

종탑과 함께
대성당 Stolnica Marijinega vnebovzetja 🔊 스톨니차 마리이네가 브네보브제탸

고대 로마 시대부터 이 자리에 바실리카가 있었다. 그 흔적 위에 12세기 새로 지어진 코페르 대성당은 아드리아해 연안 특유의 건축미를 잘 드러내는 로마네스크 양식의 교회다. 정식 명칭은 성모승천 대성당. 내부는 바로크 양식이며, 무료로 개방된다. 대성당이 더 유명해진 것은 입구 옆에 붙어 있는 54m 높이의 종탑 덕분인데, 코페르의 언덕 위에서도 가장 높이 솟아 있어 항구도시 코페르의 랜드마크 역할을 톡톡히 한다. 200여 개의 계단을 올라가 360도 파노라마로 도시와 바다까지 조망할 수 있다.

Data 지도 246p-B 가는 법 티토 광장에 위치 주소 Titov trg 1 전화 386 5 627 31 73
운영 시간 대성당 09:00~19:00(동절기 ~18:00), 종탑 09:00~20:00(동절기 ~17:00)
요금 대성당 무료, 종탑 3.5유로 홈페이지 www.druzina.si

항구가 보이는 전망대
베르게리예 광장 Vergerijev trg 🔊 베르게리예브 트르그

언덕 위의 구시가지는 바로 바다 옆에 있음에도 불구하고 미로처럼 좁은 골목이 구불구불 얽혀 있어 시가지에서 바다가 보이지 않는다. 그러나 좁은 길을 지나 베르게리예 광장에 도달하면 항구와 바다가 눈 아래 펼쳐진다. 여기서 보이는 항구는 커다란 컨테이너선과 기중기가 보이는 무역항이다. 예쁜 풍경은 아니지만 코페르의 정체성이 가장 한 눈에 보이는 장소라 할 수 있다.

Data 지도 246p-B 가는 법 티토 광장에서 도보 2분

도시를 이해하는 열쇠
코페르 박물관 Pokrajinski muzej Koper 포크라인스키 무제이 코페르

원래 이름을 영어로 직역하면 리저널 뮤지엄Regional Museum, 즉 코페르 지역의 역사와 민속을 집대성 한 박물관이다. 따라서 저자는 이해를 돕기 위해 코페르 박물관이라 의역하였다. 우리에게는 아직 낯선 코페르라는 도시를 완벽하게 이해할 수 있는 다양한 전시품을 갖추고 있고, 특히 아이들에게도 쉽게 전달하려는 의도가 엿보이는 3D 시청각 컬렉션도 충실하다. 박물관이 자리 잡은 벨그라모니 타코 궁전Palača Belgramoni-Tacco의 건축미도 빼어나다. 16세기 귀족 가문인 벨그라모니의 저택이었으나 하룻밤 도박의 패배로 타코 가문에 소유권이 넘어갔다는 '웃픈' 스토리가 담긴 역사적인 건물이다.

Data 지도 246p-B 가는 법 티토 광장에서 도보 2분 주소 Kidričeva ulica 19 전화 386 41 556 644 운영 시간 화~금 08:00~16:00, 토·일 09:00~17:00, 월 휴관 요금 박물관 5유로, 전체 컬렉션 8유로 홈페이지 www.pokrajinskimuzejkoper.si

코페르의 가장 오래 된 곳
카르파치오 광장 Carpacciov trg 카르파치오브 트르그

광장의 이름은 카르파치오 하우스Carpacciova hiša에서 유래한다. 이 건물은 베네치아의 화가 비토레 카르파치오Vittore Carpaccio와 연관되는데, 혹자는 베네치아 출생으로 알려진 카르파치오의 진짜 생가가 여기라고도 이야기한다. 어쨌든 분명한 것은, 카르파치오 하우스는 건축년도가 1300년대까지 거슬러 올라가는 코페르의 가장 오래 된 건물이라는 점이다. 카르파치오 하우스 앞의 아담한 광장이 카르파치오 광장. 이 광장에서 타베르나Taverna라 불리는 옛 소금창고를 지나면 아드리아해가 눈 앞에 펼쳐진다.

Data 지도 246p-A 가는 법 코페르 박물관에서 도보 2분

카르파치오 하우스

타베르나

바다에서 노을을
우크마르 광장 Ukmarjev trg 🔊 우크마르예브 트르그

공식 명칭은 우크마르 광장. 그냥 '해안 산책로'라고 생각하자. 아드리아해의 해변에 만든 시민공원이다. 야자수를 심고 조형물이나 아이들을 위한 놀이터도 설치하여 바다 내음 맡으며 산책하거나 휴식을 취하는 시원하고 상쾌한 공간이다. 모래사장은 없고 수영도 금지되지만 해변 산책로 곳곳에 벤치가 있어 파도 소리 들으며 쉬는 데에 전혀 부족함이 없다. 또한 바다가 서쪽을 향해 있기 때문에 시간에 맞춰 오면 새빨갛게 노을로 물든 아드리아해를 볼 수 있는 장소이기도 하다. 해변에 있는 카페나 레스토랑은 늦은 밤까지 불야성이다. 해가 지고 바다가 컴컴해져도 우크마르 광장 부근은 환한 가로등과 함께 활기찬 시간이 계속된다.

Data **지도** 246p-A **가는 법** 카르파치오 광장 옆

# EAT

50년 전통 피자 레스토랑
아트리 atrij

1965년부터 같은 자리를 지키고 있는 레스토랑. 고풍스러운 인테리어는 옛날 분위기를 재현한 게 아니라 정말 수십 년의 손때가 묻은 세월을 증명한다. 피자와 파스타 등 합리적인 가격의 이탈리아 요리가 주요 메뉴이며, 그 외에도 해산물 등 항구도시에 어울리는 몇 가지 요리가 있다. 요일마다 구성이 바뀌는 수프, 샐러드, 사이드디쉬를 포함한 런치 세트메뉴도 인기가 높다.

Data **지도** 246p-B **가는 법** 티토 광장에서 도보 2분
주소 Čevljarska ulica 8 **전화** 386 5 626 28 03
운영 시간 월~목 09:00~21:00, 금·토 10:00~22:00, 일 휴무
가격 피자 6유로 안팎, 런치 세트메뉴 7유로
홈페이지 www.pizzeria-atrij.si

세계 맥주 전문점
로드 바이런 펍 Lord Byron Pub

영국의 시인 바이런George Gordon Byron의 이름을 딴 영국식 펍. 슬로베니아뿐 아니라 독일, 크로아티아, 세르비아, 오스트리아, 영국 등 유럽 각국의 맥주 수십 종을 판매한다. 마치 한국의 '세계 맥주 전문점'이라 불리는 술집과 분위기가 유사하며, 하나같이 이름도 들어보지 못한 낯선 맥주들이어서 맥주 마니아라면 놓치기 아깝다. 페일 에일Pale Ale, 블랙 IPABlack IPA, 포터Porter, 스타우트Stout, 라들러Radler 등 맥주의 종류별로 메뉴가 구분되어 있으니 취향에 맞춰 골라보자.

Data **지도** 246p-D **가는 법** 프레셰렌 광장 옆 **주소** Repičeva ulica 2
운영 시간 월~목 07:00~24:00, 금 07:00~01:00, 토 08:00~01:00, 일 10:00~15:00
가격 맥주 4유로 안팎 **홈페이지** www.lordbyronpub.si

코페르 비스킷과 커피 한 잔

데하르 Dehar

티토 광장 바로 옆에 있는 작은 제과점. 일행 숫자에 맞춰 이리저리 손님들이 가져다 사용했음이 분명한, 아무렇게나 놓인 테이블과 좌석은 푸근한 동네 빵집을 연상케 한다. 1956년부터 같은 자리를 지키며 다양한 종류의 케이크와 페이스트리를 만들어 팔고 있다. 가장 인기 있는 것은 코프르스키 피슈코트 Koprski Piškot, 즉 '코페르 비스킷'이라 불리는 도넛 모양의 과자다. 안을 채운 앙금, 겉에 바르는 토핑 등에 따라 여러 종류가 있으며, 커피와 궁합이 잘 맞는다.

가게 앞 좁은 골목에서는 여름 여행의 필수품인 젤라토도 판매한다. 오전에는 빵과 커피를 사서 나가는 직장인과 학생, 오후에는 케이크를 먹으며 수다 떠는 현지인과 관광객 등 여러 모습들이 하루 종일 분주하게 이어진다. 포장 주문은 카운터에서 주문 후 바로 계산하고, 매장에서 먹을 때에는 일단 카운터에서 주문한 뒤 자리를 잡고 앉으면 점원이 음식과 음료를 가져다주며 계산도 자리에서 마지막에 지불한다.

Data 지도 246p-B
가는 법 티토 광장 옆
주소 Čevljarska ulica 5
전화 386 5 627 15 47
운영 시간 06:30~22:00
(토 07:00~, 일 08:00~)
가격 코프르스키 피슈코트 1유로, 케이크 1.8유로, 젤라토 1.2유로
홈페이지 www.facebook.com/slascicarnadehar

코프르스키 피슈코트

바다 소리 들으며 해산물 먹기
모르나르체크 Mornarček

요트가 정박된 항구 바로 옆에 있는 레스토랑. 스스로를 '해산물 매점과 바Ribja kantina & Bar'라고 정의한다. 조개 파스타, 오징어 먹물 리소토, 오징어 튀김, 농어구이 등 해산물을 활용한 대중적인 식사류와 안주류를 골고루 판매한다. 매장 내에는 좌석이 적어서 주로 바다 소리가 들리는 야외 테이블에 앉게 되는데, 야외는 흡연석이어서 담배연기를 싫어하는 사람은 불편을 느낄지도 모른다. 그 점을 제외하면, 음식의 맛과 바다 소리 들리는 시원한 분위기 모두 최고다. 코페르의 물가를 고려하면 가격은 평균 이상이지만 지중해 연안의 레스토랑이라 생각하면 전혀 비싸다는 생각은 들지 않는다.

Data 지도 246p-A
가는 법 우크마르 광장에서 도보 2분
주소 Pristaniška ulica 2
전화 386 590 38025
운영 시간 10:00~20:00(금·토 ~21:00) 가격 파스타 8.2~9.9유로, 메인디쉬 10~12유로
홈페이지 www.facebook.com/mornarcek

젊은 분위기의 해변 카페
카피타니야 Kapitanija

우크마르 광장에 있는 아담한 카페. 여러 종류의 케이크와 파이, 젤라토 등을 판매하고 있으며, 바다가 보이는 야외 테이블 중에서도 가장 바다에 가까운 쪽은 드러누워도 괜찮은 소파가 놓여 있는 등 하염없이 수다 떨며 시간을 보내도 괜찮은 해변의 편안한 공간이다. 볕 좋은 날에는 소파 좌석의 경쟁이 몹시 치열하다.

Data 지도 246p-A
가는 법 우크마르 광장에 위치
주소 Ukmarjev trg 8
전화 386 40 799 000
운영 시간 월~토 06:30~23:00 (금·토 ~24:00), 일 7:00~23:00
가격 케이크 3유로 안팎
홈페이지 www.facebook.com/KavarnaKapitanija

SLEEP

단정한 3성급 호텔
호텔 보디셰크 Hotel Vodišek

기차역과 구시가지의 중간에 위치하고 있는 3성급 호텔. 양방향 모두 걷기에 부담이 없는 거리어서 교통과 관광에 장점이 있다. 호텔의 겉과 안 모두 불필요한 장식을 일체 배제하여 단정한 느낌이다. 신식 건물은 아니지만 객실이 좁지 않고 냉방시설과 엘리베이터도 있으며, 인근에 무료 주차공간도 있다. 체크인 시간이 제한(13:00~20:00)되지만 리셉션은 24시간 운영하므로 만약 밤늦게 도착할 경우 미리 호텔에 연락해두면 문제없다.

Data **지도** 246p-D **가는 법** 기차역 또는 버스터미널에서 도보 10분 **주소** Kolodvorska Cesta 2 **전화** 386 5 639 24 68 **요금** 싱글룸 52유로~, 더블룸 76유로~ **홈페이지** www.hotel-vodisek.com

무거운 짐이 없다면 추천
호스텔 뮤지엄 Hostel Museum

이름은 호스텔이지만 실제로는 욕실만 공용으로 사용하는 호텔의 개념에 가깝다. 공용욕실의 불편만 감수한다면 저렴한 가격으로 독립된 객실에서 숙박할 수 있으며, 비용을 추가하면 전용 욕실이 딸린 더 큰 방에서 숙박하는 것도 가능하다. 건물은 오래 되었지만 최근 내부 재단장을 마쳐 부티크 호텔 같은 세련된 인테리어를 갖추었다. 단, 객실이 좁은 편이므로 2인 숙박 시 트리플룸 이용을 권장한다. 구시가지 언덕 위에 있어 무거운 짐이 있는 여행자는 고생을 할 수 있다는 점도 덧붙인다. 체크인 시간(14:00~18:00)이 짧다는 것도 주의.

Data **지도** 246p-B **가는 법** 티토 광장에서 도보 5분 **주소** Muzejski trg 6 **전화** 386 41 504 466 **요금** 싱글실 30유로~, 더블룸 50유로~, 트리플룸(전용 욕실) 60유로~ **홈페이지** www.hostel-museum.com

갖출 건 다 갖춘 호스텔
호스텔 시크릿 가든 Hostel Secret Garden

구시가지의 낡은 건물이 통째로 호스텔로 사용된다. 건물은 낡아서 바닥이 삐거덕거리고 엘리베이터가 없지만, 깔끔하게 단장한 호스텔의 시설은 부족함 없는 숙박을 제공한다. 바로 옆에 술집이 있어 밤늦도록 시끄러울 수 있으나 객실 내에 에어컨이 있어서 창문을 닫고 조용하게 푹 쉴 수 있다. 층마다 휴게 공간이 있고, 공용 주방과 세탁기 등 갖출 건 다 갖췄다. 평소 출입문을 잠가 두어 보안에 관한 우려도 없다. 초인종이 없으니 가볍게 노크하고 들어가자.

Data 지도 246p-D
가는 법 프레셰렌 광장에서 도보 2분
주소 Dimnikarska ulica 1
전화 386 51 815 821
요금 도미토리 15유로~
홈페이지 www.hostel-secretgarden.com

🛒 BUY

전통시장 구경하는 재미
마켓 홀 Tržnica

해변 가까운 곳에 있는 마켓 홀은 건물 내부와 앞마당에 전통시장이 열리는 공간이다. 과일과 채소 등 신선한 먹거리를 흥정하며 파는 시장의 생동감을 엿볼 수 있다. 다만, 예전에 비해 활력은 떨어진 듯 드문드문 빈 가판이나 점포가 보이기도 한다. 어쨌든 시장 구경하는 소소한 재미를 느끼기에는 충분하다.

Data 지도 246p-A 가는 법 우크마르 광장에서 도보 2분 주소 Pristaniška ulica 2 전화 386 5 663 37 00 운영 시간 월~토 07:00~19:00(토 ~13:00), 일 휴무 홈페이지 www.marjetickoper.si

피란 소금 상점

로가슈카 크리스털 상점

좁은 골목이지만 매력이 가득
체블랴르스카 거리 Čevljarska ulica

언덕 꼭대기의 티토 광장에서 곧장 이어지는 상업 거리. 사람 네댓 명 지나가면 꽉 찰 것 같고 조금 과장하면 상점의 간판이 서로 닿을 듯싶은 좁은 골목이지만 양편에 온갖 상점이 잔뜩 줄지어 있고 오가는 사람이 많아 활기가 넘친다. 그 좁은 골목에 또 테이블을 놓은 카페들, 좁은 골목 너머로 보이는 대성당의 종탑 등 거리의 풍경을 더 운치 있게 만들어주는 장치도 곳곳에 보인다. 또한 대부분의 상점이 문을 닫는 밤에는 한적한 거리에서 쇼윈도를 구경하는 재미도 쏠쏠하다. 코페르가 슬로베니아에서 큰 존재감을 가진 도시인만큼 피란 소금 상점, 로가슈카 크리스털 상점 등 슬로베니아를 대표하는 특산품 매장도 발견된다. 꼭 무얼 사기보다도 골목 자체가 하나의 관광지라 해도 과언이 아닐 정도로 매력적이니 열심히 걸어보자. 일요일에는 많은 상점이 문을 닫는다.

Data 지도 246p-B **가는 법** 티토 광장에서 연결

기차역 앞 대형 쇼핑몰
플래닛 Planet

패션잡화 위주로 약 65개의 브랜드가 입점한 대형 쇼핑몰. 이름만 대면 알 수 있는 글로벌 패스트 패션 매장과 유아동 매장이 여럿 있으니 패션 쇼핑을 위해서는 꼭 찾아가 볼 필요가 있다. 일요일에도 쇼핑몰이 문을 열지만(공휴일은 휴무) 주로 영화관이나 식음료 매장 위주로 영업하고 의류 매장 등 일반 상점은 문을 닫는 경우가 많다. 이동통신 대리점도 있으니 코페르에서 현지 유심 개통이 필요할 때에도 도움이 된다.

Data 지도 246p-F
가는 법 기차역 또는 버스터미널에서 도보 2분
주소 Ankaranska cesta 2 전화 386 5 97 34 408
운영 시간 09:00~21:00(일 ~17:00)
홈페이지 www.planetkoper.com

필요한 건 전부 다 있다
파크 센터 Park Center

아웃렛 규모의 대형 쇼핑몰. 가정용 공구 매장 오비아이OBI, 초대형 창고형 할인마트 인테르스파 Interspar 등 현지인이 한보따리 구매해서 돌아갈 매장이 한 곳에 모여 있다. 그 중에는 뷰티 생활용품을 판매하는 드러그스토어 뮐러Müller, 가전제품과 소모품을 판매하는 빅뱅Big Bang, 스포츠 아웃도어 용품을 판매하는 스포츠 다이렉트Sports Direct, 브랜드 신발을 모아놓은 매스 플래닛Mass Planet 등 여행자가 들러 볼 만한 대형 매장도 있다. 기차역에서 멀지 않지만 대중교통이 없어 쇼핑 후 한보따리 짐을 들고 걸어야 하는 단점이 있으니, 렌터카 여행 중 방문을 고려해 보자. 넓은 무료 주차장도 있다.

Data 지도 246p-D 지도 밖 가는 법 기차역 또는 버스터미널에서 도보 10분 주소 Ankaranska cesta 3a
전화 386 5 611 64 70 운영 시간 월~토 08:00~21:00, 일 09:00~15:00
홈페이지 www.parkcenter-koper.si

이졸라
Izola

코페르의 근교 도시. 코페르와 마찬가지로 아드리아해를 옆에 두고 있다. 중세 베네치아 공화국에 속하였으며, 이탈리아어로 '섬'을 의미하는 이졸라Isola가 도시 이름의 어원이다. 큰 무역항인 코페르와 달리 이졸라는 전형적인 휴양지의 모습으로 훨씬 쾌적하고 시원한 바다를 만날 수 있다.

이졸라 찾아가기

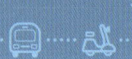

어떻게 갈까?

코페르에서 버스를 타면 금방 도착한다. 류블랴나에서 바로 가는 버스는 없으므로 코페르를 거쳐 가야 한다.

버스 코페르 ↔ 이졸라 : 편도 10분(1.8유로)
렌터카 코페르 ↔ 이졸라 : 편도 10분

어떻게 다닐까?

전 일정 도보로 여행할 수 있다. 시내는 대중교통이 다니지 않고 시가지도 아담하니 언덕길이지만 열심히 걷자.

© www.slovenia.info / Aleš Fevžer

이졸라
◉ 당일 추천 코스 ◉

언덕 위로 올라가며 아담한 시가지를 가볍게 여행하고 다시 언덕 아래로 내려와 바다를 느낀다.
수영을 하지 않는다는 전제 하에 반나절이면 충분히 이졸라의 매력을 즐길 수 있다.

버스터미널에서 여행 시작 → 도보 5분 → 좁은 골목을 지나 성모 승천 교회로 이동 → 도보 2분 → 베센기 궁전을 지나 이동 → 도보 2분 → 성 마우라 교회와 종탑 관광 → 도보 52분 → 해변을 산책하거나 수영하며 아드리아해 즐기기 → 도보 10분 → 버스터미널로 돌아가기

*** Plus Info ***

관광안내소

이졸라 관광안내소Turistično združenje Izola는 중앙 광장의 옛 건물 크란스카 하우스Kranjska hiša에 위치하고 있다. 관광안내소에서 무료 와이파이 핫스폿도 제공한다.
Data 지도 262p-D 가는 법 버스터미널에서 도보 2분
주소 Ljubljanska ulica 17 전화 386 5 640 10 50
영업 시간 09:00~17:00 홈페이지 www.visitizola.com

이졸라
Izola

- 등대 / Svetilnik Izola
- 이졸라 해변
- 성 마우라 교회 / Cerkev sv. Mavra
- 베센기 궁전 / Palača Besenghi degli Ughi
- 호텔 마리나 / Hotel Marina
- 주차장
- 성모 승천 교회 / Cerkev sv Marije Alietske
- 슈퍼마켓
- 시드로 Sidro
- 야드란 프리 에크레무 / Jadran pri Ekremu
- 카페 알레 포르테 / Caffe alle Porte
- 이졸라나 / Izolana
- 주차장
- 슈퍼마켓
- 관광안내소
- 버스 정류장
- 약국

Streets: Veliki trg, Levstikova ulica, Tovarniška ulica, Gregorčičeva ulica, Koprska ulica, Sončno Nabrežje, Koseyelova ulica, Zustoviceva ulica, Ulica svobode, Cankarjev drevored, Bazoviška ulica, Drevored 1. maja, Ulica Oktobrske revolucije

0 200m

SEE

이졸라에서 가장 오래 된 곳
성모 승천 교회 Cerkev sv. Marije Alietske 체르케브 스베티 마리예 알리에츠케

11세기 후반에 만든 것으로 추정되는 성모 승천 교회는 이졸라의 가장 오래된 교회로 꼽힌다. 백색의 거대한 성채 같은 로마네스크 양식은 현대에 들어 복원된 것이며, 아직 내부는 온전히 복원을 마치지 못했으나 오랜 역사를 가진 세 개의 제단과 오르간은 보존하고 있다. 공식적으로 지정된 개방시간은 없으며, 교회 사정에 따라 주로 해가 떠 있는 시간 중 유동적으로 개방된다.

Data 지도 262p-C 가는 법 버스터미널에서 도보 5분
주소 Manziolijev trg 4 전화 386 599 63550
운영 시간 오전부터 오후까지 유동적으로 개방 요금 무료
홈페이지 zupnija-izola.rkc.si

이졸라에서 가장 높은 곳
성 마우라 교회 Cerkev sv. Mavra 체르케브 스베티 마우라

이탈리아의 영향을 강하게 받은 또 하나의 명소는 성 마우라 교회다. 화사한 핑크색 르네상스 양식의 교회가 언덕 위에 있다. 1356년부터 교회가 존재하였고 이후 시대가 바뀔 때마다 변형을 거쳐 왔으며 1982년 복원을 마치고 오늘날의 모습을 완성하였다. 성모 승천 교회와 마찬가지로 유동적으로 개장 여부를 결정한다. 만약 교회가 개장 중이며 날씨도 나쁘지 않으면 30m 높이의 종탑에도 올라갈 수 있다. 약 90개의 계단을 오르면 좁은 창을 통해 이졸라의 풍경을 조망할 수 있다. 종탑은 이졸라에서 가장 높은 곳이기도 하다.

Data 지도 262p-B 가는 법 성모 승천 교회에서 도보 5분 주소 Tartinijeva ulica 23 전화 386 599 635500
운영 시간 오전부터 오후까지 유동적으로 개방 요금 무료 홈페이지 : zupnija-izola.rkc.si

입구가 아름다운 귀족의 저택
베센기 궁전 Palača Besenghi degli Ughi
🔊 팔라차 베센기 데글리 우기

정식 명칭은 발음도 어려운 베센기 데글리 우기 궁전. 줄여서 베센기 궁전이라 부르며, 이스트라 지방을 호령한 부유한 상인 가문 베센기 집안의 저택이었다. 1781년 완공된 후기 바로크 양식을 띄고있으며, 정면 입구 부분의 계단과 창틀 세공이 아름답다. 오늘날에는 음악학교 및 웨딩홀로 사용된다.

Data 지도 262p-D 가는 법 성 마우라 교회에서 도보 2분
주소 Gregorčičeva ulica 76

바다의 역사를 센스 있게
이졸라나 Izolana 🔊 이졸라나

'바다의 집Hiša morja'이라는 모토로 2018년 개관한 박물관. 코페르-이졸라-피란으로 이어지는 슬로베니아의 아드리아해 연안 도시가 어떻게 바다를 터전으로 번성하였는지 그 역사를 이야기해주는 해양역사 박물관이다. 옛날 선박 모형, 옛날 선원이 사용한 도구와 배 위에서 먹은 음식 등이 전시 중이며, 해양 스포츠에의 도전과 성취도 한 부분을 차지한다. 새로 문을 열어서인지 내부 전시 센스가 훌륭하고 영어 설명도 잘 되어 있다. VR 영상을 이용하여 항해의 현장감을 실감나게 재현하는 등 요즘 트렌드에 맞춘 멀티미디어 콘텐츠도 준비되어 있다.

Data 지도 262p-D
가는 법 버스터미널에서 도보 7분
주소 Ulica Alme Vivoda 3
운영 시간 14:00~18:00
요금 성인 3유로, 학생 2유로

남녀노소 누구나 즐기는 아드리아해
이졸라 해변 Svetilnik Izola 🔊 스베틸니크 이졸라

이졸라는 바다에 툭 튀어나온 일종의 반도 지형을 띄고 있다. 그리고 바다로 튀어나온 가장 꼭짓점에 해당되는 곳에 앙증맞은 등대가 있으며, 그 주변으로 모래사장(고운 모래는 아니다)과 산책로가 펼쳐진다. 이곳 해변의 이름인 스베틸니크Svetilnik가 슬로베니아로 '등대'를 뜻한다.

공식적으로 수영이 허가된 지역이므로 '입수'도 가능하며, 수심이 얕아 아이들도 안심하고 들어갈 수 있다. 단, 안전요원이 상주하며 응급상황에 대비하는 한국식 해수욕장과는 문화가 달라 안전은 스스로 챙겨야 함은 유념하기 바란다. 수영을 하지 않더라도 모래사장에 자리를 펴고 누워 일광욕을 해도 좋고, 바다를 바라보며 산책로를 거닐며 여유를 즐겨도 좋다. 한 가지 인상 깊은 것은, 휠체어도 접근 가능한 해변을 따로 조성하고 수영장까지 만들어둔 것이다(성수기에 공식 운영). 바다에 들어가지 않아도 바다를 바라보며 수영할 수 있는 시설은 남녀노소 누구도 차별 없이 아드리아해를 즐기도록 배려하는 세심한 정성이 느껴지는 대목이다. 코페르와 피란에서는 '입수'가 가능한 해변이 시가지 중심에 없다. 아드리아해 연안의 세 도시 중 이졸라만이 가지는 큰 장점이다.

Data 지도 262p-A 가는 법 성 마우라 교회에서 도보 5분 운영 시간 24시간 개방 요금 무료

TIP 아드리아해 해수욕 즐기려면
수영복 준비해야 하고 샤워실 없으니 숙소 있으면 편리

렌탈숍이나 샤워실 같은 부대시설은 찾기 힘들다. 해변에서 수영을 즐기려면 수영복 등 일체의 장비는 직접 준비해야 하며, 아무래도 이졸라에 숙소를 두고 즐기는 게 편리하다. 봄과 가을은 수온이 낮아 '입수'를 권하지 않는다. 수영을 즐기기에 가장 좋은 시즌은 한국과 마찬가지로 한여름이다.

# EAT

해물볶음밥 한 그릇
시드로 Sidro

이졸라 해변의 인기 레스토랑. 아담한 건물보다는 그 앞 도로 맞은편의 야외 테이블이 인기 만점이다. 주력 메뉴는 이탈리아식 볶음밥인 리소토. 기본 리소토는 10유로 안팎, 해물이 들어가면 15유로 안팎으로 가격은 슬로베니아의 물가를 고려했을 때 저렴하지는 않은 편. 이졸라가 해변 휴양 도시임을 고려해야 할 필요가 있다. 슈니첼이나 스테이크 등 육류 요리도 판매한다.

Data 지도 262p-C **가는 법** 버스터미널에서 도보 5분 **주소** Sončno Nabrežje 24 **전화** 386 5 641 47 11 **운영 시간** 월~수·금~일 09:00~22:00, 목 휴무 **가격** 리소토 10~15유로, 스테이크 21유로~ **홈페이지** www.facebook.com/gostilna.sidro

이졸란카의 고향
야드란 프리 에크레무 Jadran pri Ekremu

줄여서 에크렘Ekrem이라고 부른다. 1952년부터 시작된 항구 부근의 인기 베이커리이며, 여기가 바로 이졸란카Izolanka 크림 케이크를 만든 곳이다. 블레드의 크림 케이크(186p)에는 미치지 못하지만 지역색을 갖춘 디저트 메뉴로 나름의 명성을 가진 이졸란카는, 트렌드에 완전히 초연한 듯한 투박한 비주얼로 인해 굉장히 오랜 역사를 가진 것으로 오해 받지만 2011년에 탄생한 케이크라고 한다. 초콜릿, 바닐라크림, 오렌지무스 등 아이들이 좋아할 '단 것'이 몽땅 들어간 달달한 맛으로 인기가 높다. 이졸라의 특산품이니 한 번 도전해 보자.

Data 지도 262p-C **가는 법** 버스터미널에서 도보 5분 **주소** Ribiška ulica 14 **전화** 386 5 641 84 85 **운영 시간** 06:00~24:00 **가격** 이졸란카 3유로

좁은 골목 사이의 인기 카페
카페 알레 포르테 Caffe alle Porte

구시가지의 좁은 골목에 위치하고 있는 작은 카페. 이탈리아 커피 회사에서 공수한 향 좋은 커피와 케이크 등 다양한 카페 메뉴로 인기가 높다. 또 한 가지 특이한 점은 차에 대한 관심이 높아 여러 종류의 차를 주문할 수 있다는 것이다. 카페가 있는 위치는 항구로 통하는 넓은 길이 있던 곳인데, 20세기 초에 좁은 골목만 남기고 길에도 건물을 지은 것이라고 한다.

`Data` 지도 262p-D 가는 법 버스터미널에서 도보 2분 주소 Koprska ulica 1 운영 시간 월~토 07:00~24:00 (금·토 ~01:00), 일 08:00~23:00 가격 커피 1.5유로, 케이크 3유로 홈페이지 caffealleporte.bora.si

바다가 보이는 호텔
호텔 마리나 Hotel Marina

이졸라에서 여름철에 수영까지 즐기며 알차게 시간을 보내려면 시내에서 숙박이 필요한데, 평균 이상의 어매니티를 갖춘 4성급 호텔로 첫 손에 꼽히는 곳이다. 아무래도 성수기에 숙박하게 되므로 비싼 요금은 어쩔 수 없다. 대신 해변까지 걸어서 1~2분밖에 걸리지 않고 객실에서 바다가 보이는 최적의 위치가 장점. 호텔 내의 스파와 마사지(이용료 별도)도 이용할 수 있다. 호텔 자체 주차장이 없어 바로 옆 공영주차장을 이용한다.

`Data` 지도 262p-C 가는 법 이졸라 해변에서 도보 2분 주소 Veliki trg 11 전화 386 5 660 41 00 요금 더블룸 120유로~ 홈페이지 www.hotelmarina.si

피란
Piran

어쩌면 슬로베니아라는 낯선 나라가 한국인 여행자의 마음에 쏙 들어오게 만든 일등공신이 피란일 것이다. 드라마 《디어 마이 프렌즈》의 로케이션으로 피란이 등장하여 그 낭만적인 풍경을 뽐내면서 우리의 머릿속에 슬로베니아라는 나라가 각인되기 시작했으니까. 덕분에 피란은 가장 끄트머리에 있는 도시임에도 불구하고 한국인에게 인기 만점이다.

피란
찾아가기

어떻게 갈까?

피란까지 기차가 다니지 않는다. 같은 이스트라 지역의 중심도시인 코페르에서 버스 타고 가는 게 가장 편하다. 다행히 류블랴나에서도 피란까지 가는 버스가 있어서 원데이투어로 다녀오는 여행자도 많다.

버스 류블랴나 ↔ 피란 : 편도 2시간(12.6유로) / **코페르** ↔ **피란** : 편도 47분(3.1유로)
렌터카 류블랴나 ↔ **피란** : 편도 1시간 30분 / **코페르** ↔ **피란** : 편도 25분

셔틀버스

공영주차장이 시 외곽에 있다. 주차장 앞에서 출발하는 셔틀버스(무료)를 타면 타르티니 광장 앞에서 내린다. 주차장으로 돌아갈 때에도 같은 장소에서 셔틀버스를 타면 된다. 셔틀버스는 도중에 피란 버스터미널을 지난다. 만약 류블랴나나 코페르에서 버스를 타고 피란에 도착했을 때에도 셔틀버스를 타고 시내로 이동하면 편리하다.

타르티니 광장 정류장

주차

정류장 표시

시 외곽의 공영주차장 Parkirišče Fornače 이용 요금은 1시간에 1.2유로, 종일 12유로. 일종의 주차타워이므로 성수기에도 주차공간은 넉넉하다. 만약 피란에서 숙박할 계획인데 무거운 짐이 있어 숙소까지 차를 타고 가고 싶다면 일단 주차권을 받고 시내로 들어간 뒤 짐을 내려놓고 다시 나와야 한다. 관련 내용은 숙박할 호텔이나 게스트하우스로 문의하면 안내받을 수 있다.

주차타워

어떻게 다닐까?

피란에서는 걷는 것 외에 다른 대안이 없다. 작은 도시이므로 전혀 힘들지 않지만 언덕을 올라갈 때에는 여유를 가지고 체력을 아끼며 걷자.

••• **Plus Info** •••

관광안내소

피란 관광안내소 TIC Piran는 타르티니 광장의 시청사 로비층(한국식으로 1층)에 있다.

Data **지도** ● **휴대지도** 피란 상세도-F, 271p-F **가는 법** 타르티니 광장에 위치 **주소** Tartinijev trg 2 **전화** 386 5 673 44 40 **영업 시간** 09:00~17:00 (12:00~12:30은 브레이크타임) **홈페이지** www.portoroz.si

피란 상세도
Piran

산책로

성 유리아 교회
Cerkev sv. Jurija

Adamičeva ulica

Bonıfika ulica

Ulica IX. Korpusa

피란 소금
Pranske Soline

약국

카사 타르티니
Casa Tartini

아트 호텔 타르티니
Art Hotel Tartini

메스트나 카페
Mestna Kavama

시청사

관광안내소

타르티니 광장
Tartinjev trg

해양 박물관
Pomorski muzej

Županičeva ulica

Cankarjevo nabrežje

Trubarjeva ulica

슈퍼마켓

나샤 페카르나
Naša Pekarna

셔틀버스 정류장

프르보마이 광장
Prvomajski trg

델핀
Delfin

Sjenkova ulica

호텔 피란
Hotel Piran

Kosovelova ulica

파벨2
Pavel 2

파벨 Pavel

게스트하우스 프리마 제트
Guest house Prima Z

Gregorčičeva ulica

Vegova ulica

Prešernovo nabrežje

프레셰린 해안도로
Prešernovo nabrežje

마리야 예배당

100m

N

271

피란
📍 당일 추천 코스 📍

약 반나절 소요되는 피란 여행 코스. 해가 길고 날씨가 좋은 성수기에는 류블랴나에서 원데이투어로 여행하기에도 충분하다. 아래 코스는 셔틀버스를 타고 타르티니 광장에 내린 것부터 시작한다.

타르티니 광장에서 여행 시작

→ 도보 10분

프레셰렌 해안도로 따라 걸으며 바다 느끼기

→ 도보 5분

좁은 골목을 걸으며 프로보마이 광장으로 이동

↓ 도보 10분

타르티니 광장에서 마무리

← 도보 5분

언덕에 올라 성 유리야 교회에서 피란 바라보기

> **TIP** 걸어서 피란 속으로
>
> 피란은 관광지로 분류하지 않은 장소라 하더라도 미로 같은 좁은 골목과 시원한 해안도로가 주는 상반된 분위기를 느끼며 걷기 좋은 도시다. 성 유리아 교회가 있는 언덕 위에도 산책로가 잘 닦여 있다. 높은 지역을 걷다 보면 빨간 지붕이 파란 바다를 배경으로 올망졸망 모여 있는 피란의 매력에 넋을 잃게 될지도 모른다.

© www.slovenia.info / Nejc Pernek

SEE

유일하게 탁 트인 땅
타르티니 광장 Tartinijev trg 🔊 타르티니에브 트르그

맑은 날에도 햇빛이 잘 들어오지 않을 정도로 좁은 골목이 미로처럼 연결된 피란 시가지에서 유일하게 탁 트인 넓은 곳이 피란의 중심 광장인 타르티니 광장이다. 주세페 타르티니Giuseppe Tartini의 동상을 중심으로 둥그렇게 광장이 형성되었고, 시청사Občina와 지방법원Okrajno sodišče 등 눈에 띄는 건축물이 광장을 둘러싸고 있으며, 바다와 곧장 연결되는 약간의 공간까지 확보하여 광장 어디에서 어디를 바라보든 탁월한 풍경이 펼쳐진다.

Data 지도 ● 휴대지도 피란 상세도-F, 271p-F **가는 법** 셔틀버스 정류장 옆

💬 | TALK | 천재 음악가 타르티니

타르티니 광장의 주인공 주세페 타르티니(1692~1770)는 이탈리아의 바이올린 연주자 겸 작곡가다. 당시 베네치아 공화국에 속했던 피란에서 태어났고, 베네치아 근처의 파도바Padova에서 공부하고 음악 활동을 했다. 그는 바로크 시대의 마지막을 장식하며 현란한 주법과 독창적인 표현으로 음악사에 큰 발자국을 남겼다. 타르티니의 대표작인 〈악마의 트릴Il trillo del diavolo〉은 그가 잠을 자다가 꿈에서 악마가 연주하는 선율을 듣고 만든 노래라는 에피소드가 있다. 피란의 타르티니 광장에는 그의 생가 카사 타르티니Casa Tartini도 있다. 성수기 시즌에 무료로 개방된다.

카사 타르티니

피란 최고의 전망대
성 유리야 교회 Cerkev sv. Jurija 체르케브 스베티 유리야

타르티니 광장을 둘러싼 건물들 너머 하늘로 쑥 삐져나온 탑이 보인다. 여기가 성 유리야 교회의 종탑이다. 국내에서는 영어식으로 '성 조지 성당'이라 적는 자료도 보인다. 교회는 성수기에만 제한적으로 개방되는 매우 아담한 예배당이며, 제단과 조각 등으로 우아하게 장식한 실내가 매우 아름답다. 만약 비수기에 방문해도 창살문 너머로 내부를 관람할 수 있다. 종탑은 성수기에만 개방되며, 계단을 열심히 올라가면 파란 바다와 빨간 지붕이 포개지는 최고의 전망을 얻을 수 있다. 물론 성 유리야 교회가 높은 지대에 있기 때문에 굳이 종탑에 오르지 않아도 교회 주변에서 피란 시내와 바다의 전망 모두 일품이다.

Data 지도 ● 휴대지도 피란 상세도-C, 271p-C 가는 법 타르티니 광장에서 도보 7분 전화 386 5 673 34 40 운영 시간 성수기에 오전부터 오후까지 유동적으로 개방 요금 교회 무료, 종탑 2유로

교회에서 보이는 타르티니 광장

TIP 성 유리야 교회로 오르는 길은 생각보다 가파르다. 대신 일단 언덕에 오르면 해안 절벽을 따라 걸으며 바다의 풍경을 제대로 즐길 산책로도 닦여 있다.

슬로베니아의 서쪽 땅끝으로
프레셰렌 해안도로 Prešernovo nabrežje 🔊 프레셰르노보 나브레쥬에

슬로베니아에서 가장 서쪽 끝에 위치한 피란의 시가지는 마치 송곳니처럼 바다로 툭 튀어나왔다. 그 중에서도 가장 끄트머리 꼭짓점, 그러니까 슬로베니아 최서단 지역의 '땅끝'으로 가는 길이다. 자동차도 들어올 수 있으나 통행량이 많지 않아 대부분 보행자가 바다의 풍경을 즐기며 산책하듯 걷는다. 정식 도로명은 '프레셰렌 부두'라는 뜻인데, 이해를 돕기 위해 해안도로로 의역하였다. 서쪽 끝에 있는 마리아 예배당Cerkev Marije Zdravja이 풍경을 완성한다.

Data 지도 ● 휴대지도 피란 상세도-A, 271p-A **가는 법** 타르티니 광장에서 서쪽 끝까지 도보 10분

마리아 예배당

피란의 옛 광장
프르보마이 광장 Prvomajski trg 🔊 프르보마이스키 트르그

피란의 좁은 골목 사이에 형성된 자그마한 광장. 사실상 광장의 대부분을 큰 분수대가 차지하고 있다. 프르보마이 광장 또는 5월 1일 광장1.Maj trg이라 불리는데, 원래 이름은 스타리 광장Stari trg('옛 광장'이라는 뜻)이었다. 13세기까지 시청이 있는 도시의 중심이었으며 이후에도 시장이 열리는 분주한 곳이었다. 18세기에 가뭄으로 식수 대란이 발생하자 광장에 빗물을 모아 식수를 공급하는 큰 분수를 설치한 것이 지금의 모습이다. 즉, 광장의 분수는 주변 건물의 지붕에서 떨어지는 빗물을 모아 저장하도록 설계되어 있다.

Data 지도 ● 휴대지도 피란 상세도-B, 271p-B **가는 법** 타르티니 광장에서 도보 2분

바다와 관련된 모든 것
해양 박물관 Pomorski muzej 🔊 프로모르스키 무제이

중세 시대부터 현대에 이르기까지, 민간 상선부터 해군 함선에 이르기까지, 바다와 관련된 다양한 시대의 다양한 모습을 전시하는 박물관이다. 특히 피란의 바다가 슬로베니아에 준 선물인 소금과 관련된 자료도 일부 전시되어 있다. 박물관 정식 명칭에는 유고슬라비아의 해군 영웅 세르게이 마셰라 Sergej Mašera라는 이름을 함께 붙인다.

Data 지도 ● 휴대지도 피란 상세도-F, 271p-F 가는 법 타르티니 광장 옆 주소 Cankarjevo nabrežje 3 전화 386 5 671 00 40 운영 시간 7·8월 화~일 09:00~12:00, 17:00~21:00, 9~6월 화~일 09:00~17:00, 월 휴관 요금 성인 4유로, 학생 3유로, 가이드투어 신청 시 1유로 추가 홈페이지 www.pomorskimuzej.si

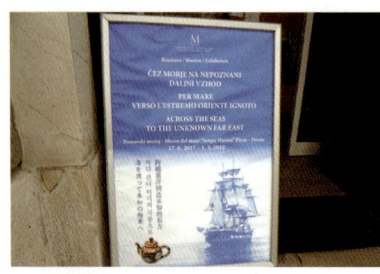

피란과 바다를 한눈에
포르나체 Fornače 🔊 포르나체

포르나체는 버스터미널 부근의 해안 산책로 이름이다. 송곳니처럼 툭 튀어나온 도시 위로 다닥다닥 붙어 있는 빨간 지붕, 그리고 아드리아해까지 한 눈에 들어오는 전망이 일품이고, 바다를 바라보며 쉬었다 갈 수 있는 벤치, 더울 때 햇볕을 피할 수 있는 나무그늘까지 쾌적한 시설을 만들어 두었다.

Data 지도 270p-E 가는 법 버스터미널 옆

포르나체에서 바라본 피란 시내

 EAT

바다가 보이는 먹자골목
파벨 Pavel

프레셰렌 해안도로의 건물은 대부분 레스토랑이다. 바다가 보이는 곳에서 분위기 있게 식사할 수 있는 곳이다. 그중 가장 유명한 곳은 파벨. 홍합 요리, 새우구이, 연어구이, 오징어 튀김 등 해산물 요리가 주를 이루고 엄청나게 비싼 랍스터 요리도 있다. 슈니첼 등 대중적인 육류 요리나 스파게티 등 이탈리아 요리도 있으니 해산물을 싫어하는 사람도 아드리아해를 벗하며 식사할 수 있다.

Data **지도** ● **휴대지도** 피란 상세도-B, 271p-B **가는 법** 프레셰렌 해안도로에 위치 **주소** Prešernovo nabrežje 4 **전화** 386 5 674 71 01 **운영 시간** 11:00~23:00 **가격** 스파게티 7유로~, 새우 요리 16유로~, 연어구이 12유로 **홈페이지** www.pavelpiran.com

TIP 해안도로는 피란의 먹자골목

프레셰렌 해안도로에 있는 레스토랑은 대부분 파벨과 비슷한 해산물 요리 전문점이며, 메뉴와 가격도 큰 차이 없다. 주로 관광객을 상대하는 레스토랑이어서 가격은 약간 비싼 편이고 전통적인 특색을 찾을 수는 없으나 무난한 퀄리티와 서비스 정신을 만날 수 있다. 영어가 잘 통하는 것도 장점. 파벨은 바로 옆에 '2호점' 파벨2Restavracija Pavel 2를 낼 정도로 이 거리 전체가 인기가 좋다.

돌고래 레스토랑
델핀 Delfin

골목 안쪽에 있는 레스토랑. 간판도 잘 안 보이고 건물도 허름한데, 안으로 들어가면 오랜 전통이 느껴지는 인테리어와 훌륭한 음식들이 기다린다. 해안도로의 레스토랑과 마찬가지로 홍합, 새우, 오징어, 정어리 등 해산물 요리가 주요 메뉴이며, 스파게티나 육류 요리도 있다. 이탈리아의 영향을 받아 사이드디쉬로 밥도 판매한다. 밥 한 그릇과 생선구이로 색다르게 한식 생각을 달래보는 건 어떨까.

Data **지도** ● **휴대지도** 피란 상세도-B, 271p-B
가는 법 프르보마이 광장에 위치 **주소** Kosovelova ulica 4
전화 386 5 673 24 48 **운영 시간** 11:00~23:00
가격 오징어 튀김 10유로, 정어리구이 8유로, 밥 3유로

광장에서 티타임
메스트나 카페 Mestna Kavarna

도시(시티) 카페라는 뜻. 시청사 맞은편에 있으며 타르티니 광장이 대각선 방향으로 펼쳐진다. 볕 좋은 날 야외 테이블에 앉으면 탁 트인 광장을 바라보며 티타임을 즐길 수 있다. 율리우스 마이늘의 우수한 커피를 베이스로 하는 다양한 카페 음료, 애플슈트루델이나 기바니차 등 베이커리, 한 끼 식사를 대신하는 샐러드 등을 판매한다.

Data **지도** ● **휴대지도** 피란 상세도-C, 271p-C **가는 법** 타르티니 광장에 위치 **주소** Tartinijev trg 3
전화 386 51 337 995 **운영 시간** 08:00~23:00 **가격** 아메리카노 1.9유로, 애플슈트루델 2.9유로, 샐러드 5.9유로 **홈페이지** mestna-kavarna.business.site

동네 빵집 느낌
나샤 페카르나 Naša Pekarna

직역하면 '우리 빵집'이라는 뜻. 관광객보다 현지인이 들러 식사거리를 사 가는 동네 빵집의 활기찬 느낌이 든다. 방문 당시 점원은 영어를 하지 못했고 오히려 독일어를 조금 할 줄 알았다. 발칸 스타일의 넓적한 파이 부레크Burek 등 동유럽 스타일의 베이커리 위주. 시간대마다 굽는 베이커리의 종류가 달라 방문할 때마다 진열대에 다른 빵들이 있는 것도 동네 빵집의 느낌을 더해준다. 부레크는 아침 식사 대용으로도 괜찮다.

Data **지도** ● 휴대지도 피란 상세도-B, 271p-B **가는 법** 타르티니 광장 옆 **주소** Via Fran Levstik 1 **운영 시간** 08:00~23:00 **가격** 부레크 2.7유로

부레크

차원이 다른 해산물 파티
프리 마리 Pri Mari

친절한 주인 할머니, 이탈리아에서 요리를 배운 아들이 운영하는 분위기 있는 레스토랑. 문을 연 것은 20년이 채 되지 않았지만 이스트라 지역과 이탈리아의 미식이 만난 훌륭한 요리로 단기간에 피란의 인기 명소가 되었다. 오징어 튀김, 농어구이는 물론 상어고기 필레 등 쉽게 도전할 엄두가 나지 않는 음식까지 해산물 요리의 종류가 차원이 다르다. 다양한 맛을 원하면 모둠Mixed 구이 또는 튀김 메뉴를 선택하면 좋다. 게스타하우스를 함께 운영하다보니 성수기에 오히려 레스토랑 영업시간이 짧다.

Data **지도** 270p-C **가는 법** 버스터미널에서 도보 5분 **주소** Dantejeva ulica 17 **전화** 386 41 616 488 **운영 시간** 6월 15일~8월 31일 화~금 18:00~23:00, 토·일 12:00~16:00·18:00~22:00, 1월을 제외한 나머지 기간 화~토 12:00~16:00·18:00~22:00, 일 12:00~16:00, 월 휴무, 1월 휴무 **가격** 오징어튀김 11유로, 농어구이 12유로, 모둠 요리 15~18유로 **홈페이지** www.primari-piran.com

농어구이

SLEEP

100년 역사의 좋은 전망
호텔 피란 Hotel Piran

아드리아해 바로 옆에 1913년부터 문을 연 유서 깊은 피란의 대표 호텔이다. 건물이 다소 낡기는 했으나 엘리베이터와 에어컨이 완비된 편안한 객실에서 큰 불편사항을 느끼기 어렵다. 무엇보다 바다가 보이는 객실을 택하면 아드리아해의 전망 하나로 평생 잊기 힘든 추억을 남기게 될 것이다. 혹 객실에서 바다가 보이지 않아도 루프탑 바에서 뻥 뚫린 전망이 기다리고 있으니 슬퍼하지 말자. 미리 신청하면 버스터미널 또는 공영주차장까지 셔틀버스를 보내주는 것도 장점이다.

Data **지도** ● **휴대지도** 피란 상세도-E, 271p-E **가는 법** 타르티니 광장 옆 **주소** Stjenkova ulica 1 **전화** 386 5 666 71 00 **요금** 더블룸 150유로~ **홈페이지** www.hotel-piran.si

현직 아티스트의 손길
아트 호텔 타르티니 Art Hotel Tartini

타르티니 광장에 있는 호텔. 광장의 운치 있는 낡은 건물에 자리를 잡았으나 2018년 새 단장을 마쳐 내부는 거의 새 것이나 마찬가지다. 특히 슬로베니아의 아티스트 야샤Jaša와의 협업으로 객실과 로비, 계단 등 거의 모든 공간을 그의 예술로 채워 넣어 색다른 경험을 제공한다. 이곳에도 '오션뷰' 객실이 있지만 전망이 좋지는 않다. 오히려 '시티뷰'가 타르티니 광장과 성 유리야 교회 등 피란의 아름다운 시가지가 한 눈에 들어와 훨씬 근사한 전망을 보장한다.

Data **지도** ● **휴대지도** 피란 상세도-F, 271p-F **가는 법** 타르티니 광장에 위치 **주소** Tartinijev trg 15 **전화** 386 5 671 10 00 **요금** 더블룸 120유로~ **홈페이지** www.arthoteltartini.com

피란의 게스트하우스는 이렇습니다
게스트하우스 프리마 제트 Guest house Prima Z

피란 시가지 내에 셀 수도 없이 많은 게스트하우스가 있다. 이러한 숙박업소는 대개 미로 같은 골목을 지나 낡은 건물로 들어가지만 내부는 정성스레 단장해 편안한 하룻밤을 보낼 수 있기 마련이다. 엘리베이터가 없다는 점, 주인이 현장에 없어 관리자가 상주하지 않는다는 점 정도가 단점이라 할 수 있을 듯. 프리마 제트가 딱 전형적인 피란의 게스트하우스다. '길치'는 자칫 출입구를 잊어버릴 수도 있을 법한 좁은 골목 사이의 으슥한 곳에 입구가 있는데, 일단 들어가면 아늑한 공간에서 편안하게 숙박할 수 있다. 프리마 제트는 유사시 전화나 메일로 연락하면 주인의 즉각적인 도움을 받을 수 있고, 객실에 따라 방 안에 간단한 주방시설과 냉장고가 있어 현지에서 식재료를 준비해 식사를 해결하며 예산을 절약하는 것도 가능하다. 무엇보다 가장 큰 장점은 호텔의 절반 정도인 저렴한 가격이다.

Data 지도 ● 휴대지도 피란 상세도-B, 271p-B
가는 법 프르보마이 광장에서 도보 2분 주소 Vivantijeva ulica 1
전화 386 31 760 127
요금 더블룸 60유로~

TIP 게스트하우스 주차 요령

일단 피란 시내까지 차를 가지고 들어온다. 사전에 주인과 미팅 장소를 정하는데, 보통 호텔 피란 앞을 이야기한다. 여기에 일단 차를 세운 뒤 주인의 안내를 따라 짐을 가지고 게스트하우스에 들어가면 확인서를 써준다. 체크인 후 다시 차를 가지고 주차장으로 이동하는데, 이때 요금소에 확인서를 제출하면 별도의 비용 없이 출차 가능하다.

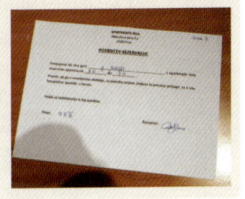

하늘로 돌아가지 못한 바다
피란 소금 Piranske Soline

피란은 슬로베니아의 특산품인 소금 산지다. 피란에서는 소금을 일컬어 '하늘로 돌아가지 못한 바다'라고 표현한다. 청정 바다에서 얻은 피란의 소금은 식용이나 미용 용품으로 사용하며 다양한 활용성을 가진다. 우리가 흔히 생각하는 소금뿐 아니라 오일 등 그 종류도 다양하고 심지어 초콜릿도 있어서 기념품이나 선물용으로도 좋다. 타르티니 광장의 베네챤카(베네치안)Benečanka 건물에 있는 피란 소금 상점에서 그 다양한 소금의 세계를 만나보고 쇼핑도 해보자. 단, 한 가지 단점이 있다. 대부분의 제품은 슬로베니아어로 안내되어 있어 여행자는 아무리 들여다보아도 이해하기 어렵다. 그러나 영어를 능숙하게 구사하는 친절한 직원이 기꺼이 도와줄 테니 모르는 것은 물어보며 '득템'의 시간을 가져보시기를. 청정 바닷물을 염전에 끌어들인 뒤 증발시키고 남은 소금을 수확하는 천일염 방식이니 품질은 확실하다.

Data 지도 ● 휴대지도 피란 상세도-C, 271p-C
가는 법 타르티니 광장에 위치
주소 Ulica IX. korpusa 2
전화 386 41 681 845
운영 시간 09:00~19:00
홈페이지 www.soline.si

TIP 슬로베니아 대표 특산품 피란 소금

피란 소금은 슬로베니아를 대표하는 특산품 중 하나이므로 꼭 피란이 아니어도 동일한 제품을 구매할 수 있다. 만약 피란을 여행할 계획이 없다면 다른 도시의 피란 소금 상점을 들러보자. 이 책에 소개된 도시 중에는 류블랴나, 코페르, 블레드, 마리보르에 각각 매장이 있다. 주소와 영업시간은 홈페이지(www.soline.si/en/article/about/sales-points)를 참조.

마리보르의 피란 소금 상점

피란 소금에 대하여

소금이 그냥 소금이라 생각해서는 안 된다. 피란의 소금은 1200년 이상의 역사를 가진 인류의 유산이다. 그 오랜 역사만큼이나 피란 시민들은 소금을 향유하는 독특한 문화를 가지고 있다.

염전 견학

피란의 염전은 모두 보호구역이나 국립공원으로 보호되고 있으며, 일반인에게도 개방되어 있다. 피란에서 가까운 스트루냔 염전Naravni rezervat Strunjan은 생태 공원의 성격이 강하고, 오늘날에도 소금을 생산하는 세쵸벨스케 염전Sečoveljske soline은 자연이 만든 거대한 규모의 '소금 공장'을 보는 기분이다.

소금 테라피

세쵸벨스케 염전에는 테라피 스파까지 따로 준비되어 있다. 방문객은 바다의 기후와 바닷물을 이용한 치료 요법인 탈라소테라피Thalassotherapy를 체험할 수 있다. 성수기인 7~8월에만 문을 여는 레파 비다Lepa Vida가 그 장소다. 자세한 이용방법이나 요금은 홈페이지(www.thalasso-lepavida.si)에서 확인할 수 있다.

소금 축제

피란에서는 매년 시내에서 소금 축제를 연다. 공연과 퍼레이드가 이어지고, 소금 생산을 시연하거나 제품을 판매하는 장터가 들어서기도 한다. 축제의 이름은 솔트팬즈 페아스트Saltpans Feast. 타르티니 광장이 축제의 메인 무대가 된다.

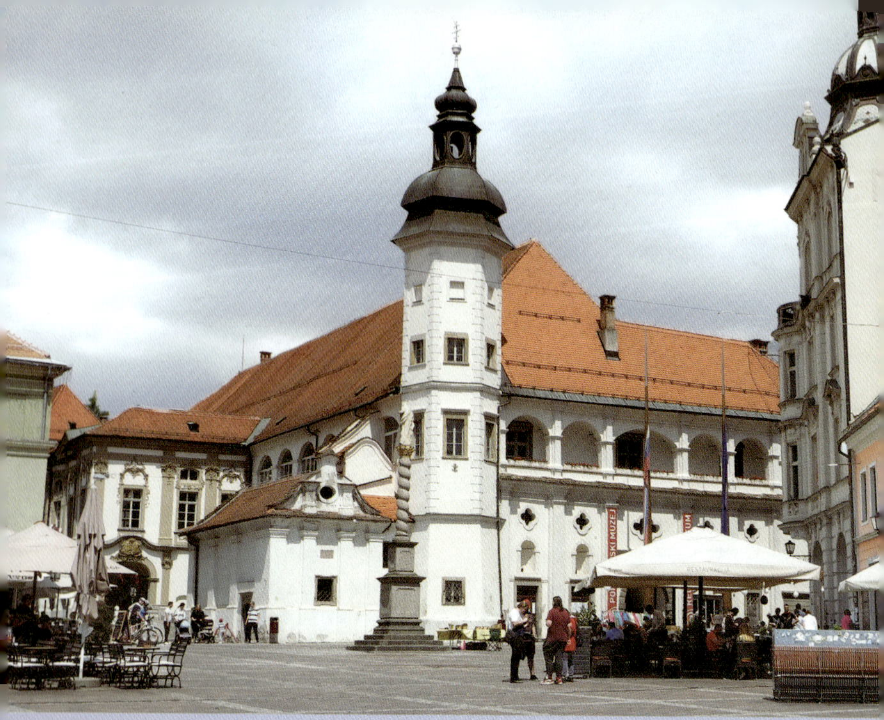

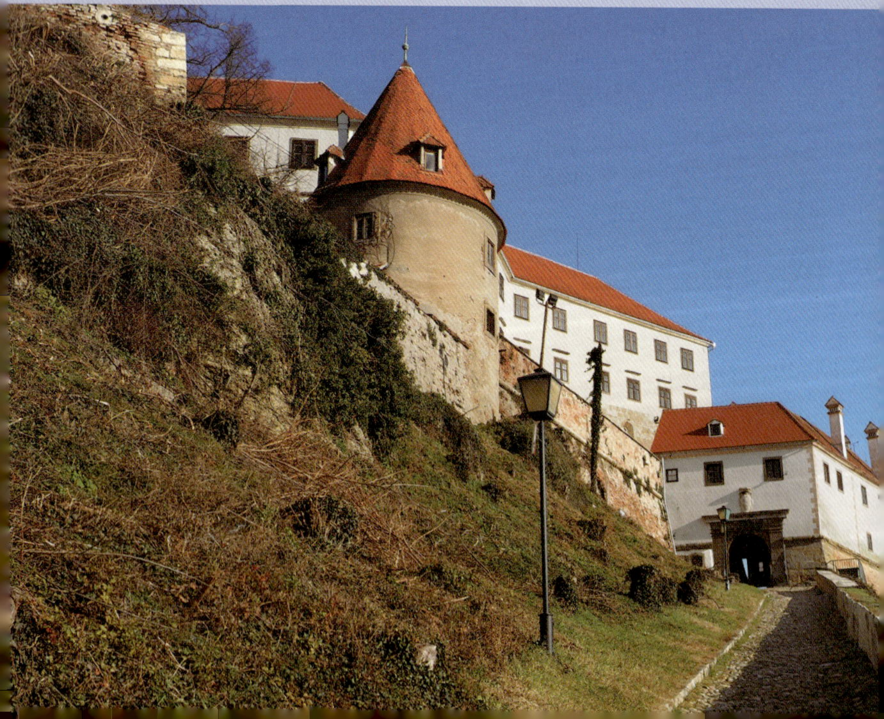

Slovenia By Area

04

스티리아
Styria

슬로베니아 제2의 도시와
제3의 도시가 있는 곳. 역사적으로
숱한 침공에 시달린 변방이었다.
고색창연한 고성이 전형적인
동남유럽의 아름다움을 완성한다.
슬로베니아의 뿌리나 마찬가지인
지역이므로 슬로베니아를 이해하기
위해 꼭 가보아야 한다.

스티리아
한눈에 보기

슈타이어마르크 공국은 제1차 세계대전을 겪고 남부는 슬로베니아, 북부는 오스트리아로 나뉜다. 이 지역은 오스트리아 문화로부터 영향을 많이 받았다. 이 지역은 군사적 요충지였기 때문에 도시의 곳곳에 오래된 성과 요새가 남아있다.

마리보르 Maribor

슬로베니아 제2의 도시이지만 전체적인 느낌은 소도시에 가깝다. 고층건물을 찾을 수 없는 좁은 골목을 거닐며 중세의 분위기에 흠뻑 빠져보자. 좁은 골목 사이사이에 레스토랑과 카페, 펍 등 다양한 식당이 존재한다. 대형 식당은 적은 편. 따라서 인기 맛집은 식사시간대에 몹시 붐비고, 인기 카페는 식후 시간대에 꽤 붐빈다. 숙박업소가 많지 않은 편이지만 최고급 호텔을 제외하면 시내 중심에서 방을 구하기 어려운 편은 아니다. 숙소가 적은 것에 착안하여 최근에는 시내에 게스트하우스가 많이 생기고 있다.

프투이 Ptuj

드라바강 옆으로 빨간 지붕의 하얀 건물이 다닥다닥 늘어서 있는 풍경이 흡사 마리보르와 유사하다. 그러나 프투이는 지대가 낮은 강변부터 언덕 위의 고성까지 층층이 시가지가 형성되어 보다 입체적인 전망을 가지고 있다.

첼레 Celje

첼레성은 슬로베니아 역사를 통틀어 가장 의미 있는 장소 중 하나다. 높은 산 위의 고성, 그리고 산 아래에는 웅장한 스케일을 자랑하는 중세의 건물이 드문드문 모인 구시가지가 펼쳐진다. 첼레는 역사적인 분위기가 강하지만 그와 상반되는 젊고 트렌디한 분위기도 강하다. 요즘 눈높이까지 충분히 만족시키는 현대적인 감각의 레스토랑이 곳곳에 있다. 야경이 크게 화려하거나 대중교통으로 편하게 연결되는 근교 여행지가 많지는 않으므로 첼레에서 숙박하기보다는 마리보르나 류블랴나 등 다른 도시에서 원데이투어로 여행하는 것을 권한다.

스티리아
키워드

1 드라바강

마리보르는 드라바강변에 형성된 동유럽풍의 시가지 렌트가 운치 있는 풍경을 만든다. 강 건너편에서 또는 강을 가로지르는 다리 위에서 렌트의 풍경을 바라보자. 프투이의 정취를 한껏 고조시키는 강도 마리보르에서 이어지는 드라바강이다.

2 슬라브 전통 축제

프투이 지역에는 괴물 형상의 전통 탈과 복장이 전해 내려온다. 이 탈과 복장은 슬라브 문화에 기원을 두고 있다. 이 괴물 형상의 전통 옷을 입고 겨울을 쫓는 축제를 연다. 축제의 이름은 '쿠렌트 카니발'이다. 사순절(부활절 40일 전)이 시작되는 '재의 수요일' 3일 전 일요일부터 이 축제가 시작된다.

3 와인

프투이의 히트상품은 와인. 프투이는 슬로베니아에서 가장 오랜 역사를 가진 와인을 생산한다. 프투이의 와인은 기념품으로 구매해도 좋다.

4 고성

마리보르, 프투이, 첼레 모두 도시에 고성이 하나씩 존재한다. 큰 도시 마리보르의 성은 궁전처럼 우아하고, 유서 깊은 도시 프투이의 성은 오랜 전쟁의 흔적을 증명하듯 웅장하고 견고하며, 비극적인 사랑 이야기가 전해지는 첼레의 성은 반쯤 허물어져 낭만적으로 느껴진다.

마리보르
Maribor

슬로베니아에서 류블랴나 다음으로 큰 제2의 도시. 19세기까지 오스트리아의 지배를 받은 슈타이어마르크(스티리아) 공국에 속했기 때문에 문화적으로 슬로베니아보다 오스트리아의 영향을 많이 받았다. 제1차 세계대전 후 슈타이어마르크가 둘로 나뉘어 북부는 오스트리아에, 남부는 슬로베니아에 편입되었는데, 이때 슬로베니아에 편입된 슈타이어마르크 지역의 중심도시가 바로 마리보르다.

마리보르 찾아가기

어떻게 갈까?

류블랴나에서 오가기에는 기차와 버스 모두 불편이 없다. 또한 같은 슈타이어마르크에 속하였다가 다른 나라로 나뉜 오스트리아 그라츠Graz 지역과의 교통이 특히 편리하다.

버스 류블랴나 ↔ 마리보르 : 편도 1시간 40분(12.9유로)
기차 류블랴나 ↔ 마리보르 : LPV 편도 2시간 45분(9.56유로), IC 편도 2시간분(11.36유로)
렌터카 류블랴나 ↔ 마리보르 : 편도 1시간 30분

어떻게 다닐까?

전 일정 도보로 여행할 수 있다. 중앙역과 버스터미널 모두 구시가지까지 도보 10분 거리에 있다. 마리보르 버스터미널은 수도 류블랴나보다 시설이 크고 인프라가 잘 갖추어져 있어 버스 여행이 매우 편리하다.

기차역

버스터미널

*** Plus Info ***

관광안내소

마리보르 관광안내소TIC Maribor는 프란치슈칸 교회 옆 광장에 독립된 파빌리온으로 존재한다. 따라서 중앙역이나 버스터미널에서 마리보르성 방향으로 여행을 시작하면 구시가지의 입구에서 관광안내소를 먼저 거치게 되어 편리하다.

Data 지도 292p-D 가는 법 프란치슈칸 교회 옆 주소 Partizanska cesta 6a 전화 386 2 234 66 11 영업 시간 4~10월 월~금 09:00~19:00, 토·일 09:00~17:00, 10~3월 월~금 09:00~18:00, 토·일 10:00~17:00 홈페이지 www.maribor-pohorje.si

마리보르
📍 당일 추천 코스 📍

중심부의 모든 관광지는 걸어서 이동할 수 있는 거리에 있으며, 구시가지 안쪽은 자동차 통행이 금지되어 보다 안전하고 쾌적한 도보 여행이 가능하다.

중앙역(또는 버스터미널)에서 여행 시작 → 도보 7분 → 프란치슈칸 교회부터 구시가지 돌아보기 → 도보 2분 → 마리보르성의 안과 밖을 관광 → 도보 2분 → 대성당과 주변 광장 및 골목 돌아보기 → 도보 2분 → 중앙 광장으로 이동 → 도보 2분 → 스타리 다리에 올라가 드라바강 풍경 감상 → 도보 2분 → 티토 다리가 나올 때까지 강변의 렌트 지역 산책 → 도보 7분 → 중앙 광장에서 마무리

SEE

구석의 요새에서 중앙의 궁전으로
마리보르성 Mariborski grad 마리보르스키 그라드

중세 마리보르 성벽의 북동쪽 모서리에 방어 목적의 마리보르성을 크게 지었다. 17세기에 군사적 목적이 사라지고 새 영주의 거성이 되어 점차 확장되면서 마치 궁전처럼 변신하였다. 구석의 요새로 출발하여 중앙의 궁전으로 발전한 셈. 특히 새 영주는 성의 사방 모서리에 높은 탑을 지었는데, 오늘날 남동쪽의 탑만 남아 있다. 화려한 인테리어를 갖춘 '축제의 방'을 비롯하여 고풍스러운 내부를 관람할 수 있고, 중세의 공예품, 무기, 민속자료 등을 전시하는 박물관으로 사용된다.

Data 지도 292p-C
가는 법 기차역 또는 버스터미널에서 도보 10분
주소 Grajska ulica 2
전화 386 2 228 35 51
운영 시간 화~일 10:00~18:00 (일 ~14:00), 월 휴관
요금 성인 5유로, 학생 3.5유로
홈페이지 www.museum-mb.si

지하저장고 견학
비나그 와인 셀러 Vinagova klet 비나고바 클레트

2.1km 길이의 지하 터널이 통째로 와인 저장고로 쓰이는 공간이 마리보르성 맞은편에 있다. 그 규모는 유럽 최대에 가깝고 역사도 매우 오래되었다. 끝없이 이어지는 와인 통은 물론 시대별로 변하는 유리병 등 흥미로운 전시품도 가이드의 인솔 하에 관람할 수 있다. 투어가 끝나면 와인을 시음할 수 있음은 물론 직접 빚은 여러 종류의 와인도 판매하니 기념으로 구매하여도 좋다.

Data 지도 292p-C 가는 법 마리보르성 옆 주소 Trg svobode 3
전화 386 30 203 527 운영 시간 월~목 15:00·17:00, 금·토 15:00·18:00, 일 15:00 투어 시작 요금 시음 포함 7유로, 시음 불포함 4유로

슬로베니아 성인의 안식처
대성당 Stolnica Maribor 🔊 스톨니차 마리보르

슬롬셰크 동상

마리보르 대성당은 12세기부터 존재했으며, 14~15세기에 오늘날의 고딕 양식으로 진화하였다. 마리보르에서 가장 높은 57m 높이의 첨탑은 18세기에 추가되었고, 당시에는 76m였으나 낙뢰 사고로 파괴되어 높이가 낮아졌다고 한다. 중앙 제단에 주교 슬롬셰크 Anton Martin Slomšek의 무덤이 있는데, 그는 슬로베니아인으로는 최초로 로마가톨릭 성인으로 시성된 인물이라고 한다. 대성당 주변의 조용한 공원도 그의 이름을 따서 슬롬셰크 광장 Slomškov trg이라 부르며, 슬롬셰크의 동상도 설치되어 있다. 평온한 공원을 둘러싼 마리보르 대학교 Univerza v Mariboru, 우체국 Pošta, 국립 극장 Slovensko narodno gledališče Maribor 등 스케일 큰 건물들과 대비되는 단아한 대성당의 매력이 독특하게 느껴진다.

우체국

Data 지도 292p-C 가는 법 마리보르성에서 도보 5분 주소 Slomškov trg 20 전화 386 2 251 84 32 운영 시간 종교행사 시간을 제외하고 입장 가능. 주로 평일 오전과 저녁, 일요일 대부분 시간에 입장 불가 요금 무료 홈페이지 www.stolnicamaribor.si

구시가지의 중심
중앙 광장 Glavni trg 🔊 글라브니 트르그

중세 마리보르의 시청 앞 중심 광장이었던 곳. 비록 제2차 세계대전 이후 광장의 한쪽 면은 현대식 대형 건물로 교체되는 바람에 광장의 아름다움이 살짝 훼손된 것은 아쉽지만, 여전히 시청사를 중심으로 한 광장의 매력은 마리보르의 자랑이다. 특히 번화한 신시가지와의 연결고리인 만큼 레스토랑이나 상업시설 등이 곳곳에 있고 현지인도 많이 왕래하여 매우 활기차다. 광장 중앙에는 바로크 양식의 페스트 기념비 Kužno znamenje가 있다. 17세기 도시 인구의 1/3이 사망한 페스트 전염병이 물러간 것을 기념하며 세웠다.

Data 지도 292p-C 가는 법 마리보르성에서 도보 7분

눈에 띄는 르네상스 시청
시청사 Mestna hiša 🔊 메스트나 히샤

중앙 광장에서 가장 눈에 띄는 르네상스 양식의 건물은 1565년 이탈리아 건축가의 손길로 탄생한 마리보르 시청사다. 지금은 다른 장소에 새로운 시청을 짓고, 이곳은 예식장이나 연회장으로 사용하므로 구 시청사라고 하는 편이 더 어울리겠다. 마리보르에서는 시청사를 로토브쥬Rotovž라고 부르는데, 이것은 독일어로 시청을 뜻하는 라트하우스Rathaus에서 변형된 것이라고 한다.

Data 지도 292p-C 가는 법 중앙 광장에 위치 주소 Glavni trg 14

마리보르의 올드 브리지
스타리 다리 Stari Most 🔊 스타리 모스트

스타리 다리는 '옛 다리'라는 뜻. 중앙 광장에서 곧장 이어져 중앙 다리Glavni most라고 불리기도 한다. 오스트리아의 지배하에 있던 1913년, 오스트리아의 수도 빈(비엔나)과 이탈리아 트리에스테를 연결하는 교역로의 교통량이 증가함에 따라 그 길목인 마리보르에 새로 만들었다. 다리 위에서 보이는 드라바강Drava의 풍경, 그리고 붉은 지붕이 다닥다닥 붙어 전형적인 동유럽의 감성을 분출하는 마리보르 구시가지의 풍경이 모두 아름답다. 다리 양편 전망이 모두 괜찮으니 한 번 건너갔다가 다시 건너오면서 각기 다른 방향의 풍경을 감상하자.

Data 지도 292p-E 가는 법 중앙 광장에서 도보 2분

스타리 다리의 짝꿍
티토 다리 Titov most 🔊 티토브 모스트

마리보르의 교통량 증가에 따라 스타리 다리의 동쪽으로 불과 500m 정도 떨어진 곳에 1963년 새로운 다리를 추가로 건설하고는 당시 유고슬라비아의 티토 대통령의 이름을 붙였다. 다리 위에서 보이는 풍경은 스타리 다리와 유사하다. 그런데 티토 다리는 이러한 풍경에 스타리 다리까지 더하여 한 눈에 볼 수 있는 자리이므로 여유롭게 여행하면서 스타리 다리와 티토 다리를 모두 건너보면 좋다.

Data 지도 292p-F 가는 법 스타리 다리에서 도보 7분

시나고그

급수탑

스타라 트르타

기분 좋은 강변 산책
렌트 Lent 🔊 렌트

스타리 다리와 티토 다리 위에서 보이는 구시가지 방면의 강변은 렌트라고 부르는 마리보르에서 가장 오래 된 지역이다. 자전거를 타거나 산책할 수 있는 조용한 강변 거리를 기분 좋게 거닐어 보자. 세 가지 볼거리도 있다. 세계에서 가장 오래 된 포도나무(오늘날까지 과일이 열리는 포도나무 중 가장 오래된 것으로 기네스북에 등재)가 자라고 있는 와이너리 스타라 트르타 Stara trta, 강으로 툭 튀어나온 육중한 급수탑 Vodni stolp, 유대인 예배당인 시나고그 Sinagoga Maribor가 그 주인공이다. 스타라 트르타부터 티토 다리까지 산책하면 이 세 가지 볼거리를 포함하여 렌트의 알짜배기는 모두 본 셈이다.

Data 지도 292p-C 가는 법 중앙 광장에서 도보 2분

> **TIP** 렌트는 마리보르의 가장 큰 축제가 열리는 무대이기도 하다. 매년 초여름 다채로운 공연과 불꽃놀이 등이 어우러지는 렌트 페스티벌 Lent Festival이 열린다. 2019년 축제 일정은 6월 20일부터 29일까지.

렌트 페스티벌

로마네스크의 충실한 재현
프란치슈칸 교회 Franciškanska cerkev 🔊 프란치슈칸스카 체르케브

1900년 완공된 네오로마네스크 양식의 교회. 프란치스코회 수도원으로 지었다. 두 개의 높은 첨탑과 붉은 벽돌의 조화는 1000년 전의 로마네스크 양식을 충실히 재현한 것이며, 오스트리아 빈 출신의 건축가 리하르트 요르단 Richard Jordan의 작품이다. 정갈한 제단과 고풍스러운 상들리에로 장식한 내부도 높은 수준의 완성도를 보여준다.

Data 지도 292p-C
가는 법 마리보르성에서 도보 2분
주소 Partizanska cesta 3-1
전화 386 2 22 85 110
운영 시간 종교행사 시간을 제외하고 입장 가능. 주로 평일 오전과 저녁, 일요일 대부분 시간에 입장 불가
요금 무료
홈페이지 www.bazilika.info

슬로베니아 독립 영웅을 기념하며
마이스트라 장군 광장 Trg generala Maistra 🔊 트르그 게네랄라 마이스트라

루돌프 마이스트라Rudolf Maistra는 제1차 세계대전 당시 오스트리아의 장교였지만 조국 슬로베니아가 패전국 오스트리아에 합병되는 것을 반대하여 군대를 이끌고 마리보르를 탈환한 뒤 세르비아 등 발칸반도의 다른 민족과 함께 슬로베니아의 독립을 위해 싸운 인물이다. 그를 기념하기 위한 공원이 마리보르성 바로 뒤편에 있다. 마침 시민공원으로 가는 길목이므로 잠시 지나치게 된다.

Data 지도 292p-C 가는 법 마리보르성에서 도보 2분

마리보르의 휴식처 겸 전망대
시민공원 Mestni park 🔊 메스트니 파크

1872년부터 시민공원의 조성이 시작되었다. 도시의 동쪽 산 능선에 연못을 만들고 꽃을 심고 산책로를 닦았다. 고층건물이 없는 마리보르이기에 공원에 오르면 도시 전체가 한 눈에 들어오는 전망대이고, 나무와 꽃이 울창한 공원은 최고의 휴식처가 된다. 오늘날에는 아쿠아리움 등 동식물의 생태를 관찰할 수 있는 공간, 아이들이 뛰어놀 수 있는 놀이터 등이 추가되어 그야말로 시민의 복합 휴식 공간으로 자리매김한 상태. 시민공원에 있는 다수의 나무는 수령樹齡 140년 안팎이어서 한여름에도 나무 그늘에 들어가면 시원하다. 산 전체가 공원이나 마찬가지이므로 공원 전체를 다 산책하기에는 무리가 있지만 가장 유명한 스폿인 피라미다Piramida만큼은 날씨 좋을 때 꼭 올라가보자. 은근히 가파른 등산로를 따라 30여분 올라가는 수고는 필요하지만 고고학 유적이 보이는 높은 곳에서 도시를 바라보는 전망이 일품이다.

Data 지도 292p-A 가는 법 마리보르성에서 공원 입구까지 도보 10분 운영 시간 종일개방 요금 무료

피라미다

사라예보를 소환하다
에트노 히샤 바슈차르시야 Etno hiša Baščaršija

발음도 어려운 식당 이름은 '바슈차르시야의 민족 하우스'라는 뜻. 바슈차르시야는 보스니아의 수도 사라예보의 지역 이름이다. 즉, 에트노 히샤 바슈차르시야는 마리보르 한복판에 사라예보를 소환한다. 보스니아의 음식에 보스니아 와인을 곁들이며, 보스니아 출신의 예술가가 꾸민 정감 넘치는 실내 분위기를 즐긴다. 내부가 좁은 건 아니지만 워낙 인기가 많다 보니 늘 만원. 손님이 밀리면 계단 중간의 테이블과 1층(한국식으로 2층)까지 개방하는데 좌석이 많은 편은 아니어서 큰 도움은 안 된다. 식사시간대에는 어느 정도의 대기시간을 감수할 필요가 있다. 음식이 전반적으로 낯선 편. 다진 고기를 소시지처럼 구워 만든 체밥치치(체바피)Ćevapčići는 보편적으로 좋아할 만한 맛이다. 여러 가지 그릴 요리를 한 접시에 담은 미샤노 메소Mešano meso도 추천할 만하다.

Data 지도 292p-C
가는 법 대성당에서 도보 2분
주소 Poštna ulica 8
전화 386 2 250 63 59
운영시간 월~목 09:00~23:00, 토·일 09:00~01:00, 일 휴무
가격 체밥치치 5유로, 메샤노 메소 9유로~
홈페이지 www.bascarsija.si

마리보르 대표 카페
일리히 Ilich

마리보르 중심가의 아담한 카페. 늘 북적거리지만 정겨운 분위기 속에서 편안하게 휴식을 취하거나 대화할 수 있는 사랑방 같은 공간이다. 우리가 생각할 수 있는 여러 종류의 카페 음료와 다양한 베이커리 및 젤라토 메뉴를 판매하며, 포장 판매하는 과자류는 선물용으로도 괜찮다.

Data **지도** 292p-C **가는 법** 마르보르성에서 도보 2분
주소 Slovenska ulica 6 **전화** 386 2 250 24 08
운영 시간 07:00~22:00(일 08:00~)
가격 커피 1.5유로 안팎, 케이크 3유로 안팎
홈페이지 www.facebook.com/Ilich.since.1909

흥겨운 피자 펍
안코라 Ancora

흥겨운 록음악이 울려 퍼지는 젊은 분위기의 레스토랑 겸 펍. 식사시간에 피자 등 이탈리아 음식으로 든든히 배를 채우기에도 좋고, 문 연 곳이 많지 않은 늦은 밤 맥주 한 잔 하며 시간을 보내기에도 좋다. 주문 후 화덕에 구워 풍미가 좋은 피자는 그 종류만 50종에 달할 만큼 선택의 폭이 매우 넓고 메뉴판에 영어로 재료를 안내하고 있어 선택에 도움이 된다. 1인분용 스몰 사이즈(지름 28cm)도 판매한다.

Data **지도** 292p-C **가는 법** 마르보르성에서 도보 2분
주소 Jurčičeva ulica 7 **전화** 386 2 250 20 33
운영 시간 월~금 09:00~23:00(금 ~01:00), 토 09:00~01:00, 일 10:00~23:00 **가격** 피자 스몰 5.5유로~, 피자 라지 7.1유로~ **홈페이지** www.ancora-mb.si

오전에 브런치를
이사벨라 Isabella

구시가지의 아담한 카페. 오전에는 토스트와 샌드위치 등 브런치 메뉴를, 저녁에는 여러 종류의 술을 판매한다. 특히 오전에 조용한 분위기에서 향이 짙은 커피와 신선한 베이커리를 즐길만한 곳으로 추천한다. 오전에 가장 주력으로 판매하는 메뉴는 다양한 종류의 파니니.

Data **지도** 292p-C **가는 법** 대성당에서 도보 2분
주소 Poštna ulica 3 **전화** 386 599 59450
운영 시간 08:00~24:00(토·일 ~02:00)
가격 파니니 3~4유로

마리보르 대표 호텔
호텔 시티 마리보르 Hotel City Maribor

겉에서 보면 매우 투박하고 단순하지만 이래 보여도 마리보르 중심가에서 가장 유명한 4성급 호텔이며, 규모가 커서 객실을 구하지 못할 일이 드물다. 내부가 살짝 좁은 감은 있지만 침대와 욕실 등 기본적인 설비가 우수하다. 또한 전용 주차장이 있어 렌터카 여행자에게 더 큰 이점이 있고, 기차역과 버스터미널도 멀지 않다.

Data 지도 292p-D
가는 법 버스터미널에서 도보 7분
주소 Ulica kneza Koclja 22
전화 386 2 292 70 00
요금 더블룸 115유로~
홈페이지 www.hotelcitymb.si

민박처럼 푸근한 호텔
호텔 렌트 Hotel Lent

스타리 다리 바로 옆 강변에 위치한 3성급 호텔. 마치 민박에 들어온 것처럼 푸근한 인테리어로 객실을 꾸며두었다. 일부 객실은 창밖으로 드라바강이 보여 풍경도 매우 근사하다. 가구가 다소 낡았음을 부인하기는 어려우나 욕실이나 냉방시설 등 기본적인 편의는 갖추어 두었기에 이러한 불만은 저렴한 요금으로 얼마든지 상쇄할 수 있다. 체크인 시간에 제한(22:00까지)이 있음을 유의하자.

Data 지도 292p-C
가는 법 렌트에 위치
주소 Dravska ulica 9
전화 386 591 77700
요금 더블룸 69유로~
홈페이지 www.facebook.com/hotelLentMaribor

위치 빼고 만점
페카르나 호스텔 Pekarna Hostel

청소년 문화센터 건물에 함께 준비된 호스텔. 건물이 상당히 크고 시설도 현대식이며, 젊은 취향에 맞춘 디자인도 감각적이다. 넓은 로비 휴게실 외에도 층마다 널찍한 휴게공간이 있고 분위기도 괜찮다. 도미토리 공동객실도 공간이 넓어 편리하게 이용할 수 있고, 1인실 또는 2인실의 단독 객실은 화장실과 주방이 객실 내부에 있어 마치 레지던스에서 묵는 것 같다. 두 블록 떨어진 곳에 슈퍼마켓 스파Spar(주소 : Med hmeljniki 2)가 있으니 식재료를 구입해 객실에서 조리해 먹으며 예산을 절약할 수 있다. 일반 호텔보다 불편한 점은 여러 날 투숙할 때 매일 청소해주지 않는다는 것뿐인데, 공식 유스호스텔의 체인점이기도 하여 우수한 수준으로 관리되므로 청결에 대해서는 전혀 염려할 필요 없다. 서양식으로 간단히 제공되는 조식 뷔페는 호스텔의 조식 치고는 꽤 훌륭하다. 먹고 직접 그릇을 치우는 정도만 협조해주기 바란다. 건물 바로 옆으로 기찻길이 있어 가끔 지나가는 기차 소리가 들리기는 하지만 불편한 정도는 아니다. 체감할 수 있는 유일한 단점은 위치가 멀다는 것. 스타리 다리를 건너 강 반대편에 있다. 대중교통을 이용하기 편리하지 않기 때문에 중앙 광장에서 약 10분 이상 걸어서 가야 한다. 호스텔 바로 옆에 기차역(타보르역)이 있지만, 기차가 매우 뜸하게 다니는 간이역이어서 기차로 이동하기에는 불편이 따른다.

Data 지도 292p-E 가는 법 타보르(Maribor Tabor)역 바로 옆
주소 Ob železnici 16
전화 386 591 80880
요금 도미토리 20유로~
홈페이지 www.youth-hostel.si

시내 중심가의 게스트하우스
포 룸스 4Rooms

중심가에 숙박업소가 많지 않은 마리보르에서 저렴한 숙소를 구하려면 아파트먼트와 게스트하우스를 고려하지 않을 수 없다. 포 룸스도 그 중 하나. 간판도 없고 카페 사이의 출입문에 명패 하나 붙여둔 작은 게스트하우스인데, 문자 그대로 딱 네 개의 객실이 한 층에 자리 잡고 있으며 욕실은 공동으로 사용한다. 건물은 낡았으나 숙소 내부는 깨끗하고, 더블룸부터 패밀리룸까지 종류별로 갖추었다. 공용 욕실은 매우 넓고 욕조도 있으나 후문과 바로 연결되어 있어 당황스러울 수 있다. 관리자가 상주하지 않아 문이 잠겼으면 문 앞에 기재된 전화번호로 연락해야 하고, 체크인하면 건물 열쇠를 받는다. 만약 조식을 따로 결제하면 게스트하우스 옆 이사벨라 카페에서 조식을 먹을 수 있는 쿠폰을 준다.

Data 지도 292p-C
가는 법 대성당에서 도보 2분
주소 Poštna ulica 3
전화 386 41 666 852
요금 더블룸 35유로~

있을 건 다 있는 메인 스트리트
고스포스카 거리 Gosposka ulica

마리보르의 구시가지는 아담하지만 어쨌든 한 나라에서 두 번째로 큰 도시의 중심가이며 유동 인구가 많은 지역이니 다양한 상업시설이 자리를 잡은 것은 자연스럽다. 겉으로 보기에는 소도시의 골목처럼 정겨운 고스포스카 거리는, 글로벌 의류 브랜드와 드러그스토어 매장, 이동통신사 대리점, 기념품 상점, 특산품인 피란의 소금 상점 등이 모두 부근에 밀집한 메인 스트리트다. 상점마다 개장 시간에 차이가 있으나 대부분 일요일과 공휴일은 문을 닫는다.

Data 지도 292p-C **가는 법** 중앙 광장에서 연결

피란 소금 상점

강변의 초대형 쇼핑몰
유로파크 Europark

마리보르는 물론이고 슬로베니아의 동부 지역 전체를 통틀어도 가장 큰 쇼핑몰이다. 쾌적한 2층짜리 대형 쇼핑몰에 약 70개의 브랜드가 입점해 있다. 패스트 패션, 스포츠의류, 신발, 보석 등 우리에게도 친숙한 글로벌 브랜드 매장이 수두룩하니 패션 아이템을 쇼핑하고 싶은 여행자라면 발품을 들여 한 바퀴 둘러볼 만한 가치가 충분하다. 레스토랑과 패스트푸드 등 먹을 것을 파는 매장과 대형 슈퍼마켓도 있어서 늘 현지인으로 붐빈다. 실내에도 쉴 공간이 충분해 날씨의 영향 없이 언제든지 즐거운 쇼핑이 가능하다. 또한 유로파크 내에도 이동통신사 대리점이 있으니 마리보르에 도착해 현지 유심 구입이 필요할 때에도 도움이 된다. 아무래도 대형 쇼핑몰인 만큼 직원의 영어 구사도 보다 자연스러운 인상을 받았다. 티토 다리 바로 옆이므로 걸어서 찾아가도 부담 없으나 다리에서 쇼핑몰로 걸어갈 때 도로 구조상 무단횡단을 할 수밖에 없다. 차량 통행이 잦으니 주의하기 바란다.

Data 지도 292p-F
가는 법 티토 다리 옆
주소 Pobreška cesta 18
전화 386 2 320 82 10
영업 시간 월~금 09:00~21:00, 토 08:00~21:00, 일 09:00~15:00(일요일에는 쇼핑 상점은 문을 닫으며 슈퍼마켓과 레스토랑만 영업한다)
홈페이지 www.europark.si

프투이
Ptuj

마리보르에서 드라바강을 따라 남동쪽으로 30km쯤 떨어진 곳에 있는 소도시 프투이는 슬로베니아에서 가장 오래된 도시로 꼽힌다. 슬로베니아 학생들이 역사를 배우기 위해 한번쯤 꼭 가봐야 하는 곳이어서 소도시임에도 불구하고 교통이 편리하고, 기후 좋은 유명한 와인 산지의 포근한 분위기 속에 전형적인 동유럽의 정취로 빠져든다.

프투이
찾아가기

어떻게 갈까?

마리보르에서 기차로 다녀오기 편하다. 류블랴나에서도 프투이까지 한 번에 가는 기차가 있으나 자주 다니지는 않는다.

기차 마리보르 ↔ 프투이 : LP 편도 40분(3.44유로)
　　　류블랴나 ↔ 프투이 : MV 편도 2시간 27분(11.36유로)
렌터카 마리보르 ↔ 프투이 : 편도 30분

어떻게 다닐까?

분위기 좋은 아담한 소도시. 당연히 도보로 여행한다. 프투이성까지 오르내릴 때 체력이 부담되면 강변의 산책로와 공원, 시내의 카페 등 곳곳에 쉬었다 갈 곳이 충분히 많다.

기차역

버스터미널

••• Plus Info •••

관광안내소

프투이 관광안내소TIC Ptuj는 시티 타워 부근에 있다. 쿠렌트에 대한 영상을 볼 수 있는 시청각실도 있다.
Data 지도 306p-A 가는 법 시티 타워 옆 주소 Slovenski trg 5
전화 386 2 779 60 11
영업 시간 09:00~18:00 홈페이지 www.ptuj.info

프투이
♥ 당일 추천 코스 ♥

중심부의 모든 관광지는 걸어서 이동할 수 있는 거리에 있으며, 구시가지 안쪽은 자동차 통행이 금지되어 보다 안전하고 쾌적한 도보 여행이 가능하다.

TALK | 프투이의 전통 탈놀이, 쿠렌트 카니발

슬라브 문화의 기원을 찾아서

프투이에서 오랫동안 내려오는 괴물 형상의 전통 탈과 복장을 쿠렌트Kurent라고 부른다. 초기 슬라브 문화에 기원을 두고 있으며, 겨울을 쫓는 영험한 힘이 있다고 믿어 늦겨울에 쿠렌트를 갖춰 입고 시끌벅적한 축제를 열었다. 프투이에서는 이 전통을 살려 1961년부터 쿠렌트 카니발Kurentovanje 축제를 매년 개최한다. 일정은 사순절(부활절 40일 전)이 시작하는 '재의 수요일' 3일 전 일요일부터. 원래 쿠렌트를 쓰고 축제에 나서는 이는 이혼한 남성만 가능했다고 하는데, 오늘날에는 남녀노소 불문 누구나 쿠렌트를 쓸 수 있다고 하며, 2명의 장인이 가면을 제작하면서 그 기술을 후대에 물려준다고 한다.

 SEE

아늑한 중심 광장
메스트니 광장 Mestni trg 🔊 메스트니 트르그

프투이 시내의 중심. 사면을 둘러싼 건물들과 그 너머로 보이는 프투이성의 정취가 아늑하다. 광장에 설치된 동상은 1744년 프투이에서 대화재가 발생해 많은 피해를 겪은 뒤 성자 플로리안(250년경 고대 로마에서 소방군을 조직했던 사령관이며, 이후 성자로 추대된 후 소방의 성인으로 여겨진다)을 도시의 중앙에 '모신' 것이다. 쿠렌트 카니발과 겨울의 크리스마스마켓도 모두 메스트니 광장에서 열린다. 광장에서 가장 눈에 띄는 주인공은 단연 프투이 시청사다. 원래 부유한 상인의 저택이 있던 자리에 1907년 건축되었으며, 후기 고딕양식과 바로크양식이 적절히 조화를 이룬다. 오스트리아 그라츠 출신의 건축가 막스 폰 페르스텔Max von Ferstel의 작품.

`Data` 지도 306p-B 가는 법 기차역에서 도보 15분

시청사

시민을 위한 시계탑
시티 타워 Mestni stolp 🔊 메스트니 스톨프

16세기 메스트니 광장보다 조금 더 높은 지대에 세운 타워. 약 5층 높이로 시내에서 잘 보이는 곳에 시계를 설치해 시민이 시간을 확인할 수 있도록 하였다. 한 가지 흥미로운 것은, 타워를 세울 때 프투이성의 영주에게 공사비 분담을 요구했으나 이를 거절하자 성 방향을 제외한 나머지 세 방향에만 시계를 달았다는 점이다. 시티 타워 앞에는 5m 높이의 오르페우스 기념비가, 그 옆으로는 시립 극장Mestno gledališče이, 타워의 뒤편으로는 성 유리야 교회Cerkev sv. Jurija가 있어 주변 경관이 훌륭하다.

`Data` 지도 306p-A 가는 법 메스트니 광장에서 도보 2분 주소 Slovenski trg 14

성 유리야 교회

성에서 보이는 전망

Data 지도 306p-A
가는 법 메스트니 광장에서 도보 10분 주소 Na Gradu 1
전화 386 2 748 03 60
운영 시간 09:00~17:00(5월 1일~10월 14일 ~18:00, 7·8월은 주말 ~20:00)
요금 박물관 6유로, 쿠렌트 전시 2유로 홈페이지 www.pmpo.si

프투이를 내려다보다
프투이성 Grad Ptuj 🔊 그라드 프투이

프투이 언덕 위 높게 솟은 고성. 워낙 거대하여 언뜻 보면 성으로 보이지 않고 빨간 지붕의 건물이 여럿 자리 잡고 있는 것처럼 느껴지는데, 가까이 다가가면 비로소 견고한 성채가 눈에 들어온다. 프투이성은 12세기 중반 헝가리 침공에 대비하여 세운 방어 요새였다. 당시 프투이는 잘츠부르크 대주교의 영지였으며, 프투이의 영주가 대주교에게 성을 빌려 오랫동안 거주하면서 오늘날의 모습을 갖게 되었다. 1912년 재단장하여 박물관으로 사용되기 시작하였고 1945년 슬로베니아에서 국립박물관으로 만들었다. 로비층(한국식으로 1층)에는 중세 영주가 수집한 악기 박물관과 쿠렌트 등 프투이 지역의 민속 문화를 엿볼 수 있는 지역 박물관이, 1층(한국식으로 2층)에는 영주가 거주하던 당시의 모습으로 복원된 성의 내부를 볼 수 있는 박물관이 있다. 옛 감옥 등 일부 구역은 무료로 관람할 수 있다. 성에서 내려다보이는 프투이의 전망도 일품이다.

> **TIP** 관광안내소 옆길로 프투이성 올라가면 더 수월해요
>
> 프투이성에 오를 때 은근히 가파른 경사로를 오른다. 관광안내소 옆 건물 사이로 시작되는 계단을 통해 올라가면 조금 더 편리하다.

전망대에서 보이는 프투이

프투이가 한눈에 포개지다
드라바강 전망대 Pot v Toplice ◀)) 포트 브 토플리체

따로 전망대의 이름이 있는 건 아니다. 포트 브 토플리체, 즉 '온천으로 가는 길'이라는 뜻의 드라바강 건너편 강변 산책로에 서면 파란 강과 하얀 건물, 빨간 지붕이 케이크처럼 포개지는 풍경이 펼쳐지고 날씨까지 맑으면 파란 하늘이 추가된다. 파랗고 빨갛고 하얀 원색의 강렬한 대비가 강물에 비쳐 반영까지 추가된다. 이 풍경 때문에라도 프투이에 방문할 가치가 있다고 자신 있게 추천할 수 있다.

Data 지도 306p-C 가는 법 프투이성에서 도보 10분

전망 좋은 강변의 공원
도미니칸 수도원 Dominikanski samostan ◀)) 도미니칸스키 사모스탄

드라바강변에 위치한 도미니칸 수도원은 여러 건물이 ㅁ자 모양으로 연결되어 독특한 구조를 가지고 있으며, 프투이성에서 이어지는 옛 방어 성벽의 연장선에 지어져 역사적으로도 매우 중요한 건축물로 평가 받는다. 다만, 아직 복원이 완전히 이루어지지 않아 측면 외벽의 훼손이 눈에 보인다. 내부는 매우 엄숙하고 고풍스러운 중세 수도원의 전형적인 모습을 보여주지만 1년 중 절반만 개방된다. 수도원 앞에는 널찍한 공원이 있으며 여기서 강과 프투이성의 전망이 양쪽으로 펼쳐진다.

Data 지도 306p-A 가는 법 프투이성에서 도보 5분 주소 Muzejski trg 1 전화 386 2 620 73 51
운영 시간 4~9월 10:00~18:00, 10~3월 휴관 요금 무료 홈페이지 www.dominikanskisamostan.si

수도원 앞 드라바강 풍경

바로크 수도원과 전쟁기념비
미노리트 수도원 Minoritski samostan 🔊 미노리트스키 사모스탄

전형적인 바로크 양식의 외관을 가진 미노리트 수도원은 시청사 부근에 있다. 정식 명칭은 성 페트라와 파울라 수도원Samostan sv. Petra in Pavla, 베드로와 바울이라는 뜻이며, 입구 위 파사드에 베드로와 바울, 그리고 성모마리아상으로 각각 장식되어 있다. 수도원 정면의 높은 기둥에 황금빛 성모마리아 기념비가 하나 더 있다. 이것은 1664년 오스트리아(당시 슬로베니아의 지배세력)가 투르크의 침공을 물리친 것을 기념하며 세웠다. 프투이는 전쟁 당시 오스트리아가 크게 승리한 전투가 벌어진 지역이었다고 한다.

Data 지도 306p-D
가는 법 메스트니 광장에서 도보 2분 주소 Minoritski trg 1
전화 386 590 73000
운영 시간 종교행사 시간을 제외하고 입장 가능. 주로 평일 오전과 저녁, 일요일 대부분 시간에 입장 불가 요금 무료
홈페이지 www.kloster.si

🍽 EAT

사진 찍기 좋은 카페
뮤지카페 Muzikafe

뮤지카페는 마치 20세기 초반의 어느 부유한 시골집에 들어간 듯한 인테리어가 인상적이며, 커피 등 간단한 음료와 맥주, 와인 등을 판매한다. 날씨 좋은 여름날에는 넓은 안뜰을 개방하여 나무그늘 아래에서 수다 떨며 시간을 보낼 수 있게 해주며, 종종 전시회나 공연도 개최한다. 카페의 안과 밖을 장식한 센스가 훌륭해 SNS에 올릴 사진을 찍기에도 좋다. 민박도 겸하고 있으니 저렴한 도미토리 숙박을 원하면 홈페이지에서 확인하기 바란다.

Data 지도 306p-A 가는 법 시티 타워에서 도보 2분 주소 Jadranska ulica 5 전화 386 2 787 88 60
운영 시간 08:00~23:00(금·토 ~24:00) 가격 커피 1.2유로~ 홈페이지 www.muzikafe.si

SLEEP

호텔, 카페, 와인
호텔 미트라 Hotel Mitra

프투이 시내 안쪽에 몇 없는 호텔 중 하나. 건물의 외관은 낡은 흔적이 역력하지만 내부는 매우 깔끔하다. 공식적으로 3성급 호텔로 분류하지만 가격은 조금 비싸고, 대신 객실이 넓고 고급스러워 실질적으로 4성급 호텔에 가깝다. 호텔보다 더 유명한 것은 1785년부터 운영되는 호텔 카페, 그리고 프투이의 유명한 와인을 판매하는 100년 넘은 호텔 지하의 와인 셀러다.

Data 지도 306p-A
가는 법 시티 타워 옆
주소 Prešernova ulica 6
전화 386 2 787 74 55
요금 싱글룸 65유로~, 더블룸 112유로~
홈페이지 www.hotel-mitra.si

BUY

슬로베니아에서 가장 오래된 와이너리
풀루스 비노테카 Pullus Vinoteka

풀루스Pullus는 1239년부터 와인을 만든 프투이의 대표 브랜드이며, 슬로베니아에서 가장 역사가 오래된 와인이라고 한다. 풀루스의 본사에 있는 비노테카는 다양한 종류의 풀루스 와인을 판매하는 상점이다. 레드와인 위주인 풀루스 와인은 '드라이'한 맛이 강한 편. 슬로베니아에서 가장 유명한 와인이어서 슈퍼마켓이나 마트에서도 쉽게 구입할 수 있지만 프투이를 여행한다면 풀루스 비노테카에서 더 다양한 와인을 비교하며 구입해보는 것을 권한다.

풀루스 와인

Data 지도 306p-B
가는 법 메스트니 광장에서 도보 2분 주소 Vinarski trg 1
전화 386 2 787 98 10
운영 시간 월~금 09:00~12:00·13:00~17:00, 토 08:00~12:00, 일 휴무
홈페이지 www.pullus.eu

첼레
Celje

슬로베니아 제3의 도시. 기원전부터 인류가 정착한 것으로 알려져 있다. 고대 로마시대에 첼레이아Celeia라 불린 것에서 오늘날 도시 이름이 유래한다. 산 위에 높이 솟은 성채, 그 아래에 흐르는 소박한 강, 그리고 활기찬 시가지가 공존한다.

첼레 찾아가기

어떻게 갈까?

류블랴나와 마리보르 모두 첼레까지 기차로 여행하는 게 더 편리하다. 첼레는 류블랴나와 마리보르 사이에 위치하여 두 도시를 연결하는 기차가 도중에 첼레를 지나간다.

기차 류블랴나 ↔ 첼레 : EC 편도 1시간 32분(8.79유로), ICS 편도 1시간 14분(13.99유로)
　　　　마리보르 ↔ 첼레 : LPV 편도 1시간 3분(5.8유로), EC 편도 57분(7.6유로)
렌터카 류블랴나 ↔ 첼레 : 편도 50분
　　　　　마리보르 ↔ 첼레 : 편도 40분

어떻게 다닐까?

기차역부터 모든 여행 명소까지 도보로 여행한다. 심지어 등산을 요하는 첼레성도 대중교통으로 연결되지 않기 때문에 도보로 여행해야 한다. 렌터카로 여행하면 첼레성을 보다 편하게 갈 수 있다.

기차역

등산이 필요한 첼레성

••• Plus Info •••

관광안내소

첼레 관광안내소TIC Celje는 대성당 부근에 있다. 관광안내소 내에 고대 로마유적을 관람할 수 있는 작은 통로가 있으니 일부러라도 들어가보아야 한다.

Data 지도 315p-A 가는 법 기차역에서 도보 5분 주소 Glavni trg 17 전화 386 3 428 79 36 영업 시간 1~11월 월~토 10:00~17:00 (5~9월 ~19:00), 일 10:00~13:00, 12월 10:00~20:00
홈페이지 www.celje.si

첼레
♟ 당일 추천 코스 ♟

첼레성까지 여행하려면 아무래도 등산을 먼저 하고 나서 충분히 쉰 다음에 나머지 여행지를 마저 관광하는 게 적당하다. 적당한 휴식 시간을 감안해 반나절 정도 첼레에 머물면 충분히 여행을 즐길 수 있고, 박물관 내부 관람을 충실히 하려면 한나절을 할애한다.

기차역에서 여행 시작 → 도보 40분 → 첼레성 등산하기 → 도보 40분 → 크레코 광장에서 시내 여행 시작 → 도보 5분 → 국립회관이 나올 때까지 쭉 시가지 산책 → 도보 2분 → 왕자의 궁전과 옛 백작의 맨션에서 박물관 관람 → 도보 2분 → 대성당과 주변 광장, 관광안내소의 로마유적 관람 → 도보 10분 → 체력이 허락하면 성 체칠리 교회에서 전망 즐기기 → 도보 10분 → 기차역으로 되돌아오기

SEE

반쯤 무너진 낭만
첼레성 Stari grad Celje 🔊 스타리 그라드 첼레

성의 규모로만 따지면 수도의 류블랴나성보다 더 큰 중세의 방어요새 첼레성. 1322년에 지어졌으며, 첼레 백작 프리데리크 1세Friderik I. Celjski가 성에 들어와 살면서 내부도 화려하게 치장하고 규모도 훨씬 크게 확장하였다. 그러나 첼레 백작의 대가 끊어지면서 오스트리아 합스부르크 가문이 소유하게 되었고, 이후 오스트리아는 첼레성에 영주를 파견하며 이 지역을 관리하였다. 더 이상 성의 필요성이 없었기에 첼레 시가지에 큰 건물을 만들 때마다 성을 부수어 석재를 조달하여 오늘날 첼레성은 많이 훼손된 모습으로 남아있다.

사실상 성채의 틀만 남은 채로 반쯤 무너진 듯 산 위에 모습을 드리우는데, 그 모습이 또 주변의 평온한 풍경과 잘 어울려 낭만을 극대화 한다. 해발 407m의 높은 곳에 있어 성에 오르면 주변의 풍경이 기막히게 펼쳐지고, 성에서 첼레를 바라보는 방향이 서쪽이어서 첼레 시가지 위로 석양이 넘어가는 풍경도 볼 수 있다. 단, 대중교통으로 갈 수 없다는 게 가장 큰 단점. 등산로를 따라 약 30분 걸어 올라가야 한다. 경사가 완만하지는 않아 평소 등산에 익숙하지 않으면 더 오래 걸릴지도 모른다.

Data 지도 315p-F 가는 법 기차역에서 도보 40분 주소 Cesta na Grad 78 전화 386 2 228 35 51 전화 386 3 544 36 90 운영 시간 1·12월 10:00~16:00, 2·11월 09:00~17:00, 3·10월 09:00~18:00, 4월 09:00~19:00, 5·9월 09:00~20:00, 6~8월 09:00~21:00 요금 4유로 홈페이지 www.grad-celje.com

| Talk |
첼레성의 비극, 백작 가문의 사랑과 전쟁

오늘날 슬로베니아의 국장國章에 들어가는 세 개의 별은 첼레 지역을 다스리던 백작 가문의 문장紋章에서 유래한다. 그 정도로 첼레를 다스린 백작 가문은 슬로베니아 역사의 한 축을 담당하며 강한 힘을 떨쳤다. 이 대단한 가문의 비극적인 스토리가 첼레성에 서려있다.

14세기 첼레 지역을 다스린 백작 헤르만 2세Herman II. Celjski(1365~1435)에게는 아들 프리데리크 2세Friderik II. Celjski(1379~1454)가 있었다. 헤르만 2세는 아들의 아내가 의문사를 당한 이후, 아들과 사이가 소원해졌다. 그러던 중 그의 아들 프리데리크 2세는 낮은 귀족 가문 출신의 베로니카Veronika Deseniška를 두 번째 아내로 맞이했다. 헤르만 2세는 노골적으로 아들의 결혼을 반대하며 훼방을 놓았다. 마침 15세기는 마녀사냥이 횡행하였기에, 헤르만 2세는 아들을 첼레성의 탑에 가둔 뒤 베로니카를 마녀로 규정하고 마녀재판에 넘겼다.

아들의 사랑을 반대한 아버지

다행히 베로니카는 자신을 변호해준 증인이 많아 재판에서 풀려났다. 하지만 헤르만 2세는 기어이 베로니카를 잡아 성에 가두었고, 베로니카는 우물에 빠져 사망했다. 프리데리크 2세의 핏줄은 첫 부인 사이에 태어난 아들 울리크 2세Ulrik II. Celjski 한 명뿐이었다. 울리크 2세가 헝가리의 정적에게 암살당하면서 첼레 백작 가문은 후사가 끊어졌고, 찬란했던 가문은 1456년 오스트리아에게 넘어가 버리고 말았다. 만약 프리데리크 2세와 베로니카 사이에 아들이 더 있었다면 첼레 백작 가문의 운명이 어떻게 바뀌었을지, 동유럽의 지도가 어떻게 바뀌었을지 모를 일이다. 프리데리크 2세가 감금되었던 탑을 오늘날 프리데리크 타워Friderikov stolp라고 부른다. 또한 성 내에 문을 연 카페는 베로니카 카페Kavarna Veronika라고 이름을 붙였다.

첼레성(오른쪽)과 프리데리크 타워(왼쪽)

첼레의 시원한 첫인상
크레코 광장 Krekov trg 🔊 크레코브 트르그

기차역에 내리면 바로 정면에 펼쳐지는 크레코 광장은, 말하자면 낯선 도시 첼레의 첫인상을 규정하는 장소다. 뜻밖의 거대한 건축물이 웅장하게 펼쳐지고, 바닥에 설치된 분수에서 물줄기가 솟으며 시원한 풍경을 만든다. 분수 옆으로 눈을 돌리면 1907년 건축된 네오고딕 양식의 첼레 홀Celjski dom이 존재감을 과시한다. 광장 중앙의 동상은 첼레 출신의 여행작가 알마 카를린Alma Karlin이 주인공이다.

Data 지도 315p-B 가는 법 기차역 앞

알마 카를린 동상

그들의 한 세기가 궁금하다면
현대사 박물관 Muzej novejše zgodovine 🔊 무제이 노보이셰 즈고도비네

정확히 말하면 현대사Modern history가 아니라 그보다도 더 최근의 역사Recent history를 이야기하는 박물관. 옛 시청사에 자리 잡았다. 지난 한 세기 동안 첼레의 시민들이 사용한 의복, 가전, 패션, 가구 등을 오밀조밀하게 전시하며 첼레의 최근 반세기가 어떠했는지 소소하게 들려준다. 공산국가인 유고슬라비아 시절이 포함되어 더 낯선 풍경을 만날 수 있다.

Data 지도 315p-A 가는 법 크레코 광장에서 도보 5분 주소 Prešernova 17 전화 386 3 428 64 10 운영 시간 화~금 09:00~17:00, 토 09:00~13:00, 일 14:00~18:00, 월 휴관 요금 5유로 홈페이지 www.muzej-nz-ce.si

© www.muzej-nz-ce.si

독특한 건축미를 구경하세요
대성당 Stolna cerkev sv. Danijela 🔊 스톨나 체르케브 스베티 다니엘라

정식 명칭은 성 다니엘 대성당. 14세기 후반에 건축되었고, 이후 수백 년간 계속 보수되는 과정에서 다양한 건축양식이 혼재되었다. 외관은 로마네스크와 고딕, 내부는 고딕과 바로크가 섞여 있어 독특한 건축미를 자랑한다. 엄숙한 내부의 중앙 제단은 꼭 보도록 하자. 대성당 앞 중앙 광장 Glavni trg에 설치된 마리아 기념비도 눈에 띈다.

Data 지도 315p-C 가는 법 크레코 광장에서 도보 2분 주소 Slomškov trg 2 전화 386 3 426 19 00
운영 시간 종교행사 시간을 제외하고 입장 가능. 주로 평일 오전과 저녁, 일요일 대부분 시간에 입장 불가
요금 무료 홈페이지 www.celje-stolnica.si

마리아 기념비

발아래의 로마유적
첼레이아 Celeia 🔊 첼레이아

첼레 관광안내소는 별도의 용무가 없어도 꼭 들러야 한다. 관광안내소에 들어가면 발아래 로마유적이 펼쳐지기 때문이다. 로마시대 첼레 지역에 자리하였던 고대도시 첼레이아의 유적이 2013년 중앙 광장의 건물 아래에서 발굴되었다. 이에 첼레에서는 유적을 보호하는 유리벽을 설치하였고, 일부는 유리벽 너머로, 일부는 유리 바닥 위에서 감상할 수 있도록 관람통로를 마련하였다. 관광안내소에 들어가려면 이 관람통로를 지나가야 한다. 요금도 무료.

Data 지도 315p-A 가는 법 크레코 광장에서 도보 2분 주소 Glavni trg 17 전화 386 3 428 79 36
운영 시간 관광안내소와 동일 요금 무료

첼레의 낮은 성
왕자의 궁전 Knežji dvorec 🔊 크네쥐 드보레츠

첼레가 오스트리아 합스부르크 가문의 영지가 된 이후부터 본국에서 파견된 총독이 첼레 지역을 다스렸다. 처음에 총독은 백작이 거주했던 첼레성에서 생활했으나 굳이 산 위에 머무를 이유가 없어지면서 산 아래에 새로운 거성, 왕자의 궁전을 지었다. 왕자의 궁전이라는 이름은 진짜 왕자가 아니라 2인자, 즉 합스부르크 황제의 명을 대리하는 총독의 궁전 정도로 이해하면 된다. 두 성의 구분을 위해 첼레성을 '높은 성', 왕자의 궁전을 '낮은 성'이라고 부르기도 한다. 두 성은 오늘날 첼레의 리저널 뮤지엄Pokrajinskimuzej Celje으로 사용되고 있다. 이들 성에서는 과거 백작이 다스리던 시대의 모습들부터 첼레의 역사적인 자료들을 가득 전시하고 있다. 또한 고대 로마시대 첼레이아의 지하 유적을 관광안내소와는 비교도 되지 않는 규모로 전시장에 펼쳐놓고 있다.

Data 지도 315p-A
가는 법 대성당에서 도보 5분
주소 Gledališki trg 6
전화 386 3 42 80 950
운영 시간 3~10월 화~일 10:00~18:00, 월 휴관, 11~2월 화~금 10:00~16:00, 토 09:00~13:00
요금 5유로, 특별전 추가 요금
홈페이지 www.pokmuz-ce.si

TIP 옛 백작의 저택 찾아가기

첼레 리저널 뮤지엄은 왕자의 궁전 외에 옛 백작의 저택Stara grofija(주소 : Muzejski trg 1)에서도 운영된다. 백작의 통치가 유지되었던 15세기 초에 백작의 관저로 지어진 건물이며, 백작의 시대가 끝난 뒤 총독의 관저로 사용되면서 증축되었다. 첼레 리저널 뮤지엄은 과거 첼레 가문의 백작이 힘을 떨치던 시대의 인테리어를 재현하여 박물관으로 개방하고 있다.

시청 겸 미술관
국립회관 Narodni dom 🔊 나로드니 돔

첼레 시가지에서 가장 눈에 띄는 건물은 1896년 체코 건축가의 손으로 만든 네오르네상스 양식의 국립회관이다. 당시 국립도서관과 이벤트 홀 등 다목적 건물로 만들었으며, 자체의 건축미도 빼어날 뿐 아니라 탁 트인 건물 주변의 광장에서 바라보는 모습도 분위기 있다. 옛 시청사가 현대사 박물관으로 사용되는 지금, 첼레의 시청사 역할을 하는 곳도 바로 여기. 그리고 건물 내에 아트 살롱Likovni salon이라는 이름의 현대미술 갤러리도 운영한다.

Data 지도 315p-A **가는 법** 왕자의 궁전 옆
주소 Trg celjskih knezov 9 **전화** 386 3 426 51 62
운영 시간 화~금 11:00~18:00, 토 10:00~12:00,
일 14:00~18:00, 월 휴관 **요금** 무료

전망대를 향해 계단 오르기
성 체칠리 교회 Cerkev sv. Cecilije

🔊 체르케브 스베티 체칠리예

첼레 시가지에서 사비냐강Savinja 맞은편 언덕 위에 있다. 강변도로에서 교회 앞까지 바로 연결하는 계단도 설치되어 있다. 계단을 오르면 사비냐강 너머로 펼쳐진 첼레 시가지의 전망이 시원하다. 첼레성에서 보이는 것만큼은 아니지만 나름 훌륭한 전망을 등산 없이 누릴 수 있다는 점에서 한 번쯤 올라가보아도 후회는 없을 것이다.

Data 지도 315p-C **가는 법** 대성당에서 도보 10분
주소 Breg 20 **전화** 386 3 544 22 05
운영 시간 종교행사 시간을 제외하고 입장 가능. 전망은 연중무휴
요금 무료 **홈페이지** www.cecilija.net

언덕 위 교회와 계단

교회 앞에서 보이는 풍경

비주얼까지 완벽합니다
스타리 피스커 Stari Pisker

온 가족의 취향에 맞춘 비주얼과 분위기로 대중적인 서양식 요리를 차려준다는 점에서 스타리 피스커는 마치 패밀리 레스토랑과 유사하다. 테이블에서 직접 불을 피워 스테이크를 굽는 등 신기한 비주얼까지 완벽하게 갖춰 젊은 층이 특히 선호한다. 짧게는 30일, 길게는 100일 이상 숙성한 두툼한 고기를 구워 먹는 스테이크는 비싼 가격에도 불구하고 인기가 높고, 양갈비, 연어 스테이크 등 선택의 폭도 넓다. 도저히 손으로 들고 먹을 수 없는 여러 종류의 두꺼운 햄버거 세트가 인기 메뉴. 모든 메뉴는 사진과 함께 영어 설명도 확인 가능하다.

Data 지도 315p-A
가는 법 관광안내소에서 도보 2분
주소 Savinova ulica 9
전화 386 3 544 24 80
운영 시간 07:00~23:00(일 10:00~)
가격 스테이크 20~25유로, 햄버거 9유로 안팎
홈페이지 www.stari-pisker.com

반반 주문도 가능
코페르 Koper

이탈리아의 영향을 듬뿍 받은 항구도시 코페르의 이름을 딴 이탈리안 레스토랑이다. 피자와 파스타, 리소토 등 여러 종류의 이탈리아 음식을 합리적인 가격으로 판매한다. 특히 피자는 원하는 종류를 반반 섞어 주문할 수 있다는 것이 장점(가격은 정상 가격의 60%를 더하여 합산)이다.

Data 지도 315p-A
가는 법 기차역에서 도보 5분
주소 Gubčeva ulica 3
전화 386 590 71380
운영 시간 10:00~22:00(일 12:00~)
가격 피자(라지) 6~8유로, 파스타 6~8유로
홈페이지 www.pizzeria-koper.si

신개념 맥주 파티
맥주의 샘 Fontana piv Zeleno zlato

첼레 근교 잘레츠Žalec는 슬로베니아의 대표적인 홉 산지다. 맥주의 필수 원료인 홉을 만드는 도시에서 지역의 특성을 살려 2016년 '맥주의 샘'이라는 야외 호프 공원을 만들었다. 야외 공원에 설치된 맥주 기계에서 6가지 신선한 생맥주가 흐른다. 공원 입구에서 입장료를 내고 수령한 맥주잔을 기계에 대면 자동으로 맥주가 나와 잔을 채운다. 잔의 크기는 100ml. 6가지 맥주는 스토리텔링을 따른다. 먼저 잘레츠에서 만든 맥주로 시작해 슬로베니아의 마이크로브루어리의 맥주와 대형 회사 맥주, 유럽의 유명 맥주, 다른 대륙의 유명 맥주, 그리고 슬로베니아의 홉 연구소에서 양조하는 맥주로 마무리된다. 맥주의 종류는 카테고리 내에서 수시로 변할 수 있으며, 홈페이지에 공지된다.

홉의 꽃을 형상화 한 분수대를 감싼 널찍한 공원 곳곳에 앉을 장소가 있다. 맥주를 받아 마시며 앉거나 서서 이야기하거나 책을 읽고, 다음 맥주를 받고, 또 다음 맥주를 받고, 그런 식으로 원하는 만큼 맥주를 곁들인 휴식이나 데이트를 즐길 수 있는 신개념 공간이다. 맥주 가격으로 따지고 보면 비싼 편이지만 맥주 마니아라면 도전해볼 가치가 있다. 최근 슬로베니아에서 '뜨고' 있어서 수도 류블랴나에서 잘레츠를 왕복하는 여행 상품도 생겨나고 있을 정도지만, 아직 류블랴나에서 다녀오기에는 무리가 있다. 하지만 첼레에서는 기차로 단 20분 거리에 있어 가볍게 다녀올 수 있다.

Data 지도 지도 밖
가는 법 잘레츠 기차역에서 도보 2분
주소 Savinjska cesta 11, Žalec
전화 386 3 710 04 34
운영 시간 4·5월 10:00~19:00, 6~8월 10:00~21:00, 9·10월 10:00~20:00 (금·토 1시간 늦게 폐장)
가격 8유로
홈페이지 www.beerfountain.eu

여행 준비 컨설팅

자유여행의 장점이 무엇일까? 바로 '자유'다. 내 계획대로, 내 취향대로, 내 사정대로, 모든 걸 내 마음대로 꾸밀 수 있다는 것, 오직 '나를 위한 여행'을 만들 수 있다는 것, 그게 바로 자유여행의 장점이다. 그런데 자유여행 하면, 처음 준비하는 여행자에게는 막연한 두려움이 앞서는 것도 사실이다. 무엇부터 어떻게 준비해야 할까? 그래서 정리했다. 단계별로 차근차근 준비하는 슬로베니아 자유여행의 정석. 물론 〈슬로베니아 홀리데이〉 속에 그 모든 디테일이 들어있다.

D-90

MISSION 1 여행을 결정하자

1. 여행시즌을 정한다.

여름에 갈까, 겨울에 갈까? 휴가철에 갈까, 명절 연휴에 갈까? 시차적응 때문에라도 유럽 여행은 2박 3일로 다녀올 수 없다. 직장인은 휴가를, 학생은 방학을 이용해야 한다. 성수기와 비수기를 고를 수 있다면 좋겠지만, 많은 여행자는 길게 시간을 내어 여행할 수 있는 시즌이 한정적이다. 그러니 성수기에는 성수기의 방식으로, 비수기에는 비수기의 매력을 찾아, 저마다의 방법으로 슬로베니아를 알차게 여행할 수 있도록 〈슬로베니아 홀리데이〉에 수록된 다양한 정보를 참고하자.

2. 여행의 큰 틀을 정한다.

슬로베니아 한 나라만 집중적으로 여행할 것인지, 동유럽이나 지중해 등 주변 유럽국가와 연계하여 여행할 것인지, 여행의 큰 틀을 정한다. 만약 헝가리 → 오스트리아 → 슬로베니아 → 크로아티아 식으로 유럽 여러 나라를 연계하여 코스를 구성할 경우 총 기간은 며칠로 정할지, 그 중 슬로베니아에서 며칠을 여행할지 대략적인 틀을 정한다. 만약 슬로베니아를 충분히 여행하려면 최소 1주일, 길게는 10일 이상의 기간이 필요하고, 핵심 여행지만 꼼꼼히 섭렵하려면 3~4일 정도의 기간이 필요하다.

3. 여행의 in-out을 정한다.

슬로베니아만 여행하면 류블랴나 in-out으로 간단히 정리되지만, 유럽 여러 나라를 여행할 경우 in-out은 미리 정해야 추후 계획을 세울 때 편리하다. 만약 헝가리 → 오스트리아 → 슬로베니아 → 크로아티아 식으로 여행하면 부다페스트in-자그레브out 식으로 결정될 것이다.

4. 여권을 체크한다.

여권의 유효성을 가장 먼저 확인하자. 출국일을 기준으로 여권의 잔여 유효기간은 6개월 이상 남아있어야 한다. 유효기간이 남아있어도 이미 사용한 단수여권은 사용할 수 없다. 유효한 여권이 없다면 미리 다시 발급해두자. 아직 기간이 많이 남았다고 미루다보면 나중에 시간에 쫓겨 허둥지둥하게 된다.

Notice 이 단계에서 너무 완벽한 계획을 세울 필요는 없다. 슬로베니아에서 보고 싶은 것, 하고 싶은 것을 쭉 생각하여 대략 며칠 정도 여행하면 적당할 것인지만 정하자. 혹 여행의 결정이 늦어 90일 미만 남았다 하더라도 걱정하지 말자. 남은 일정에 관계없이 다음 단계를 순서대로 진행하면 된다.

TIP 비자가 필요하나요?

여행의 총 기간이 90일을 넘지 않으면 비자에 대해서 전혀 신경 쓸 필요 없지만 총 90일 초과 시 솅엔조약 규정을 반드시 확인해야 한다. 솅엔조약은 가입국(유럽 대륙 대부분의 국가) 전체에서 첫 입국일로부터 180일 이내에 최대 90일까지 무비자로 여행할 수 있는 규정이다. 따라서 총 90일 초과 시, 그 중 솅엔조약 가입국에서의 체류가 90일을 넘지 않으면 문제없고, 그렇지 않으면 문제가 발생한다. 현실적으로 관광 목적의 비자를 별도로 발급받기는 어렵기 때문에 솅엔조약 가입국에서의 체류가 90일을 넘지 않도록 여정을 변경해야 한다. 슬로베니아는 솅엔조약 가입국이며, 국경을 맞댄 주변국 중 크로아티아만 솅엔조약 비가입국이다. 솅엔조약과 관련된 자세한 내용은 온라인에서 확인할 수 있다.

솅엔조약의 이해: http://naver.me/xRCCTaqA

D-80

MISSION 2 항공권을 예약하자

대략적인 계획을 세웠다면 이제 항공권부터 예약을 시작하자. 앞서 in-out을 결정해야 하는 이유도 항공권을 예약하기 위함이다. 저렴한 항공권을 확보하지 못하면 여행경비가 크게 늘어날 뿐 아니라 항공권을 구하지 못해 여행 자체가 취소될 수도 있으니 모든 준비에 앞서 항공권이 확정되어야 한다.

1. 슬로베니아 취항 항공사

아쉽지만 아직 류블랴나 직항 노선은 없다. 그러나 루프트한자, 에어프랑스, 핀에어, LOT폴란드항공, 터키항공 등 유수의 항공사가 1회 환승하여 류블랴나로 가는 노선을 운행한다.

2. 항공권 검색 및 예약하기

저렴한 항공권을 구하려면 '손품'을 많이 팔아야 한다. 각 항공사 홈페이지와 항공권 판매 사이트를 틈틈이 방문해 프로모션 정보를 찾고 가격을 검색한다. 일반적으로 유럽 왕복 항공권은 성수기 기준 100~120만 원, 비수기 기준 70~80만 원(2019년 환율과 유류할증료 기준)이면 저렴한 편에 속한다.

주요 항공사 홈페이지
루프트한자 www.lufthansa.com
에어프랑스 www.airfrance.co.kr
핀에어 www.finnair.co.kr
LOT폴란드항공 www.lot.com
터키항공 www.turkishairlines.com

유명 항공권 예약 사이트
하나투어 www.hanatour.com
인터파크 www.interpark.com
와이페이모어 www.whypaymore.co.kr

항공권 가격비교 사이트
스카이스캐너 www.skyscanner.co.kr
트립닷컴 kr.trip.com

> **TIP in-out 바꾸기**
>
> 부다페스트 in-자그레브 out 식으로 in-out을 다른 도시로 지정하려면 항공권 예약 사이트의 검색창에서 '다구간', '아웃도시 변경' 등을 선택하면 된다.

3. 항공권 스톱오버

경유가 꼭 불편한 것만은 아니다. 경유지에서 환승 스케줄을 뒤로 미루어 24시간 이상 체류할 수 있도록 발권하는 것을 스톱오버Stopover라고 한다. 가령, 바르샤바를 경유하는 항공편으로 류블랴나 왕복 항공권을 예약하면서 스톱오버를 신청하면 바르샤바에서 24시간 이상 체류하며 폴란드도 여행할 수 있다.

4. 항공권 주의사항

여권의 영문성명과 항공권 탑승자 성명은 반드시 일치해야 하니 예약 시 실수가 없도록 주의하자. 잘못된 성명으로 예약한 경우 추후 변경이 불가능하거나 변경 수수료를 적잖이 부담해야 된다.

D-60
MISSION 3 여행 계획을 완성하자

항공권 예약으로 여행의 큰 틀이 완성되었으니 이제 그 알맹이를 채울 시간. 여행의 패턴을 정해야 이후 예산을 확정하고 숙박도 결정할 수 있기 때문에 여행 60일쯤 전 계획을 한 번 완성해보는 것이 좋다.

1. 여행할 곳을 확정하자.

류블랴나만 여행할지, 류블랴나에서 원데이투어로 어디를 다녀올지, 다녀온다면 어디를 갈지, 다른 도시에서 숙박하며 여행할지, 이러한 계획을 먼저 정하도록 한다. 말하자면, 아이티너러리 Itinerary, 즉 여행 계획표를 작성한다. 슬로베니아의 도시는 규모가 크지 않기 때문에 류블랴나 정도를 제외하면 한 도시에서 이틀 이상 머물 일은 거의 없다.

여행 계획표 예시
- **1일차** : 류블랴나 도착, 류블랴나에서 숙박
- **2일차** : 류블랴나에서 블레드 원데이투어
- **3일차** : 류블랴나에서 포스토이나 동굴 원데이투어
- **4일차** : 마리보르로 이동, 마리보르에서 숙박
- **5일차** : 마리보르에서 프투이 원데이투어

2. 여행 패턴을 결정하자.

대중교통을 이용하여 여행할지, 렌터카를 빌려 여행할지, 또는 두 가지를 병행할지 정한다. 만약 렌터카를 빌릴 경우 대여 장소와 반납 장소가 일치하는 게 좋다. 즉, 류블랴나에서 출발해 블레드, 보힌, 포스토이나 등을 여행하고 다시 류블랴나로 돌아오는 원점회귀 여행이 적당하다. 대중교통을 이용할 경우 류블랴나에 숙박하며 각각의 장소를 원데이투어로 다녀오는 거점 여행이 적당하다.

3. 여행 정보를 수집하자.

이 책의 Step 01부터 Step 03까지 정독하고 나면 슬로베니아가 어떤 나라이고 어떤 분위기를 갖고 있는지 감을 잡을 수 있을 것이다. 동유럽의 낭만도, 대자연의 힐링도, 모두 취향별로 즐길 수 있도록 많은 정보를 소개하였다고 자부한다. 책을 읽으며 특별히 '꼭 가고 싶다'는 생각이 드는 장소가 생길 텐데, 지면 관계상 미처 수록하지 못한 정보가 많으니 인터넷 검색을 통해 좀 더 자세한 내용을 찾아보아도 도움이 될 것이다.

4. 관광청을 활용하자.

슬로베니아 관광청(www.slovenia.info)은 비록 한국어를 지원하지 않지만 매우 방대한 자료가 체계적으로 분류되어 보기 좋게 구성되어 있어 여행 정보를 얻기 편리하다. 그 외 류블랴나 등 각 도시의 관광청 홈페이지 주소는 이 책의 해당 도시별 '찾아가기' 단락에 소개하고 있다.

D-50
MISSION 4 예산을 결정하자

가장 큰 비중을 차지하는 항공권의 예약이 끝났고, 도저히 절약하려 해도 절약하기 어려운 교통비 또한 여행 계획을 완성하면서 계산이 끝났다. 이제 남은 예산에 따라 숙소나 식사 등 세부적인 여행 계획이 결정된다.

1. 필수 예산

현재까지 지불된 항공료와 교통비 외에 유료 입장료는 절약하고 싶어도 절약하기 어려운 고정 지출이다. 만약 고속버스나 기차 승차권을 현지에서 바로 구입하려면 그만큼의 비용은 미리 떼어놓고 계산하자. 또한 렌터카 이용 시 주유비도 현지 지출을 고려해야 한다.

2. 조절 가능 예산

숙박비와 식비는 남은 예산에 따라 조절이 가능하다. 슬로베니아의 외식 물가는 유럽 치고는 비싸지 않은 편이지만 숙소가 많지 않아 숙박비는 저렴하다고 보기 어렵다. 예산이 부족하면 저렴한 호스텔에 숙박하거나 식사를 간단히 해결하고, 예산이 넉넉하면 하루쯤은 고급 호텔에서 호사를 부려보아도 좋을 것이다.

3. 하루 평균 지출

절약하며 먹고 호스텔에서 자면서 최대한 절약하면 하루 평균 지출액은 약 40유로(5만 원). 하지만 매일 이렇게 여행하기란 무리이므로 평균적으로 숙식과 유료 입장료 등 현지에서 지출되는 하루 예산을 약 60유로(8만 원) 정도로 생각하며 조절하자. 호텔에서 숙박하려면 좀 더 많은 예산이 필요하다.

4. 기타

그 외에 세면용품이나 옷 등 여행에 필요한 물품을 구매하거나 기념품 또는 선물을 살 예산도 필요하다. 블레드나 보힌 등 휴양 목적이 강한 여행지에서는 보트, 케이블카 등 추가적인 액티비티 비용도 고려할 필요가 있다.

D-45
MISSION 5 숙소를 예약하자

계획이 완성되었고 예산도 확정되었으니 그에 맞추어 숙소를 예약한다. 숙소 예약을 일찍 마친다고 요금이 저렴하지는 않지만, 숙소를 미리 확보해두지 않았다가 나중에 원하는 숙소를 구하지 못할 경우 여행계획을 다시 세워야 하는 불상사가 생길 수도 있다. 이 책에서 따로 정리한 '슬로베니아 숙박 가이드(091p)'를 미리 확인하면 더욱 편리하다.

1. 여행 계획표 최종 확정
앞서 정리를 끝낸 여행 계획표를 다시 검토한다. 류블라나에 계속 숙박하며 원데이투어로 근교 도시를 여행할지, 여러 도시를 이동하며 숙박할지, 이러한 계획이 최종 확정되면 그에 따라 숙소를 예약한다.

2. 인터넷으로 숙소 예약
해외 호텔도 집에서 컴퓨터나 스마트폰으로 예약할 수 있는 세상이다. 먼저 여행 계획표에 따라 각 날짜별로 숙박 가능여부를 확인한다. 만약 숙박이 불가능한 날짜가 하루라도 끼어 있으면 전체 계획의 변경이 필요하기 때문이다. 숙박 가능 여부를 확인한 뒤 하루씩 숙소 예약을 마친다.

숙소 예약 사이트
인터넷으로 간편하게 예약할 수 있는 대표적인 예약 사이트는 아래와 같다. 모두 한국어를 지원하지만, 일부 업체는 외국 기업인 관계로 고객문의나 컴플레인 응대에 적잖은 불편이 따르기도 하는 점을 유념하기 바란다.

부킹닷컴(호텔과 호스텔) www.booking.com
호텔스닷컴(호텔) www.hotels.com
아고다(호텔) www.agoda.co.kr
호스텔월드(호스텔) www.hostelworld.com
에어비앤비(숙박공유) www.airbnb.co.kr

3. 현지에서 예약하려면
당일 숙박업소에 바로 찾아가 투숙하는 것도 물론 가능하다. 꽉 짜인 계획보다는 그 날의 날씨와 분위기에 따라 즉흥적으로 여행하는 '자유로운 영혼'을 가진 여행자라면 유동적으로 코스를 변경하며 숙소를 잡아도 되지만, 숙소를 구하지 못해 여행에 차질이 생기는 불편이 따를 수 있기에 권장하고 싶지는 않다.

D-30
MISSION 6 환전 및 카드를 준비하자

지금까지 마친 준비단계로 주요 비용의 지출이 끝났고, 식비나 유료 입장료, 주유비 등 현지에서 지불할 경비의 계산이 가능하다. 숙소를 예약했으나 현지에서 비용을 지불하는 등의 변수까지 고려하면 얼마의 비용이 필요한지 대략적으로 계산할 수 있다.

1. 환전 방법

필요한 비용이 계산되니 그에 맞추어 환전을 준비할 수 있다. 이 단계는 꼭 30일 전에 해야 하는 것은 아니고, 환율의 변동 추이를 보아가며 더 일찍 또는 더 늦게 해도 된다. 하지만 이 또한 미루다보면 나중에 출발에 임박하여 서둘러 환전해야 하는 번거로움이 발생할 수 있으니 미리 준비를 마치면 편리하다. 최근에는 인터넷 환전 등 환전수수료를 절약할 수 있는 많은 서비스가 제공되고 있다.

2. 현금과 카드의 분산 사용

여행 중 현금을 지나치게 많이 들고 다니는 것은 소매치기의 타깃이 될 수 있다. 그렇다고 현금 없이 여행하는 건 불가능하다. 따라서 숙박비 결제나 쇼핑 등 한 번에 큰 금액을 쓸 때는 카드 사용 위주로, 슈퍼마켓이나 관광지 입장료 등 적은 금액을 쓸 때는 현금 사용 위주로 분산 사용하는 게 현명하다. 신용카드와 체크카드 모두 VISA 또는 MASTER 등 해외결제가 가능한 카드만 사용할 수 있다. 첫 해외여행이라면, 출국 전 해외 결제 한도액과 해외 결제 차단 여부도 확인해 두는 센스도 필요하다.

3. 환율의 이해

현금 환전이나 카드 사용 시 알아두면 도움이 되는 토막 상식. 흔히 포털 사이트나 스마트폰으로 환율을 조회할 때 나오는 금액은 '기준 환율'이고, 환율을 자세히 들여다보면 현찰 살 때와 팔 때, 송금 보낼 때와 받을 때 등 여러 종류의 환율이 확인된다. 한국에서 현금으로 환전할 때 적용되는 것은 '현찰 살 때', 해외에서 카드를 사용하거나 ATM기에서 인출할 때 적용되는 것은 '송금 보낼 때' 환율이다.

D-20
MISSION 7 계획을 최종 검토하자

준비는 사실상 다 끝났다. 이제 계획을 다시 한 번 점검하자. 그동안 여행을 준비하면서 슬로베니아와 많이 친해졌을 것이다. 이를 바탕으로 혹시 내가 놓친 것은 없는지 체크하고, 혹시 너무 빡빡한 계획은 아닌지 현실성을 냉정히 검토하고, 항공권이나 숙소 및 교통편의 예약에 날짜 오류가 없는지 확인한다.

1. 준비 시작
지금부터는 쇼핑의 시간. 가방이나 옷 등 여행에 필요한 것 중 새로 사야할 것을 열심히 쇼핑하자. 여행에 필요한 것은 다음 단계 'MISSION 8 - 짐을 꾸리자'에 정리해둔 것을 기본으로 하여 자신의 스타일에 맞게 결정하면 된다.

2. 증명서 발급
국제학생증, 국제운전면허증, 유스호스텔 회원증 등 현지에서 필요한 각종 증명서를 발급한다. 현지에서 렌터카 운전을 하려면 국제운전면허증은 필수. 2019년 9월부터 발급되는 영문 운전면허증은 슬로베니아와 주변국가에서 유효하지 않으니 국제운전면허증을 꼭 준비하고 유효기간도 살피자. 면허시험장이나 일부 경찰서 민원실, 그리고 인천국제공항의 영사민원과에서 발급할 수 있다. 만약 공항에서 발급하려면 규격에 맞는 사진을 미리 준비해두자. 국제학생증은 관광지 입장료 할인(학생 요금 적용)이 가능하니 열심히 여행할 학생이라면 손익을 따져보아도 좋겠다. 슬로베니아 여행을 위해서 유스호스텔 회원증을 발급받을 필요는 없다.

3. 여행자보험 가입
여행자보험은 필수가 아닌 선택. 하지만 비용이 크게 부담되지 않으므로 가급적 가입하는 것을 권장한다. 현지에서 사고나 질병으로 병원, 약국을 이용할 때 그 비용을 나중에 보험사를 통해 지급받을 수 있다. 가급적 그런 일은 없어야겠으나 만약 사고를 당해 병원에 입원하여 진료를 받게 되면 그 진료비가 천문학적이므로 여행자보험을 들어두는 것이 좋다. 대부분의 보험사에서 가입할 수 있고, 인터넷으로 가입하는 다이렉트 여행자보험도 있어 출국 당일에 공항에서 스마트폰으로 가입하는 것도 가능하지만, 미리 준비를 끝내는 편이 더 여유롭다.

D-7

MISSION 8 짐을 꾸리자

일반적으로 출발 1~2일 전에 짐을 꾸리는 사람이 많지만 저자는 최소 1주일 전에 짐을 한 번 꾸려보라고 권장한다. 아무리 완벽하게 준비한다고 해도 막상 짐을 꾸리다보면 꼭 빠진 게 한두 가지 나오기 마련. 빠진 물건을 새로 구입해야 할 시간적 여유까지 고려하여 1주일 전에 최종 리허설을 해본다.

1. 항공사 수하물 규정 확인

아무리 똑똑하게 짐을 꾸려도 항공사 수하물 규정에 어긋나면 몹시 낭패다. 예약한 항공사의 수하물 규정을 먼저 확인해두자. 수하물은 크게 위탁수하물(짐칸으로 부치는 짐)과 기내수하물(비행기에 들고 타는 짐)로 나뉜다.

2. 여행 필수품

저자도 짐을 꾸릴 때마다 빠진 것이 없는지 몇 번씩 확인하지만 찜찜한 마음이 든다. 그럴 때마다 항상 "여권과 돈만 챙기면 어쨌든 여행은 할 수 있다"는 결론을 내리고 마음의 짐을 덜어낸다. 실제로 '이것 없으면 여행이 불가능한' 필수품은 여권과 돈이 전부이며, 렌터카 운전 시에만 면허증(한국 면허증과 국제운전면허증)이 추가된다. 나머지는 모두 선택. 게다가 빠진 것이 있다면 현지에서 구입해도 되니 '혹시 빠진 것이 없는지' 너무 스트레스 받지 말기 바란다.

3. 기본 준비물

옷 : 여행할 계절과 지역의 기후에 맞는 옷을 챙긴다. 슬로베니아는 산과 바다, 동굴, 내륙이 모두 존재하기에 지역마다 기후의 차이가 있으니 '슬로베니아의 기후(081p)'를 참조하기 바란다. 만약 바다에서 수영을 할 계획이라면 수영복 등 관련 용품을 함께 챙기자.

신발 : 많이 걸어야 하니 무조건 편한 신발이어야 한다. 여름에도 샌들보다는 운동화가 좋다. 숙박업소의 객실에서 사용할 슬리퍼도 필요한데, 일회용 슬리퍼를 가져가서 다 쓰고 버리고 오면 간편하다.

우산 : 계절에 관계없이 언제 비가 내려도 이상하지 않다. 부피가 작은 우산을 하나 챙겨가자. 단, 여행 중 사진도 찍어야 하고 지도도 확인해야 하므로 두 손이 자유로워야 한다. 소나기가 아니면 비는 그냥 맞고 다닌다는 생각으로 후드 달린 겉옷이나 방수 재질의 가방을 챙기면 좀 더 여행이 자유로워진다.

가방 : 엘리베이터나 에스컬레이터가 없는 장소가 많기 때문에 캐리어보다 배낭이 편리하지만 개인의 취향과 선호에 따라 결정하자. 큰 짐은 주로 숙소에 두고 귀중품과 휴대품만 챙겨 여행하게 되므로 이 때 사용할 작은 가방도 필요한데, 안전을 위해 튼튼한 재질의 크로스백 형태를 추천한다.

지갑 : 소매치기를 만나지 말아야겠지만 만약의 경우를 대비하여 현금은 분산 보관하는 게 좋다. 그에 맞추어 지갑을 준비하자. 유로화 사용 시 거스름돈으로 동전이 엄청나게 쌓이므로 동전지

갑도 유용하다.

세면용품 : 호텔 투숙 시에도 칫솔과 치약은 제공되지 않는 편이다. 호스텔 투숙 시에는 수건과 샴푸, 비누도 제공되지 않을 수 있다. 세면용품은 빠트리지 말고 챙기도록 하자. 기타 개인별로 필요한 위생용품 역시 마찬가지다. 물론 혹시 빠트린 게 있다면 현지에서 저렴하게 구매할 수 있다.

화장품 : 너무 많은 짐은 여행의 장애물. 꼭 필요한 최소한의 화장품만 챙기는 것이 좋고, 큰 병보다는 작은 샘플 병에 덜어 여행 기간 중 필요한 만큼만 가져가면 더욱 좋다. 여름에 여행할 때에는 선크림과 데오드란트 제품도 필요하다.

카메라 : SD카드 등 메모리는 현지에서도 구입이 가능하지만 미리 충분히 챙겨두면 더 편리하다.

충전기 : 슬로베니아는 콘센트 모양이 한국과 똑같고 전압(230v)도 커버리지에 포함되어 별도의 어댑터나 변압기는 필요 없다. 단, 호스텔 투숙 시 콘센트가 충분치 않을 수 있으니 만약 스마트폰이나 카메라, 보조 배터리 등 여러 제품을 충전하고자 하면 멀티탭이 필요할 수 있다.

자물쇠 : 호스텔 투숙 시 객실의 사물함을 이용하려면 자물쇠는 직접 지참해야 된다. 호스텔마다 사물함의 규격이 다르니 너무 두껍고 튼튼한 것보다는 적당한 사이즈로 챙기자.

상비약 : 진통제, 감기약, 멀미약, 복통약 등 일반 상비약을 가지고 가면 좋다.

여권사진 : 해외에서 여권을 분실할 경우 재발급을 위해 여권사본과 여권사진을 가지고 있으면 유사시 큰 도움이 된다.

4. 액체류 주의사항

비행기를 탈 때 액체류는 개별용량 100ml 이하의 것만 1리터 이하의 투명 비닐팩에 넣어야 기내 반입이 가능하다. 액체류는, 쉽게 말해서 고체와 기체가 아닌 것이다. 즉, 크림, 젤, 스프레이 타입이 모두 포함되며, 샴푸, 로션, 치약, 선크림 등이 여기 해당된다. 위탁수하물은 액체류 제한 규정이 없으니 액체류는 모두 위탁수하물에 넣되 가연성 스프레이(가스로 분사하는 방식의 스프레이)는 위탁수하물로도 부칠 수 없음을 주의할 것.

5. 프린트 주의사항

항공권 e-ticket은 미리 출력하여 지참하는 것이 좋다. 항공권 수속 시 필수품은 아니지만, 만약 현지에서 입국심사를 받을 때 귀국 티켓의 제시를 요구 받으면 e-ticket을 제시하는 게 최선이기 때문이다. 또한 기차나 고속버스 등 교통편 티켓을 예약했다면 이 또한 출력해야 된다. 호텔 바우처는 굳이 출력하지 않아도 관계없다. 현지에서는 프린터 이용도 만만치 않으니 출력할 것은 모두 한국에서 준비를 끝내는 것이 편리하고, 만약 현지에서 프린터를 사용할 일이 있으면 숙박업소의 리셉션에 문의하기 바란다.

D-day

MISSION 9 슬로베니아로 떠나자

드디어 출국일. 여권 등 필수품을 빠트리지 않았는지 다시 한 번 확인한 뒤 늦지 않게 공항으로 간다.

인천 공항에서 출국

① 면세품 수령 등의 변수를 고려하지 않았을 때 출발 3시간 전까지 공항에 도착하면 충분히 여유롭고, 늦어도 2시간 전에는 도착해야 한다. 1터미널과 2터미널 중 어디서 수속하는지 확인해두자. 탑승할 항공사 카운터를 찾아가 수속을 마치고, 위탁수하물을 부치고 보딩패스 Boarding Pass를 받는다. 환전, 여행자보험 가입, 이통사 데이터로밍 차단, 출국 세관신고 등 출국 전 할 일이 있다면 입국장 들어가기 전 모두 마무리해야 된다.

② 입국장에 들어가 보안검색과 출국심사를 받는다. 만19세 이상의 여행자(개명하였거나 주민등록증 발급 후 30년이 경과한 사람은 사전등록 필요)는 별도 신청 없이 자동출입국심사를 이용하고, 만7세부터 만18세의 미성년자는 사전등록 후 자동출입국심사를 이용할 수 있다. 만6세 이하의 아동을 동반한 여행자는 출국심사대에서 대면 심사를 받는다.

③ 출국심사를 받고 면세구역으로 들어간다. 인터넷 면세점이나 시내 면세점에서 구매한 것이 있다면 여기서 수령하고, 공항 면세점 쇼핑도 가능하다. 보딩패스에 적힌 탑승 시간에 늦지 않게 탑승 게이트로 이동한다.

④ 탑승 게이트에서 대기하다가 비행기에 오른다. 이제 한국을 떠나 슬로베니아로 간다.

류블랴나 공항에서 입국

직항이 없으므로 어딘가에서 환승하여 류블랴나에 도착했을 것이다. 환승지가 솅엔조약 가입국이면 환승지에서 입국심사를 받고, 환승지가 영국 등 솅엔조약 비가입국이거나 터키 등 유럽이 아닌 경우 류블랴나에서 입국심사를 받는다. 여권에 입국도장을 받으면 이제 공식적으로 무비자 체류를 허가 받은 것이다.

특별한 언급이 없는 이상 수하물은 최종 목적지에서 찾는다. Baggage claims 표지판을 따라가면 위탁수하물을 찾는 곳이 나온다. 자신의 짐이 나오면 수취하여 공항 밖으로 나간다. 출구는 녹색과 적색 두 가지인데, 세관에 신고할 것이 없으면 녹색 출구로, 신고할 것이 있으면 적색 출구로 나간다.

슬로베니아 세관신고 규정

술 1리터, 담배 1보루, 슬로베니아에서 선물로 주거나 판매할 목적의 일반 공산품 430유로어치를 초과 지참하여 입국할 경우 세관신고가 필요하다. 적색 출구로 나가면 세관신고대로 연결되며, 세관신고서는 거기서 작성한다. 녹색 출구로 나가는 여행자 중 무작위로 지목하여 검사할 수 있으며, 신고할 것이 있음에도 신고하지 않고 녹색 출구로 나가다가 적발된 경우 벌금을 부과한다. 세관에 신고할 것이 없다면 슬로베니아 입국 시 작성할 출입국신고서 등의 서류는 없다.

D+a

MISSION 10 집으로 돌아오자

여행을 마치고 한국으로 돌아올 시간. 수속하는 공항이 인천국제공항에서 류블랴나 공항으로 바뀌었을 뿐 절차는 동일하다.

출국심사

오버스테이(무비자 체류 기간을 초과)에 해당되지 않는 이상 출국심사는 형식적인 질문 약간이 전부다. 여권에 출국도장을 받으면 공식적인 체류가 끝난 것이다.

택스 리펀드

다만 딱 한 가지 차이나는 부분이 바로 택스 리펀드VAT Refund다. 외국인 여행자가 슬로베니아 내에서 소비하지 않고 외국(EU 바깥)으로 가지고 나가는 제품에 포함된 부가가치세의 일부를 환급해주는 제도를 말한다. 슬로베니아는 최대 22%의 부가가치세가 제품 가격에 포함되어 있는데, 이 중 일부가 환급 대상이 된다(품목별, 금액별로 환급액이 차이난다).

택스 리펀드를 받기 위해서는 먼저 택스 리펀드 가맹점에서 50유로 초과한 금액을 쇼핑한 뒤 점원에게 택스 리펀드 서류Tax free form를 받고 서류를 작성해야 한다. 슬로베니아에서 출국할 때 공항 세관의 도장을 받아 택스 리펀드 업체 글로벌 블루Global Blue로 접수하면 되는데, 류블랴나 공항에 글로벌 블루 데스크가 없고 사요나라Sayonara라는 업체의 기념품숍 류블랸체크Shop Ljubljanček에서 환급 업무를 대행한다. 매장 카운터에 서류를 제출하면 현금(유로)으로 환급 받는다. 단, 현금 환급 시 수수료가 공제되므로 카드 환급이 더 유리하다. 슬로베니아에서는 마땅히 처리할 방법이 없으므로 일단 세관 도장까지 받은 서류를 가지고 귀국한 뒤 우편으로 신청(접수 유효기간 90일)하는 것도 한 방법이다.

> **중요!**
> EU 가입국에서 구매한 모든 물품의 택스 리펀드 신청은 EU에서 최종 출국하는 순간에 한꺼번에 진행한다. 슬로베니아는 주변국이 모두 EU 가입국이기 때문에 버스나 기차로 출국하는 경우 택스 리펀드를 받지 않으며, EU 바깥까지 비행기를 타고 이동할 때에 한하여 공항에서 신청한다.

이건 알아두자!
슬로베니아 기본 상식

슬로베니아
동남유럽에 위치해 있다. 정치적으로는 발칸반도에 위치한 국가로 분류되지만, 지리적으로 실제로는 발칸반도에 절반쯤만 걸쳐 있다. (발칸반도는 불가리아에 있는 발칸 산맥에서 유래한 명칭이다.) 슬로베니아는 유럽과 그리스, 터키가 만나는 지역에 위치해 있어 늘 전쟁의 한가운데 있었다. 서로 다른 언어와 문화 및 종교를 가진 세력 간의 다툼이 있었던 지역이기 때문에 복잡한 문화를 갖는다. 국토 면적은 총 20,273㎢이며, 이는 한반도의 1/11 정도의 크기다. 193개의 시(자치제)가 있고, 이중에 11개의 특별시가 있다.

기후 평균 기온은 1월 영하 2도, 7월 영상 21도다. 내륙 지방은 여름에 무덥고 겨울에 춥다. 아드리아해에 인접한 일부 지역은 지중해성 기후다.
인구 약 206만 명(2018년 기준), 수도 류블랴나의 인구는 약 28만 명이다.
언어 슬로베니아어가 공용어다. 제2 언어로 영어가 보급되어 있으며, 세르비아어, 크로아티아어, 독일어, 이탈리아어, 헝가리아어도 쓰인다.
통화 유로(EUR)를 사용한다. 1유로=약 1,311원(2019년 9월 기준).
종교 로마가톨릭(57.8%), 이슬람교(2.4%), 동방정교(2.3%), 무교·기타(37.5%). 〈출처: 외교부 웹사이트〉
시차 한국보다 7시간 느리다.
비자 슬로베니아는 솅엔 조약 가입국이다. 90일 내라면 무비자로 체류 가능하다.
전압 230V, 50Hz. 따로 한국에서 어댑터를 준비해 갈 필요는 없다.
전화 국가번호 386, 류블랴나 지역번호 1

유용한 전화번호
슬로베니아에는 대한민국 대사관이 없다. 오스트리아 대사관에서 슬로베니아 대사 및 영사 관련 업무를 본다.

오스트리아 대한민국 대사관
주소	Gregor Mendel Strasse 25, A-1180, Vienna, Austria
오픈	[대사관 업무] 09:00~12:30, 13:30~17:00 (토·일·공휴일 휴무)
	[영사과 민원실] 09:00~12:00, 14:00~16:00 (토·일·공휴일 휴무)
대표전화	(43-1) 478-1991
긴급전화	43-664-527-0743(사건사고 등 발생 시, 24시간)
영사 민원실전화	(43-1) 478-1991-68 또는 66 또는 65(여권 분실 시)
홈페이지	overseas.mofa.go.kr/at-ko/index.do

대한민국 외교부 영사콜센터
근무시간	24시간
전화	(82) 2-3210-0404(해외에서 이용 시)
	02-3210-0404(한국에서 이용 시)

INDEX

SEE

게베르케네그성	159
공화국 광장	116
국립 미술관	122
국립 박물관	120
국립회관	321
나 브라티	169
나폴레옹 다리	221
네 영웅 기념비	197
대성당(노보 메스토)	167
대성당(마리보르)	294
대성당(첼레)	319
대성당(코페르)	249
도미니칸 수도원	309
도살자 다리	114
돌렌스카 박물관	167
동굴 박물관(슈코찬 동굴)	242
드라바강 전망대	309
드래곤 다리	115
렌트	296
로마 성벽	123
류블랴나 대성당	111
류블랴나강	113
류블랴나성	110
마리보르성	293
마이스트라 장군 광장	297
메스트니 광장(이드리야)	157
메스트니 광장(프투이)	307
메텔코바 국립 박물관	120
메텔코바 메스토	125
미노리트 수도원	310
베르게리예 광장	249
베센기 궁전	264
보겔산 케이블카	199
보힌 호수	196
브레그(노보 메스토)	165
브레그(류블랴나)	113
브르시치 패스	205
블레드 호수	182
블레드섬	182
블레드성	181
비나그 와인 셀러	293
비바리움	233
빈트가르 협곡	185
사비차 폭포	198
성 마우라 교회	263
성 안토나 교회	220
성 야코브 교회	112
성 유리야 교회	274
성 체칠리 교회	321
성모 승천 교회(이졸라)	263
성모 승천 교회(블레드)	183
소차강 계곡	204
슈미헬 다리	165
슈코찬 동굴	240
스카이스크래퍼	124
스타리 다리	295
슬로베니아 광장	150
시립 박물관	121
시민공원	297
시청사(노보 메스토)	166
시청사(류블랴나)	116
시청사(마리보르)	295
시청사(크란)	146
시티 타워	307
야스나 호수	205
오이스트리차	183
왕자의 궁전	320
우크마르 광장	251
유니언 맥주 박물관	124
이드리야 수은 광산 박물관	158
이졸라 해변	265
이졸라나	264
자연사 박물관	121
자유 광장	218
전쟁 박물관	157
중앙 광장(노보 메스토)	166
중앙 광장(마리보르)	294
중앙 광장(크란)	146
착시 박물관	123
첼레성	316
첼레이아	319
치즈 박물관	220
카르스트 동굴 엑스포	232
카르스트 박물관	236
카르파치오 광장	250
코바리드 박물관	218
코블러 다리	115
코크라강 계곡	147
코페르 박물관	250
콩그레스 광장	117
크란 지하터널	147
크레코 광장	318
키젤슈타인성	149
타르티니 광장	273
톨민 계곡	212

트리글라우	204	로드 바이런 펍	252	파크 카페	186
트리플 다리	114	루스티카	187	패스트푸드 슬라스트	132
티볼리 공원	119	마티아즈	151	페트코브셰크	129
티토 광장(코페르)	247	맥주의 샘	323	폭스너	200
티토 광장(포스토이나 동굴)	236	메스트나 카페	278	프리 마리	279
티토 다리	295	모르나르체크	254	프리 슈카파류	160
포르나체	276	모스트	127	한	128
포스토이나 동굴	231	무르카	187		
푼게르트	150	뮤지카페	310		
프라에토리안 궁전	248	브르토빈	200	**SLEEP**	
프란치슈칸 교회(류블랴나)	112	소차	221	BIT 센터 호텔	138
프란치슈칸 교회(마리보르)	296	소콜	126	게스트하우스 프리마 제트	281
프란치슈칸 수도원	168	슈토르야 포드 스토프니차미	237	구들방	135
프레드야마성	234	스타리 피스커	322	룸스 신시어 1830	137
프레셰렌 광장(류블랴나)	108	슬로벤스카 히샤	129	심플 어코모데이션 보드마트	138
프레셰렌 광장(코페르)	247	시드로	266	올드 패리쉬 하우스	188
프레셰렌 광장(크란)	148	아트 카페	188	캐슬 호스텔 1004	190
프레셰렌 하우스	148	아트리	252	트레조르 호스텔	136
프레셰렌 해안도로	275	안코라	299	페카르나 호스텔	301
프로보마이 광장	275	알 앤드 비	130	포 룸스	301
프투이성	308	야드란 프리 에크레무	266	플럭서스 호스텔	136
플레치니크의 계단	149	에트노 히샤 바슈차르시야	298	호스텔 24	137
해양 박물관	276	오감	131	호스텔 뮤지엄	255
현대 미술관	122	오픈키친	133	호스텔 시크릿 가든	256
현대사 박물관	318	이사벨라	299	호스텔 추크라르나	152
호텔 야마 시크릿 룸	233	일리히	299	호스텔 포드 보글롬	201
		제이비	132	호텔 렌트	300
		카카오	128	호텔 마리나	267
EAT		카페 시에스타	237	호텔 미트라	311
구이지나	127	카페 알레 포르테	267	호텔 보디셰크	255
나샤 페카르나	279	카피타니야	254	호텔 센터	134
다스 이스트 발터	130	코트	151	호텔 시티 마리보르	300
데하르	253	코페르	322	호텔 야드란	189
델핀	278	클로바사르나	126	호텔 에모네츠	134
돈 보비	169	파벨	277	호텔 파크	189

호텔 피란	280

BUY

BTC 시티	141
고스포스카 거리	302
레이스 아트 2000	160
마켓 홀	256
벼룩시장	141
블레드섬 세일즈 갤러리	191
사브스키 오톡	152
스타리 광장	139
엠포리움 백화점	140
유로파크	302
자클라디 슬로베니에	191
중앙시장	140
체블랴르스카 거리	257
파크 센터	258
풀루스 비노테카	311
플래닛	258
피란 소금	282

"당신의 여행 컬러는?"